本书获中央高校优秀青年团队培育项目（自然科学类）"大数据
（项目编号：2722023DY001）；贵州省教育厅高等学校科学研
农村宅基地盘活利用政策评估及优化研究"（黔教技

基于遥感大数据的
乌蒙山区自然资源与农户生计
可持续研究

丁晓颖 刘 洪◎著

吉林大学出版社
·长 春·

图书在版编目（CIP）数据

基于遥感大数据的乌蒙山区自然资源与农户生计可持续研究/丁晓颖，刘洪著. -- 长春：吉林大学出版社，2024.9. -- ISBN 978-7-5768-3820-6

Ⅰ. F323.212；F327.7

中国国家版本馆 CIP 数据核字第 20244RW684 号

书　　名：基于遥感大数据的乌蒙山区自然资源与农户生计可持续研究
　　　　　JIYU YAOGAN DASHUJU DE WUMENG SHANQU ZIRAN ZIYUAN
　　　　　YU NONGHU SHENGJI KECHIXU YANJIU
作　　者：丁晓颖　刘　洪
策划编辑：卢　婵
责任编辑：卢　婵
责任校对：樊俊恒
装帧设计：叶扬扬
出版发行：吉林大学出版社
社　　址：长春市人民大街 4059 号
邮政编码：130021
发行电话：0431-89580036/58
网　　址：http://www.jlup.com.cn
电子邮箱：jldxcbs@sina.com
印　　刷：武汉鑫佳捷印务有限公司
开　　本：787mm×1092mm　　1/16
印　　张：17.5
字　　数：260 千字
版　　次：2024 年 9 月　第 1 版
印　　次：2024 年 9 月　第 1 次
书　　号：ISBN 978-7-5768-3820-6
定　　价：168.00 元

版权所有　翻印必究

前　言

乌蒙山区，以其得天独厚的风景而闻名遐迩。乌蒙山区广阔的夷平面、幽深的盆地和如明珠般镶嵌的湖泊，共同绘制出一幅美丽的自然画卷。该地区独特的喀斯特地貌在展现自然奇观的同时，也带来了土壤贫瘠的问题，使得植被生长困难、生态系统脆弱。水资源在如此复杂的地貌中难以得到有效开发与利用，进一步加剧了这一地区的生态困境。自然条件的限制，使山区农户在追求生计改善的道路上遭遇了重重阻碍，也对乡村振兴战略的深入实施造成了挑战。

改革开放以后，中国共产党以非凡的勇气和坚定的决心，带领乌蒙儿女们将根植于血脉中的勇往直前的红色基因，淬炼成推动乡村振兴的磅礴伟力，成功唤醒了这块沉寂的土地。2018 年 7 月，习近平总书记对毕节扶贫开发试验区作出重要指示：要着眼长远、提前谋划，确保试验区的发展成果能够无缝衔接至 2020 年后的乡村振兴战略，将其打造成为践行新发展理念的示范区。对乌蒙山区开展研究，不仅能够揭示我国西南山区在发展中面临的独特制约因素与挑战，更能为山区自然资源保护策略、农户生计改善和乡村振兴政策的精准制定和科学落地提供理论基础和实践参考，从而为该地区乃至全国的可持续发展探索出具有区域特色的新路径。

出于对乌蒙山区自然资源保护和农户生计改善这一时代命题的共同兴趣，我们以乡村振兴为宏伟蓝图，携手合作，运用在遥感大数据处理和农户生计研究领域的专业知识，开展基于遥感影像技术的跨学科研究，探索乌蒙山区村庄自然资源及其与农户生计之间的内在联系。我们坚信，遥感大数据以其覆盖范围广、信息量大、更新速度快等优势，能够为我们提供前所未有的视角和精度，帮助我们更全面地理解乌蒙山区村庄自然资源状况。同时，结合农户调查数据，我们能够更加精准地把握农户生计及其稳定性，揭示其背后的社会经济因素与自然环境制约。这种遥感大数据与农户调查数据相结合的研究方法，不仅能够在揭示区域复杂性和多样性方面展现出独特的优势，更能够为政府决策提供科学、精准的支持。

本书的研究内容涵盖村庄自然资源、自然资本对农户收入影响、农户生计及其稳定性等多个方面。我们通过对自然资源的分类分析，明确自然资源的利用潜力和限制因素，探索村庄层面自然资源融入农户自然资本的关联机制；通过对农户自然资本和生计资本的测度，考察其对农户收入影响的方式和程度；通过对农户生计资本及生计稳定性的深入剖析，揭示生计资本和生计稳定性的耦合协调机制及其影响因素等；通过总结分析，提出一系列旨在促进自然资源合理利用与农户生计可持续发展的策略与建议。这些成果不仅丰富了我国山区可持续发展的理论体系，也为相关政策制定提供了科学依据和参考。

我们深知，乌蒙山区自然资源与农户生计可持续研究是一项长期而艰巨的任务。本书虽已尽力而为，但仍有诸多不足之处，如数据的时间跨度和空间分辨率限制、农户调查样本量的限制等，这些都有待后续研究不断完善。我们期待本书能够引起更多学者、政策制定者及社会各界的关注与共鸣，共同为推动乌蒙山区乃至全国农户生计改善和农村可持续发展贡献智慧与力量。

丁晓颖　刘洪
2024 年 6 月

目 录

第一章 绪 论 ·· 1

　　第一节　研究背景 ·· 1

　　第二节　研究意义 ·· 11

　　第三节　研究目的 ·· 16

　　第四节　研究方法和研究数据 ··· 19

第二章 理论基础与分析框架 ·· 26

　　第一节　研究的核心概念 ·· 26

　　第二节　研究的理论基础 ·· 37

　　第三节　研究的分析框架 ·· 49

第三章 研究文献回顾与评述 ·· 53

　　第一节　遥感大数据及其在农业农村发展中的应用 ······ 54

　　第二节　可持续农村生计及其在农村发展中的应用 ······ 70

　　第三节　研究文献评述 ·· 86

第四章　基于遥感影像的农村自然资源及其特征分析 ………… 95

　　第一节　自然资源与农户生计 ……………………………… 95
　　第二节　基于遥感影像的自然资源特征数据获取 ………… 103
　　第三节　乌蒙山区农村自然资源评估 ……………………… 114
　　第四节　乌蒙山区自然资源描述性分析 …………………… 124

第五章　农村自然资源与农户生计资本分析 ………… 137

　　第一节　生计资本、生计策略与生计结果的关联性分析 ……… 137
　　第二节　村庄自然资源与农户生计的相关性分析 ………… 143
　　第三节　农户生计资本测度 ………………………………… 147
　　第四节　农户生计资本特征分析 …………………………… 160

第六章　农户生计资本与生计稳定性耦合协调分析 ………… 172

　　第一节　农户生计稳定性的测算 …………………………… 172
　　第二节　农户生计稳定性的特征分析 ……………………… 177
　　第三节　农户生计资本与生计稳定性耦合协调度分析 …… 184
　　第四节　生计资本与生计稳定性耦合协调度的影响因素分析 … 198

第七章　生计资本与农户收入分析 ………… 209

　　第一节　农户收入现状分析 ………………………………… 209
　　第二节　生计资本对农户收入影响的模型设定与变量选取 …… 215
　　第三节　实证结果分析 ……………………………………… 220

第八章 提升农村自然资源利用效率和改善农户生计的路径与政策建议 …… 234

第一节 村级自然资源对农户生计影响的路径 …… 234

第二节 基于区域视角优化乌蒙山区村庄自然资源利用效率的政策建议 …… 239

第三节 基于农户视角改善乌蒙山区农户生计资本促进乡村振兴的政策建议 …… 247

参考文献 …… 254

后 记 …… 268

第一章 绪 论

第一节 研究背景

中华人民共和国成立以来,党和国家通过土地制度改革和生产组织形式的变革推动了农村经济的发展,并取得了历史性成就。改革开放四十多年来,通过推行家庭承包经营制度和一系列农业农村改革,农村贫困程度得到了显著缓解,我国的减贫成就举世瞩目。特别是党的十八大以来,共同富裕的目标任务更加明确突出,具体措施更加有力务实,经过八年的持续奋斗,我国如期完成了脱贫攻坚的历史任务。

乡村振兴战略是党的十九大提出的七大战略之一,是新时代我国"三农"工作的总抓手和实现农业农村现代化的重大决策部署。实施乡村振兴战略是关系全面建设社会主义现代化国家的全局性、历史性任务,是解决人民日益增长的美好生活需要和不平衡不充分的发展之间的矛盾的必然要求,是实现全体人民共同富裕的必然要求。2021年3月,中共中央、国务院联合发布的《中共中央 国务院关于实现巩固拓展脱贫攻坚成果同乡村振兴有效衔接的意见》指出:"打赢脱贫攻坚战、全面建成小康社会后,要进一步巩固拓展脱贫攻坚成果,接续推动脱贫地区发展和乡村全面振兴。"乡村振兴战略以习近平新时代中国特色社会主义思想为指导,坚持共同富裕发展方向，建立欠发达地区发展与帮扶机制，推进脱贫地区乡村全面振兴。在五年过渡期内，脱贫地区要从解决建档立卡贫困人口"两不愁三保障"为重点转向实现乡村产业兴旺、生态宜居、乡风文明、治理有效和生活富裕，从集中资源支持脱贫攻坚转向巩固拓展脱贫攻坚成果和全面推进乡村振兴。

在推进乡村全面振兴的新时期，山区农村和农户生计可持续发展面临重要机遇，同时也面临压力和挑战。山区有丰富的自然资源禀赋，为山区乡村振兴和可持续发展提供了自然资源潜力。同时，区域之间自然资源禀赋和发展水平存在差异，需要采取差异化的发展策略。针对山区农村发展的内外背景条件和区域优势与劣势等进行分析，有助于深入理解山区农村发展规律，为制定山区农村发展和农户生计改善的政策提供参考，推动农村发展和农户生计可持续发展，实现乡村全面振兴。以推动山区可持续发展为目标，开展山区农村自然资源向资本转化和农户生计改善的深入研究，有助于深入理解山区农村发展的自然资源禀赋和自然资源潜力，为支持山区农村和农户生计可持续发展的乡村振兴政策的研究与制定提供支持。

随着科学技术的快速发展，数字乡村建设已经成为乡村振兴新时期农村工作的重要推动力，在推动农业现代化、促进农村经济发展、提升乡村治理水平和缩小城乡差距等方面发挥着重要作用。当前，我国农业农村大数据的建设和应用尚处于起步阶段，只有加快推进农业农村领域的数据赋能，才能有力支撑乡村全面振兴任务。

在数字乡村建设工作中，遥感技术和人工智能技术为农村自然资源和农户生计研究带来了新的视角和方法与手段。遥感技术具有精度高、时效快和区域覆盖广的特点，为提高农村自然资源调查与评估效率和准确性提供了可能性。遥感技术能够为研究人员快速获取农业生产方面的数据，如土地利用变化、农作物种植面积、作物长势等，从而为农村资源管理和农业生产提供科学依据。利用遥感技术获得的数据还能够快速全面了解农村地区自然资源分布以及村级基础设施状况，为制定农村区域发展政策提供数据支持。近年来，人工智能技术的快速发展与应用为研究人员提供了有力的分析工具。人工智能技术有利于对遥感大数据进行科学分析。可以看到，遥感技术和人工智能技术的发展不仅有助于提升农村自然资源管理水平，而且有助于农户生计的科学研究，为实现乡村振兴战略提供重要支撑。

本研究立足乡村振兴建设内在需求与发展，以位于我国西南地区的乌蒙山区自然资源和区域内的农户为研究对象，基于遥感大数据和社会经济实地调查数据，运用遥感技术、农业和农村经济学与发展研究的分析方法，以村级自然资源分析和利用为切入点，开展农村发展和农户生计可持续发展研究，为乌蒙山区农村发展和乡村振兴提供决策支持。

一、乌蒙山区农村和农户生计可持续发展面临机遇

乌蒙山区拥有得天独厚的土地、森林、水和矿产等自然资源。这些自然资源具有转化为自然资本的巨大潜力，这对于该地区的可持续发展具有重要意义。在全面推进乡村振兴的新时期，对乌蒙山区自然资源进行积极的分类研究与开发，可促进山区农村的全面可持续发展。

乌蒙山区土地资源适宜多种农作物生长。同时，山区地形多样，也为林业、畜牧业等产业的发展提供了条件。这些土地资源为当地经济发展提供了重要的物质基础。在农业用地方面，山区气候温暖湿润，有利于多种农作物的生长。乌蒙山区仍有大量未充分利用的丘陵岗地和山坡地，这些地区具备发展特色农业和生态农业的潜力。通过改善水利设施和灌溉条件，可以显著提高山区耕地的生产力和粮食单产水平。在畜牧业用地方面，山区丰富的草地资源和适宜的气候条件为畜牧业的发展提供了有利条件。通过合理利用山区草地资源，发展草食畜牧业，可以增加山区农牧户的收入来源。在旅游和生态用地方面，乌蒙山区独特的自然风光和人文景观为发展旅游业提供了条件。通过开发山区旅游资源，可以带动相关产业的发展，增加就业机会和经济收入。乌蒙山区也是生态系统的重要组成部分，通过保护和恢复生态环境，可以发挥山区的生态服务功能，提高生态价值。通过土地整理和改造，可以整合乌蒙山区零散、破碎的土地资源，提高土地利用效率和生产力。例如，对荒山荒坡地进行宜耕性评价和改造，可以增

加耕地的储备能力。

　　乌蒙山区气候湿润，年降水量丰富，拥有大量的水资源。这些水资源不仅为农业生产提供了重要的灌溉条件，也为当地居民提供了生活用水和工业用水，还为能源产业和渔业等产业发展提供了机会。在水资源潜力方面，众多的江河蜿蜒流经乌蒙山区，使这片区域拥有水利地理优势。这些河流的海拔落差较大，加之乌蒙山区属于亚热带季风气候，降雨量丰富，平均年降雨量能达到 2 000 mm，部分山区在夏季时节降雨量甚至能达到 3 000 mm，山区植被保留完好，地下水充足，为山区水利水电发展创造了得天独厚的条件。特别是山区的小流域具有较为封闭和独立的水文循环体系，便于水资源的统一管理和调配。在水资源利用机遇方面，丰富的降雨量和良好的水文条件为农业灌溉提供了基础。通过建设灌溉系统，可以提高农作物的产量和品质，促进农业的发展；通过建设水库、大坝等水利水电设施，可以实现水资源的有效调控和利用，提高水资源的利用效率和保障能力。在生态旅游开发方面，乌蒙山区优美的自然风光、丰富的水资源、独特的民俗文化和历史遗迹为生态旅游开发带来了良好的机遇。可以开发游船观光、漂流、垂钓等水上活动，吸引游客前来观光和休闲，促进旅游业的发展。在山区自然资源综合利用方面，可以利用丰富的水资源发展多种产业，如养殖业、渔业、水产业等。通过水资源的综合利用，可以实现水资源的多元化利用和产业升级，提高水资源的附加值和经济效益。

　　乌蒙山区林业和生物资源十分丰富。该地区拥有大量的原始森林和人工林，山区森林覆盖率高，这为林业资源的可持续利用提供了坚实的基础。乌蒙山区生物种类繁多，拥有大量的森林、草地和湿地等生态系统。这些生态系统孕育了丰富的生物资源，包括各种珍稀濒危物种，为生物多样性和生态平衡提供了保障。山区的生物资源不仅具有生态价值，还具有经济价值。例如，森林资源可以提供木材、药材等；草地资源可以用于畜牧业发展；湿地资源可以提供渔业和生态旅游活动等。某些作物在乌蒙山区生长周期短、产量高，具有较强的市场竞争力。通过调整林业结构，增加经济林、薪炭林和防护林的比重，提高林业用地的经济效益和生态效益。山区丰富的森林资源为发展林下经济提供了广阔空间，适宜发展林下养殖、林下种植等产业，实现林业资源的多元化利用，提高林业经济效益。结合山区优美的自然风光和丰富的林业、生物资源，大力发展诸如森林公园、自然保护区等旅游景点和生态旅游产业，促进当地经济发展。山区丰富的生物资源为生物制药产业的发展提供了丰富的原料来源，可以开发出治疗疾病的药物和保健品。利用山区良好的生态环境和丰富的生物资源，种植有机蔬菜、水果等农产品，满足消费者对健康、安全食品的需求，提高农产品的附加值和市场竞争力。

乌蒙山区拥有丰富的矿产资源。这些丰富的矿产资源为山区的经济发展提供了坚实的物质基础。在国家政策支持方面，近年国家加大了对矿产资源勘查和开发的支持力度，推出了一系列政策措施。乌蒙山区可以抓住这些政策机遇，积极争取国家资金支持和技术支持，推动矿产资源的勘查和开发工作。在市场需求增长方面，随着经济的不断发展和人民生活水平的提高，对矿产资源的需求也在不断增加。这一趋势为充分利用其矿产资源优势，满足国内外市场的需求，推动经济增长提供了契机。在矿产资源开发科技创新方面，科技创新是推动矿产资源勘查和开发的关键因素。加强科技创新和人才培养，引进先进的勘查和开发技术，以提高矿产资源的勘查和开发水平，为经济发展注入新的动力。并且，开发山区矿产资源，必须推动产业升级和多元化；采用绿色开采技术和环保措施，减少对环境的破坏和污染，实现资源的可持续利用和经济的可持续发展。

除了上述自然资源为基础的机遇之外，乌蒙山区农村和农户生计可持续发展还有许多机遇。各级政府对山区农村发展和乡村振兴给予了高度重视，出台了一系列政策，支持山区农村和农户生计可持续发展。这些政策为乌蒙山区利用自然资源改善农户生计提供了有力保障和良好机遇。随着消费者对生态环境和绿色产品的关注度不断提高，山区绿色、有机和特色农产品受到市场青睐。市场需求的变化为山区农产品提供了更广阔的发展空间。现代农业技术、信息技术等的发展为山区自然资源的开发利用提供了新手段和新途径。技术进步有助于提高山区资源利用效率、降低生产成本、拓宽销售渠道等。

二、乌蒙山区农村和农户生计可持续发展面临挑战

山区自然资源利用效率较低。乌蒙山区拥有丰富的自然资源，但是由于管理制度设计、技术水平和开发模式的限制，自然资源难以有效转化为自然资本，自然资源利用效率比较低下。例如，乌蒙山区人口密度比较大，往往存在人口与土地分配不合理的情况，导致土地资源的利用效率低下。此外，在县、乡镇和村级层面对自然资源利用往往缺乏科学的制度设计和规划，农户在资源（特别是土地资源）的利用上缺乏引导和市场信息，容易造成自然资源浪费和破坏。

山区生态环境较脆弱。第一，地形复杂与耕地稀缺。地形起伏大，山体高度垂直、分异性强，最高海拔与最低海拔相差巨大，地表崎岖破碎，导致可利用的耕地资源相对稀缺。第二，水土流失问题严重。丘陵山区坡度较陡，土壤往往较为贫瘠，并且植被破坏现象仍然存在，导致水土流失问题严重。第三，生态功能低下。乌蒙山区属于喀斯特地貌，地表崎岖破碎，基岩裸露。生态环境中水、土要素出现结构性缺损，使得整个生态系统功能低下，容易受到气候变化、自然灾害等因素的影响，加剧生态环境的脆弱性。第四，水资源短缺与干旱。尽管我国西南部年降水量丰富，但是，由于乌蒙山区地形复杂和植被破坏，水资源难以得到有效利用，加之地表干旱则更加造成可利用的水资源短缺，限制了农业生产和居民生活的发展。第五，人类活动影响。过度开垦、放牧、采矿等活动加剧了水土流失、土地退化等问题，可能对生态系统造成不可逆的损害。这些问题相互交织、相互影响，共同构成了乌蒙山区生态环境脆弱性的复杂局面。

农业生产相对其他地区还比较落后，产业结构存在单一化和同质化问题。第一，地理环境复杂，农田水利基础设施年久失修、损毁和服务功能退化，导致农业基础设施较薄弱。第二，水资源匮乏问题突出，旱地多，水浇地少，农业抵御自然灾害能力弱。第三，在农田耕作方式方面，不少地区还存在传统种植方式和粗放经营，耕地半撂荒现象仍然存在。第四，

山区农业生产仍然处在传统农业生产向高附加值农业生产转型的阶段，农产品市场化水平、农产品商品率和高附加值农产品产值有待提高。第五，农村产业结构仍然不尽合理。这主要表现在第一产业比重大，第二、三产业比重较小；产业发展中缺少产业融合，发展水平较低，分散经营为主，缺少规模化集约化，质量效益不高。

山区的基础设施较薄弱。交通、水利、电力等基础设施相对滞后制约了乌蒙山区自然资源的开发与利用，限制了地区内外的经济交流和农户生计的改善。第一，交通基础设施滞后。由于山区地势复杂，有的地区没有完善的公路交通网络，农民出行仍然有困难；农村公路质量不高，缺乏必要的维护和保养，导致路况差和交通安全隐患大。第二，水利基础设施落后。农田水利设施普遍不足，灌溉条件差，特别是在干旱季节，农作物生产受到影响；农村饮水安全性有待提高，由于地理位置偏远、地形复杂等原因，部分山区饮用水源缺乏或受到污染，居民饮水安全难以保障。第三，电力基础设施薄弱。由于地理位置复杂和天气条件恶劣等原因，部分地区电网设施老化，供电不稳定；同样由于地形复杂，供电线路设置困难，供电能力不足。第四，通信基础设施发展滞后。部分地区尤其是偏远山区通信网络覆盖不足，基站数量有限。

山区农产品市场竞争力较弱。在资源禀赋不均衡和基础设施比较薄弱的外在条件下，山区农产品往往因品质、品牌、市场渠道等方面的限制，在市场竞争中处于劣势地位。第一，乌蒙山区农产品质量参差不齐，缺乏统一的品牌形象。缺乏品牌意识使得乌蒙山区农产品在消费者心中难以形成独特的认知，降低了市场竞争力。第二，乌蒙山区主导产品可能比较单一，缺乏市场竞争力。虽然乌蒙山区某些特色农产品有较强的区域优势，但由于缺乏规模化生产，产量无法满足市场需求，导致市场竞争力无法形成。第三，农户往往较难获得及时准确的市场信息，导致农产品流通渠道狭窄且速率较慢。这种信息不对称使得农户难以根据市场需求调整生产结构，降低了市场竞争力。第四，农业生产融资渠道有限。许多农民主要依靠自身资金的原始积累，产业发展的信贷获得性受到限制，进一步削弱了市场竞争力。

农业生产者发展能力受到限制。第一，教育资源不足，教学设施相对还比较落后，部分地区学生上学难的现象仍然存在，教育水平较低。第二，医疗设施不完善，医疗服务水平较低，部分居民难以获得及时的医疗保障。第三，受到山区地理环境的限制，劳动力流动性差，导致他们难以获得外部资源和市场信息，影响了他们对市场变化的响应能力和农产品的市场竞争力。第四，有针对性的农业科技培训和服务仍然不足，这导致农户缺乏现代农业技术知识和技能，难以提高农业生产效率和农产品质量。第五，农村劳动力的逐步老龄化，这影响了他们的农业生产效率和创新能力。

三、大数据及人工智能技术为开展研究提供了技术支持

近年来，大数据技术，特别是遥感大数据技术的快速发展，为开展乌蒙山区农村和农户生计可持续发展与乡村振兴的研究带来了新的机遇，而深度学习技术的出现则为大数据以及遥感大数据分析提供了方法。山区农村往往面临着环境、生产和生活等方面的多重挑战，这些挑战直接影响了当地农户生计的可持续性和自然资源的合理利用。因此，基于遥感大数据技术的乌蒙山区自然资源与农户生计可持续研究显得尤为重要。

（一）农村自然资源评估利用

开展自然资源监测与评估。遥感技术能够提供高分辨率的地理空间数据，有助于准确地了解山区的自然环境、资源分布和土地利用状况。利用遥感技术可以对乌蒙山区的土地利用变化、植被覆盖、水资源分布等自然资源状况进行实时监测。结合大数据分析技术，可以对这些自然资源进行定量评估，确定其数量、质量以及空间分布。大数据技术的应用能够收集和分析海量的社会经济数据，包括农户的收入来源、消费结构、劳动力状况等。这些数据能够揭示农户生计的多样性和复杂性，帮助我们更深入地理解农户的生计需求和挑战。在村级开展基于遥感大数据的自然资源评估，再结合农户社会经济调查数据进行定量分析，有助于从农户层面认识和理

解可持续生计策略，为农村和农户生计可持续发展政策提供决策参考。

提供精准农业与决策支持。利用计算机模式识别和图像分类技术，可以从遥感影像区分出不同的作物类型，并统计各类型作物的面积和空间分布。高光谱遥感技术能够提高对植被的识别与分类精度，有助于农民准确了解农作物的种植情况和分布。遥感影像帮助农民远程观察田间作物状况，如农作物的生长情况、是否缺水、是否受到病虫害的侵袭等，还可以了解作物的营养含量，如钾、磷等元素的浓度，从而采取适当措施提高作物质量。遥感技术能够获取土壤墒情等信息，如土壤类型、土壤湿度、有机质含量等，帮助农民了解土壤状况，为施肥、灌溉等农事活动提供科学依据。结合遥感影像和其他数据，农民可以制定精准的作物种植和管理策略，从而提高农作物的产量和质量。遥感影像为农业管理和决策提供了宝贵的数据和信息，有助于了解作物与耕地情况，优化农业管理决策和提高生产效率。

提供生态环境保护。一是大数据收集与监测。利用遥感技术可以获取高分辨率的遥感影像，从而有助于生态环境的全面监测。通过对遥感大数据的处理和分析，提取出有关地表质地、植被覆盖、土壤湿度等一系列参数，为生态环境评估提供准确数据。二是资源监测与评估。遥感大数据有助于监测土地利用、森林覆盖等资源状况，评估自然资源的变化趋势。利用遥感大数据监测森林覆盖率、树种分布、林木生长状况等的方法和手段已经得到了广泛运用。三是环境评估与预警。利用遥感大数据，政府可以评估环境质量，监测环境污染状况，及时发现环境问题。在自然灾害发生时，遥感大数据可以快速提供灾情信息，支持政府的应急响应和决策。此外，遥感大数据具有直观性和可视化的特点，政府可以利用遥感大数据技术发布生态环境监测结果和评估报告，进行公众教育，激发公众的环保意识和参与度。

（二）改善乌蒙山区农户生计

遥感大数据技术和诸如深度学习等数据分析技术在乌蒙山区提高农户生计的研究和政策制定中具有重要作用。它们不仅可以为农户提供更加精准的农业生产决策支持，还能够帮助农户优化资源配置和获取农产品市场信息。遥感大数据技术能够协助政府制定更加科学的产业发展政策和资源优化配置方案，推动乌蒙山区农村经济和农户生计的可持续发展。

为农户农业生产活动提供精准支持。这种支持包括精准管理地块、监测作物生长、监测作物病虫害、优化资源利用和智能农业决策等。分析高分辨率遥感影像有助于山区农田的高精度监测和精准管理，准确提取土地利用类型、作物生长状况等信息，为山区农户提供详细的农田信息。遥感技术可以实时监测农作物生长状态，包括生育期、产量估算等，农户可以及时了解作物生长情况，从而做出更科学的农业决策。遥感影像提供多光谱和高光谱数据，可以实现对农田病虫害的监测与预警，提高农作物的抗病虫害能力，减少农药使用；遥感影像还可以实时监测自然灾害，如干旱和洪涝等，帮助农户采取措施减少损失，保障生计安全。通过遥感影像获取山区土地资源的详细信息，有助于农户科学规划土地利用，提高农业生产效率。

帮助农户进行资源优化配置。利用遥感大数据，可以分析乌蒙山区各地区的资源优势和产业基础，为资源优化配置提供科学依据。通过引导农户参与优势产业，可以提高他们的收入水平，改善生活条件。遥感大数据有助于农户了解耕地资源分布和状况，评估其适宜性和利用潜力，为耕地资源的合理配置提供科学依据。将遥感数据与当地的气候等自然条件结合，有助于农户选择适宜的作物品种和种植方式，实现耕地资源的最大化利用。利用遥感影像监测水资源的分布和变化情况，有助于分析水资源的可用性和可利用率，为农户水资源合理规划和利用提供依据。

为农户生产经营提供市场信息服务。大数据技术可以收集和分析农产品市场信息，如价格、需求等。农户可以根据这些信息调整种植结构，生产市场需要的农产品，提高经济效益。一是农作物产量预测与市场需求分析。遥感技术通过监测农作物生长情况（如植被指数、叶面积指数等）和土壤湿度等来预测产量，并且利用历史数据来预测未来的市场供需，从而帮助农户调整生产，适应市场变化。二是农产品品质监测。农户可以利用遥感影像监测农产品的生长环境（如土壤肥力、水分状况等），从而优化种植管理，提升农产品品质。此外利用数字化品质溯源技术构建农产品品控溯源体系，有助于提升消费者对产品的信任度，增加市场竞争力。三是提供农产品市场信息以支持决策。通过建立大数据平台，能够为农户提供国内外农产品市场动态、价格走势等信息，帮助农户了解市场需求，从而有助于农户的生产经营决策。此外，遥感大数据与其他数据结合，还可以分析不同地区的农产品需求和价格差异，发现潜在的销售市场，从而优化销售策略，拓展销售渠道，扩大农产品销售。

第二节 研究意义

一、理论意义

开展基于遥感大数据的乌蒙山区自然资源与农户生计可持续研究，对于山区农村发展和农户生计改善具有重要的理论意义。

（一）丰富和发展中国农村发展理论体系

共同富裕是中国特色社会主义的奋斗目标和根本原则，也是中国特色社会主义理论体系中的重要基石。消除贫困、改善民生和实现共同富裕是社会主义的本质要求。共同富裕的根本原则为中国农村发展新思想的产生提供了坚实的理论基础；全面建成小康社会的目标则为中国农村发展实践规划了宏伟蓝图。中国农村发展的基本理论是一个系统完整、逻辑严密的思想体系，它基于共同富裕根本原则和全面建成小康社会宏伟目标，通过精确识别目标人群、精确制定发展与帮扶措施、精确管理发展资源等方式，实现农村人口的共同富裕和全面发展。

将遥感大数据技术引入山区自然资源管理、农村发展与农户生计研究，有助于丰富和发展中国农村发展理论体系。通过对山区农村自然资源的精准评估，为以自然资源为基础的山区农村发展和农户生计改善提供更加科学、精准的理论依据。

（二）丰富可持续农户生计理论

可持续生计既是理论，也是分析框架。作为一种理论，它强调行为主体（通常指个人或农户家庭）在面临外界风险和压力时，能够保持或增强自身的能力，包括可持续利用资源、创造价值、恢复生计、抵御风险以及获得社会认可等方面的能力，通过采取不同的行动和行为策略，实现生计的长期可持续发展。可持续生计理论强调通过制定和实施合理的政策和制度，支持弱势或具有脆弱性的人口提升自身能力，实现自主发展。作为一个分析框架，它强调个体或农户家庭在宏观生计背景下，培育和利用自身的生计资本，包括自然资本、物质资本、金融资本、人力资本和社会资本，在所处的制度和组织框架系统中，采取差异化的生计策略，最终实现可持续的生计结果。[1] 可持续生计框架为理解和应用可持续生计理论提供了结构化的方法。

本研究采用可持续生计理论和分析框架。山区农户生计可持续发展受到其生计资本的水平和结构的影响。农户在其所处的社会经济和自然环境宏观背景下，在当地组织和市场结构系统中，主要依赖其所拥有的生计资本，采取不同的策略开展生计活动，最终达到生计结果的可持续。本研究的特点之一是，针对乌蒙山区，构建村级层面的自然资源指标，从农户生计资本结构和水平出发，融入村级自然资源因素，分析农户生计资本如何决定农户层面的生计策略或生计活动，从而决定农户的最终生计产出或生计结果。

本研究对农户生计可持续性的考察，结合遥感大数据对山区村级层面的自然资源展开实证分析，探讨通过村级层面的自然资源优化资源配置、

---

[1] SCOONES I. Sustainable Rural Livelihoods: a Framework for Analysis [M]. Brighton: Institute of Development Studies, 1998.

发展特色产业等方式提升农户生计的可持续性。特别地，本研究引入遥感大数据技术获取数据，能够更精准地获取和分析乌蒙山区的自然资源信息，如土地利用、植被覆盖、水资源等，结合遥感数据和农户生计数据。遥感大数据技术能够提供大量、客观、准确的空间数据，减少传统调查中的人为误差和主观偏见，提高农户生计分析的精准性和客观性，从而更加科学地评估农户生计的自然资源基础。本研究从村级和乡镇层面构建自然资源指标开展农户生计考察，为农户可持续生计理论提供新的视角和方法，有助于进一步丰富和发展可持续生计理论，为乌蒙山区农户的可持续发展提供理论支撑。

（三）推动跨学科研究和数据驱动的决策制定

本研究涉及遥感技术、农业经济学和发展研究等多个学科领域。将遥感大数据技术与农户可持续生计分析框架相结合进行科学研究，有助于促进学科之间的交叉融合和协同创新，有助于形成更加全面、系统的研究方法和理论体系，推动相关学科领域的发展。

开展基于遥感大数据的山区农村自然资源和农户生计可持续研究，可以为政府提供更加精准、有效的山区农村和农户生计可持续发展政策的制定提供科学依据。例如，通过分析遥感影像数据，可以识别具有发展潜力的农业产业和特色产业，为农户提供科学的种植建议和发展方向；同时，也可以监测和评价推动农业生产的政策措施的实施效果，为政策调整和优化提供参考。遥感大数据技术的引入，使得农户生计研究更加依赖于数据分析和挖掘。这种数据驱动的决策制定方式，有助于提高政策制定的科学性和有效性，减少决策失误和浪费。

总之，将遥感大数据技术引入可持续农户生计分析框架，开展乌蒙山区农村自然资源与农户生计研究，有助于丰富和发展可持续生计理论，提升农户生计分析的精准性和客观性，促进跨学科研究的融合与发展，还能为政策制定提供科学依据，推动数据驱动的决策制定方式的发展。

二、实践意义

（一）促进山区农村可持续发展与乡村振兴

通过对乌蒙山区农户生计的深入研究，可以深入认识我国西南山区农村生计资本的结构和水平，识别农户的具体发展需求，为精准发展和支持提供科学依据。遥感大数据技术能够实时反映山区农户的生产、生活状况，为农户生计的监测提供有力支持。遥感大数据有助于及时发现农户生计中的问题，通过分析农户生计的制约因素和潜力，可以提出针对性的政策和措施，帮助农户提升自身发展能力。农户自我发展能力的提升可以使其更好地应对外部风险和挑战，实现生计的可持续发展。此外，遥感大数据技术能够在村级层面分析自然资源的配置绩效，引导农户参与村庄区域内的优势产业，提高资源利用效率和经济效益。

研究成果可以作为乡村振兴战略制定和实施的参考，为我国西南山区农村经济的可持续发展贡献一些研究成果。本研究关注如何通过遥感大数据推动山区农村产业升级和绿色发展，遥感大数据的分析结果既可以帮助农户增强生态环境保护意识，推动生态环境的持续改善和绿色发展，也能为政府制定更加精准、有效的农业发展和乡村振兴政策提供科学依据。例如，利用遥感数据监测生态环境变化，为生态旅游等绿色产业提供数据支持；通过遥感影像分析，确定适合发展的特色产业类型，推动山区经济的多元化发展。

（二）提升山区农村自然资源评估的精准度

遥感大数据技术能够准确获取乌蒙山区的土地利用、植被覆盖、水资源等自然资源信息，评估自然资源的潜在价值，从而为提升评估的精准度和精准帮扶提供数据支持。通过遥感大数据的实时监测，可以及时发现自然资源的变化情况，为农户生计的可持续发展提供科学依据。例如，基于遥感大数据的分析，可以评估区域内不同农作物的生长状况、产量等，通过设计农业生产和资源利用的优化方案,为农业生产提供科学指导。

对山区农户生计资本特别是自然资本的评估,有助于认识和理解乌蒙山区农户的生计资本结构和水平,以及农户在不同生计资本领域的优势、不足和发展潜力,为制定帮助农户生计资本建设的发展政策提供支持。进一步地,基于对村庄层面自然资源和农户层面自然资本的分析和考察,鼓励农户根据自身生计资本特别是自然资本结构和水平开展生计策略多样化生产活动。同时,引导农户参与当地农业生产合作社或其他农业组织,共享资源、信息和市场机会,发展生产,提高效益。

(三)促进跨学科融合与技术创新

开展基于遥感大数据的乌蒙山区自然资源和农户生计研究,需要遥感技术、农业经济学、地理学和发展研究等多个学科的交叉融合。这种跨学科合作有助于推动技术创新和方法创新,为解决农村可持续发展问题提供更加有效的方法和手段。

在跨学科融合方面具有实践意义。一是促进数据科学与农业科学和经济科学的融合。遥感大数据技术提供了海量的空间和时间序列信息,这些信息和数据为农业经济学提供了新的研究视角和工具。运用数据分析方法(如深度学习技术等)可以对遥感数据进行深入分析和挖掘,揭示山区农户生计的时空变化规律和影响因素。二是地理学与社会科学的结合。地理学关注空间分布和地域差异,而社会科学则关注社会现象和人的行为。在山区农村与农户生计可持续研究中,地理学和社会科学的结合可以揭示农户生计与地理环境、社会经济因素的相互关系。三是环境科学与发展研究的交叉。山区农户的生计与生态环境密切相关,而环境科学可以为评估生态环境变化对农户生计的影响提供支持。同时,发展研究的方法可以分析农户生计可持续性,为制定科学合理的帮扶政策提供依据。

在技术创新方面具有实践意义。一是遥感数据处理技术的创新。随着遥感技术的不断发展,遥感数据的分辨率、精度和覆盖范围不断提高。开发新的数据处理算法可以更准确地提取和解析山区农村与农户生计相关的信息。二是大数据分析和挖掘技术的应用。遥感大数据具有体量大、多样性、变化快等特点，需要借助大数据分析和挖掘技术进行处理。通过应用机器学习、深度学习等先进技术，可以对遥感大数据进行高效分析和挖掘，发现隐藏在数据中的有用信息和规律。三是跨学科技术的整合。在山区农村与农户生计可持续研究中，需要将遥感技术、地理信息系统（GIS，geographic information system）等跨学科技术进行整合。通过整合这些技术可以构建综合性的研究平台，实现对山区农村与农户生计的全方位、多角度研究。四是创新应用模式。结合山区农村与农户的实际需求，开发基于遥感大数据技术的创新应用模式。例如，可以构建基于遥感大数据的不同类型农户识别系统、资源监测与评估系统、农业生产指导系统等，为山区农村发展与农户生计改善提供精准、有效的支持。

总之，开展基于遥感大数据技术的山区农村自然资源与农户生计可持续研究，不仅可以促进跨学科融合，还可以推动技术创新和应用模式的创新。这将有助于更好地揭示山区农村发展与农户生计的规律和影响因素，为制定科学、合理的政策提供有力支持。

第三节　研究目的

本项目开展基于遥感大数据的乌蒙山区自然资源与农户生计可持续研究，旨在通过理论分析和实证研究，达到如下研究目的。

一、描述研究区域农村自然资源和农户生计状况

首先，数据搜集与预处理包括遥感影像收集、自然资源特征数据获取、数据预处理和自然资源特征提取。利用遥感技术，收集覆盖乌蒙山区农村的遥感大数据集，包含多种来源、频段和分辨率，以全面反映农村自然资源的状况。需要实地调研或从政府统计部门、农业部门、研究机构等渠道获取与农户生计相关的社会经济数据，包括农户家庭人口信息、生计资本

结构、农业生产等方面的数据。需要对遥感大数据进行数据预处理以提高数据质量，包括进行辐射定标、几何校正、大气校正等预处理操作。同时，对实际社会经济数据进行整理，确保数据准确性。

其次，开展农村自然资源分析，包括识别、分析和评估自然资源等。利用遥感大数据提取乌蒙山区自然资源信息，如土地覆盖类型、植被指数、水体分布等，识别出农村自然资源主要类型。分析自然资源评估指标，借鉴这些指标体系并结合乌蒙山区实际情况选取村级层面自然资源评估指标。在此基础上，对乌蒙山区农村村庄层面的自然资源总体水平进行分析和评价。进一步地，开展乌蒙山区农村村级层面自然资源分维度的深入描述分析，从地形地貌分类、人均耕地面积分类和村庄人均年收入分类等方面深入描述村庄层面的自然资源结构和水平。

最后，进行农户生计分析。从可持续生计分析框架出发，开展农户生计资本分析、生计策略分析和生计总体分析。结合实际调研的农户家庭信息、生计资本结构和农业生产等社会经济数据，分析农户的人力资本、金融资本、物质资本和社会资本等生计资本状况，进一步地分析农户利用村级层面自然资源和农户自身生计资本开展活动，以维持和改善农户生计。此外，还可以结合遥感大数据和实际调研的社会经济数据，分析农户生计稳定性以及各种风险因素对农户生计的影响。

二、揭示乌蒙山区村级层面的自然资源与农户生计的关联机制

利用遥感大数据技术，深入探究乌蒙山区自然资源的空间分布、数量与质量状况，明确自然资源（如土地、水资源、森林等）和农户生计（如生计方式与策略、收入结构、生活质量等）的具体内容，分析自然资源对农户生计方式、收入结构以及生活质量的影响，揭示二者之间的关联机制。

首先，收集和处理遥感大数据。利用遥感技术获取乌蒙山区的自然资源数据，如土地利用类型、植被覆盖、水资源分布等，同时结合实地调研和统计数据，收集农户生计相关的数据，并对遥感大数据进行预处理，包括数据清洗、格式转换、空间分析等，以便后续分析使用。

其次，分析自然资源与农户生计的关联机制。利用地理信息系统（GIS）等工具对自然资源数据和农户生计数据进行空间叠加分析，识别出自然资源分布与农户生计方式、收入结构之间的空间关联。例如，通过对比不同土地利用类型下农户的生计方式和收入结构，可以发现哪些土地利用类型更有利于农户的生计发展。运用统计方法（如回归分析、相关分析等），分析自然资源与农户生计之间的数量关系。例如，可以建立自然资源指数（如土地质量、水资源丰富度等）与农户收入、生活水平等指标之间的统计模型，量化评估自然资源对农户生计的影响程度。进一步选择典型山区进行案例研究，深入剖析自然资源与农户生计之间的具体关联机制。通过实地调研和访谈，了解农户如何利用自然资源进行生计活动，以及自然资源变化对农户生计的影响。

三、评估乌蒙山区农户收入与生计发展及其影响因素

构建农户收入指标和生计发展相关指标，结合遥感大数据和实地调研数据，从村级自然资源评估和分析结果出发，对乌蒙山区农户收入和生计发展水平进行评估。分析影响农户收入和生计稳定性的关键因素，为制定针对性的农村发展和农户生计改善政策提供科学依据。

首先，识别关键指标。根据农户生计的多维度，如自然资本、生计方式、收入结构、生活质量、环境适应性等，确定一系列关键指标。特别地，本研究重点考察乌蒙山区农户的收入及其影响因素，分析农户生计资本与生计稳定性及其影响因素，为推动山区农户增收和生计稳定的政策制定提供证据与参考。

其次，收集数据。一是收集遥感大数据。利用遥感技术获取关于自然资源的数据，如土地利用类型、植被覆盖、水资源分布等，这些数据能够反映山区的自然环境状况。二是收集实地调研数据。通过问卷调查、访谈、观察等方式，收集关乎农户生计的具体数据，如农户的收入来源、支出结构、家庭人口结构、劳动力状况、社会保障等。

再次，分析农户收入与生计稳定性的影响因素。一是分析自然资源与

农户收入和生计稳定性的关联。利用遥感大数据，分析自然资源对农户收入与生计稳定性的影响，特别是自然资源的质量和数量变化如何影响农户的生计方式和收入结构。二是评价农户生计发展的影响和限制因素。采用加权平均、层次分析等方法分析影响农户生计发展的因素。

四、提出改善乌蒙山区农户生计可持续和促进乡村振兴的政策建议

总结乌蒙山区自然资源与农户生计之间的关联机制。基于分析结果，提出促进乌蒙山区农村自然资源与农户生计协同发展和促进乡村振兴的政策建议。对乌蒙山区农户增收与生计发展进行深入分析，识别出影响农户收入和生计发展的关键因素和存在的问题，从优化自然资源利用、促进农户增收和生计转型、提升农户生计能力的具体策略提出针对性的政策建议。探索如何通过政策引导、技术支持和市场机制等手段，促进山区农村自然资源与农户生计的协同发展，从而实现乌蒙山区全面乡村振兴。

第四节　研究方法和研究数据

一、研究方法

本研究采用理论分析和实证研究相结合的研究方法进行研究。从研究流程上来看，包括研究选题、文献回顾、研究设计、数据收集、数据处理、方法设计、数据分析、案例研究、结果呈现和政策建议等阶段。

（一）研究区域选定

基于设定的研究目的，选定乌蒙山区作为研究区域。乌蒙山区农户自然资源比较贫瘠，喀斯特地貌使得当地农业生产容易受到干旱的影响，同时该地区面临荒漠化和沙化问题，对农户生计产生深远影响。研究该地区

有助于更全面地了解山区自然资源与农户生计的关系，为改善农户生计状况和促进乡村全面振兴提供科学依据。乌蒙山区的地理范围十分庞大，单独的一项研究难以针对全部区域进行分析和研究。本研究选择乌蒙山区的2个县域进行研究。

乌蒙山区包含云南、贵州、四川三省，涉及三省的39个县（市、区）。区域内人口密度高，是乡村振兴新时期需要重点持续支持发展的地区。乌蒙山区是滇黔桂石漠化区域的一部分，其石漠化特征主要体现在其生态地质环境的脆弱性。乌蒙山区石漠化现象明显，这一现象制约了区域经济的可持续发展。第一，与周边地区相比，乌蒙山区整体发展水平仍然比较低。该地区农民人均纯收入较低，低于区域内各省和全国水平。第二，自然条件较差。乌蒙山区地处深山和高寒山区，交通运输受到局限，并且还面对自然灾害（如滑坡、泥石流等）的威胁。第三，经济相对比较落后。乌蒙山区农村产业结构还比较单一，许多农户仍然主要以农业为主，并且农业现代化发展水平较低；工业和服务业发展不足，缺乏带动地区经济发展的支柱产业。第四，社会事业发展还比较欠缺。乌蒙山区教育、医疗、文化等社会事业发展相对滞后，难以满足当地人民的日益增长的发展需求。第五，乌蒙山区地处云南、贵州和四川三省交界区域，各省的发展战略和区域发展政策存在差异，需要从整体上分析和认识乌蒙山区的发展机遇与挑战，为整合的乌蒙山区发展和乡村振兴战略与政策提供支持。

（二）研究方法设计

1.在理论分析方面

开展基于遥感大数据的乌蒙山区自然资源和农户生计研究时，可以借鉴遥感大数据分析相关理论和农户生计分析框架开展理论分析和研究设计。

第一，遥感数据处理与分析方法。卫星遥感影像数据获取，进行辐射定标、几何校正等处理以提高影像数据的质量；利用不同波段数据提取遥感影像特征（如归一化植被指数、归一化水体指数等）并结合深度学习算法（如GoogleNet模型等）实现遥感影像地物分类，提取水体、建筑物等不同类型地物的分布信息，同时基于地物分类结果获取与农户生计相关的耕地坡度、道路占比等信息。

第二，农户可持续生计分析框架。首先，进行描述性统计分析，对收集到的农户生计数据进行整理、分类和统计分析，了解农户的基本情况，如家庭人口结构、劳动力状况、收入结构等。其次，进行计量经济学分析，运用回归分析、相关分析等方法，分析自然资源（如耕地面积、林地覆盖率等）与农户生计（如收入水平、收入来源等）和生计稳定性的定量关系，揭示自然资源对农户生计的影响程度和机制。

通过以上理论分析方法的应用，全面、深入地了解乌蒙山区自然资源和农户生计的现状和特征，为制定有效的帮扶策略提供科学依据。

2. 在实证研究方面

本研究具体采用以下的实证方法开展研究。

1）自然资源评估

基于遥感大数据，采用适当的评估方法和指标体系，对乌蒙山区的自然资源进行评估。评估内容包括自然资源的数量、质量、分布和变化趋势等。具体的评估程序步骤如下。

第一步获取遥感影像数据。获取遥感大数据并进行数据预处理和地物分类，实现自然资源信息提取。

第二步，自然资源评估指标体系构建。选择合适的评估指标（如土地利用效率、植被覆盖度、水资源丰度等），构建出评估指标体系。

2）农户生计分析

结合实地调研数据，对农户的生计状况进行分析，包括农户的收入水平、生活质量、生计稳定性和脆弱性等。可以采用描述性统计、因子分析、聚类分析等方法进行农户生计分析。具体的分析步骤如下。

第一步，收集遥感影像数据。获取农田、植被、水资源等自然资源信息；收集农户人口结构、劳动力状况、收入来源等社会经济数据。

第二步，构建农户生计评估指标。根据遥感影像提供的农田、植被、水体等数据评估农户的自然资源禀赋；根据社会经济类指标评估农户的社会经济状况，将自然资源指标和社会经济指标进行综合分析，构建农户生计综合评估指标体系。

第三步，农户增收和生计评估。评估农户的自然资源禀赋状况并分析其对农户增收和生计发展的影响；了解农户的社会经济状况及其变化趋势；将自然资源禀赋评估和社会经济状况分析相结合，对农户增收和生计状况进行综合评估。

3）自然资源与农户生计关联分析

利用获取的村级层面的遥感大数据和实地农村社会经济调研数据，分析村级层面的自然资源与农户生计之间的关系。可以采用相关性分析、回归分析、结构方程模型等方法，探讨自然资源对农户生计的影响程度和机制。

一是自然资源禀赋与农户生计。将利用遥感大数据提取的自然资源数据与农户社会经济数据进行分析，了解自然资源禀赋对农户生计的影响。例如，分析耕地面积、水资源、林业资源等自然资源禀赋与农户种植业、养殖业活动及收入的关系。

二是自然资源变化与农户生计活动调整。分析村级层面自然资源及其变化趋势（如耕地面积增减、水资源和林业资源变化等）与农户生计活动变化的关系，了解农户在面对自然资源变化时如何调整生计活动。

三是农户生计活动对自然资源利用的影响。分析农户生计活动的变化对村级层面自然资源利用的影响，例如，农户生产活动或生产模式对村级耕地面积和水资源利用效率的影响等，理解农户生计活动变化对村级自然资源可持续利用的影响。

本研究选择乌蒙山区具体的县域作为研究对象，不仅开展遥感大数据和农户社会经济数据相结合的分析，还进行了深入的案例研究，通过实地调研、访谈、观察等方式，了解案例地区的自然资源状况和农户生计现状，分析两者之间的关联关系，并提出针对性的政策建议。

以上是针对本研究设计的基本研究方法。通过综合运用遥感技术、统计分析方法和案例研究等方法，全面深入地了解乌蒙山区的自然资源和农户生计现状，为山区农村的乡村振兴和可持续发展提供科学依据和政策建议。

二、研究数据

（一）研究数据收集

在基于遥感大数据的农村自然资源与农户生计研究中，收集科学的数据对于进行农村自然资源分析和农户生计研究至关重要。本研究的数据收集主要来源于以下两部分。

1.遥感大数据收集

本研究基于欧洲航天局（ESA，European Space Agency）哥白尼计划（Copernicus Program）公开的哨兵2号（Sentinel-2）卫星遥感影像，进行乌蒙山区自然资源特征数据提取和分析。哨兵2号提供了对地球陆地、海洋和大气等的全面观测数据，这些数据被用于自然资源管理、环境监测、灾害预警等多个领域。哨兵2号由两颗卫星（哨兵2A和哨兵2B）组成。哨兵2A于2015年6月23日发射，哨兵2B于2017年3月7日发射。这两颗卫星同时运行，相位差180°，每颗卫星运行在高度为786 km的太阳同步轨道上，每日可环绕地球14.3次。哨兵2号重返周期为5天，影像幅宽为290 km，降交点对应的地面区域当地时间为上午10：30。每颗卫星携带的多光谱成像仪覆盖13个光谱波段，在不同波段具有不同的空间分辨率。哨兵2号的卫星遥感影像可利用欧洲航天局对外开放的哥白尼浏览器进行卫星遥感影像下载。

利用遥感影像获取2021年乌蒙山区的自然资源数据，如土地利用类型、植被覆盖、水资源分布等。这些数据可以反映山区的自然环境状况，为自然资源的评估提供基础。本研究获取村级层面的遥感大数据进行分析，数据收集步骤如下。

第一，选择遥感数据源。利用哨兵2号高分辨率影像和Google Earth Engine（GEE）下载的数字高程模型（DEM，digital elevation model），对获取的遥感影像进行预处理（清洗），包括辐射定标、几何校正、去云处理、拼接和裁剪等步骤，以确保数据的准确性和可用性。这些数据源能够提供研究地区（村级层面）自然资源信息。

第二，获取土地利用数据。利用 ArcGis、ENVI 等软件对遥感影像进行地理坐标校对和地物分类，获得研究区域土地利用的矢量数据；同时，通过 ArcGis 软件从数字高程模型（DEM）数据中提取坡度数据，并将坡度数据、土地利用数据进行叠加分析赋值，进一步获得含有坡度信息的土地利用分类数据。

第三，对数据进行统计处理。以调研村庄界线为分析单元，对获得的土地利用数据进行切割、空间赋值、面积计算，获得以村庄为统计单元的土地利用分类数据，并将其作为研究村庄自然资源特征的数据基础。

2. 农户生计数据收集

本研究关于农户生计研究的数据来源于笔者基于研究项目进行的农村和农户调查以及公开的二手农村社会经济数据。笔者及其所在单位长期从事农业经济和农村发展研究，多次组织农村和农户调查。本研究的农户生计数据主要来源于笔者科研团队 2021—2022 年在乌蒙山区农村进行的入户调查，通过问卷调查、访谈、观察等方式，收集村级和农户生计的有关数据。村级和农户生计数据包括农户家庭人口结构与劳动力状况、收入及其来源、支出及其结构、家庭资源禀赋（如土地、物质和金融资源以及社会资源等）、农业生产种植结构和养殖情况和生计策略与活动等方面的内容。此外，在入户调查的过程中，开展农户深入访谈，了解农户生计状况、面临的困难和挑战、对自然资源的依赖程度等。本研究还获取了公开途径发布的经济发展主要指标和社会发展主要数据，包括研究区域的统计数据，如农业普查数据、统计年鉴等。这些数据可以提供研究区域的整体农业生产和农户生计状况的背景信息。

（二）研究数据整合与质量控制

1. 数据整理

对遥感大数据的整理主要包括拼接和裁剪，即将多个遥感影像拼接成一个完整的图像，或根据研究区域裁剪出所需的图像部分。如果需要还可以将不同时间点的遥感影像按照时间序列进行整理，以便进行变化监测分析。对农户生计数据的整理包括指标变量与数据的匹配、将文字描述转换为数字代码、将非结构化的数据整理为结构化的表格或数据库形式等。

2. 数据分类

遥感大数据的分类通常是指使用监督或非监督分类算法，将遥感影像中的地物特征分成不同的类别，如农田、林地、水体等，进而采用混淆矩阵法或 Kappa 系数法等方法对分类结果进行准确度评价。

对农户生计调查数据的分类可以根据不同标准和特征进行。本研究不仅按照村级自然资源特征，如耕地坡度和地块破碎度、水资源丰度、农地和林地面积等，将农户分为不同的类型，以开展分类研究；还按照农户从事农业和非农业的程度不同将农户分为纯农户、兼业农户等，考察农户对自然资源的依赖程度等。在分类基础上，对每类农户进行详细描述和特征分析，了解他们的生计状况和需求。

3. 数据标准化处理

对于不同来源或不同时间点的遥感大数据，进行辐射归一化或反射率标准化处理，以消除不同传感器或不同时间条件下的差异。而对于农户生计数据，尤其是农户的生计资本，进行单位统一或标准化处理，以便进行比较分析。

4. 数据匹配与整合

上述步骤确保了遥感大数据和农户生计数据的准确性、一致性和可比性。在此基础上，首先，通过地理信息系统（GIS）软件等方式，将遥感大数据与农户生计数据进行空间匹配，确保两者在地理位置上的一致性。其次，将匹配后的数据进行整合，形成一个包含村级自然资源和农户生计状况信息的综合数据集，为后续分析提供数据基础。此外，对整合的数据进行校验，确保数据的准确性和完整性，同时处理和补齐异常值或缺失值等。

第二章　理论基础与分析框架

第一节　研究的核心概念

　　科学研究需要聚焦研究主题，并围绕研究主题进行详细设计和开展研究。在研究主题之下，往往需要提出核心的研究概念，构建研究的逻辑起点和分析框架。一项科学研究之所以需要提出核心概念，主要是基于以下几点。第一，聚焦研究主题。核心概念是一项科学研究的基石，有助于明确并聚焦研究的主题。通过选择一组（例如3~5个）核心概念，确保研究内容紧密围绕这些核心概念展开，避免内容过于宽泛或偏离主题。第二，构建分析框架。3~5个核心概念的提出，有助于构建整个研究的理论框架（或称概念模型）。这些概念之间通常存在逻辑关系，形成一个相互关联的结构，有助于读者更好地理解研究的整体思路和逻辑。第三，简化复杂的研究问题。研究问题往往涉及多个方面和因素，通过提出3~5个核心概念，可以将复杂问题简化为更易于理解和分析的关键点，便于研究人员深入探究问题。第四，促进科学研究交流。核心概念是学术交流语言，能够帮助研究人员与学术界进行更有效沟通和交流，促进学术成果的传播和应用。此外，从科研成果转化或实践应用来看，核心概念具有明确的指导意义，可以为相关领域的政策制定和实践操作等提供理论支持和参考依据，从而促进研究成果的转化和应用。

本研究选择以乌蒙山区自然资源与农户生计为主题进行研究，旨在深入认识山区自然资源与农户生计的关联，为政府设计促进山区自然资源利用和促进农户可持续生计的政策提供参考和建议。本研究的核心概念包括遥感大数据、自然资源与自然资本、农户生计与生计资本、可持续性、数据分析与模型构建等。

一、遥感大数据

遥感大数据是一个具有特定含义的数据集。它是指通过遥感技术获取的遥感数据集，具有典型的大数据特征。遥感大数据主要依赖遥感技术如卫星遥感、航空遥感和无人机遥感等途径获取。遥感大数据具有如下显著特点：第一，体量庞大。随着遥感技术的发展，遥感数据量呈几何倍数增长。随着全球卫星数量的增长，单个数据中心的数据量可能达到TB级，国家中心级的数据量可能达到PB级。第二，数据形式具有多样性。遥感数据流包含热红外、雷达等多种信息，这些数据具有不同的数据类型和格式。第三，获取时间快速。遥感数据流从卫星传输到地面站经过即时处理后通过网络自动分发给用户，可以实现实时产品发布。第四，潜在价值巨大。遥感数据体量庞大，而且具有数据形式的多样性，蕴含的信息对科学研究、环境监测、资源管理等领域具有巨大的潜在价值，可以应用于农业、林业、地质、海洋、气象、水文、测绘、军事和环保等领域。

遥感大数据技术是一种结合遥感技术和大数据分析技术的综合性技术，通过获取、处理和分析大量的遥感数据，为各个领域提供有价值的信息支持。遥感技术能够获取地表温度、植被覆盖度、土地利用等多种数据；大数据分析技术包括数据挖掘、深度学习和人工智能等技术，可以用来对遥感数据进行高效处理和分析。遥感大数据是遥感技术的数据基础，而大数据技术是处理和分析这些数据的工具和方法。在研究和应用中，需要根据实际需求、获取成本和质量及可靠性，选择合适的技术和方法来获取、处理和分析遥感大数据，以提取有价值的信息。

本研究的遥感大数据，是指通过卫星获取的关于乌蒙山区自然资源的海量数据。这些数据具有高度的空间和时间分辨率，能够提供丰富的环境信息，有助于研究人员深入了解乌蒙山区的自然资源状况。本研究利用的遥感大数据主要包括多光谱遥感影像与数字高程模型（DEM）。多光谱遥感影像包含地物在多个不同光谱波段的信息，利用其进行地物分类不仅可以根据影像的形态与结构特点进行地物识别，还可以根据光谱特性的差异判别地物，对于地物分类任务具有重要意义。数字高程模型（DEM）是在一定范围内通过规则格网点描述地面高程信息的数据集，这些格网点通常是以规则间隔的 X，Y 坐标形式排列，每个格网点的高程值（Z 值）代表该点位置的地表高度。数字高程模型（DEM）对于分析地形以及地物识别等任务至关重要，因此，在地理信息系统（GIS）、地形分析、城市规划等领域有着广泛的应用。本研究将多光谱遥感影像与数字高程模型（DEM）结合，能够进一步提升地物分类任务的准确度。

二、自然资源与自然资本

自然资源是自然界中的物质和能量，广泛应用于各个领域，如农业、工业、能源和交通等，是人类生存和发展的重要基础。自然界中存在各种人类可以直接用于生产和生活的物质，如气候资源、水资源、土地资源、生物资源、矿产资源和海洋资源等，它们被称为自然资源。自然资源具有稀缺性，这种稀缺性往往需要通过市场或计划机制的优化配置来缓解。根据《〈中共中央关于全面深化改革若干重大问题的决定〉辅导读本》的定义，自然资源是指天然存在、有使用价值、可提高人类当前和未来福利的自然环境因素的总和，包括土地、矿产、水、湿地、森林、草原、海域海岛等自然资源。

自然资本通常是指能从中发掘出有利于人类生产生活的资源流和服务的自然资源存量。自然资本既包括为人类所利用的各类自然资源，还包括生态系统及生物多样性。自然资本强调的是资源的经济价值和增值性，这种增值性往往需要通过投资或其他市场机制的方式来实现。自然资本的价值不仅体现在物理属性和自然属性上，还体现在经济价值和社会价值上，如通过生态系统服务、碳汇交易等方式实现自然资本经济价值的转化。自然资本主要应用于可持续发展、农户生计、环境保护和生态修复等领域，强调在保护自然生态的前提下实现经济社会的可持续发展。自然资本强调自然资源的可持续利用和生态服务功能的提升，以及通过投资等市场机制方式实现自然资本的增值和保值。

自然资源和自然资本都是人类生存和发展的重要基础。自然资源强调资源的自然属性和物理属性，而自然资本则强调资源的经济价值和增值性。在实际应用中，需要根据具体情况和需求来选择合适的概念和方法来管理和利用自然资源。

人类可以通过多种方式科学合理地利用自然资源。运用市场机制利用自然资源就需要实现自然资源向自然资本的转化，这个转化过程是一个涉及多个环节和因素的复杂过程。第一，自然资源需要经过产权制度的界定和明晰，明确资源的支配权及价值归属。这样就使得自然资源具备了收益性和财产性，为其转化为自然资本奠定了基础。第二，自然资源资产以产权形式在市场上流通，这是实现其转化为自然资本的关键环节。通过市场机制的运作，自然资源资产能够发挥其价值，为权益人带来福利。第三，生态系统服务价值化是自然资源转化为自然资本过程的重要方面。自然资源提供的生态系统服务，如水源涵养、气候调节、生物多样性维护等，通过合理的价值评估，可以转化为自然资本的一部分。第四，在自然资源转化为自然资本的过程中需注重资源的可持续利用和管理。通过科学规划、合理开发和有效保护，确保自然资源的长期稳定性和可持续性，从而保障自然资本的稳定增值。第五，科技进步在自然资源转化为自然资本的过程中发挥着重要作用。通过运用遥感、地理信息系统（GIS）和物联网等现代技术手段，可以实现对自然资源的精准监测、高效管理和科学评估，为自然资源的资本化运作提供有力支撑。

本研究在第四章和其他关于村级层面分析的部分中使用自然资源的概念，从村级层面对基于遥感影像的农村土地、水、森林和植被等自然资源进行分析和描述。使用自然资源的概念进行分析，主要是强调这些资源存在的天然性，为后续农户生计的分析与研究提供自然资源和环境因素方面的基础。本研究在农户层面的研究中使用自然资本的概念，主要是强调这些资源的经济价值及其增值性，从经济价值的角度分析其对农户生计的影响和作用机制。

在农业经济和农村发展研究中，自然资本相较于自然资源具有更为丰富的内涵和更广泛的适用性。一是自然资本内涵的丰富性。自然资本不仅涵盖了资源的自然属性和物理属性，还强调了资源的经济价值和增殖性。自然资本被视为一种中间产品，具有动态性和增值性。自然资本不仅包括资源产品，还包括各种生态服务，如水体的自净能力、森林涵养水源等。二是与经济学研究范式契合。自然资本的概念与经济学理论中的资本概念相契合，具有更强的经济学意义。通过引入自然资本的概念，可以更好地运用经济学理论和方法来研究自然资源的配置、利用和保护问题。三是对生态系统服务的重视。自然资本强调生态系统服务的重要性，并将其纳入资本的范畴。生态系统服务，如水源涵养、气候调节等，对于人类社会的生存和发展具有重要意义。通过核算这些服务的价值，可以更全面地反映自然资源的经济价值和社会价值。此外，使用自然资本概念时，政策制定者会考虑资源的经济价值和生态系统服务的价值，从而制定更加全面和科学的政策。这有助于推动资源的合理利用和生态系统的有效保护。本研究所指的自然资本是指自然环境中能够为人类提供服务和资源的自然要素，如土地、水、森林、矿产等。本研究从自然资本视角分析村级自然资源的开发与保护及其对农户生计的影响。

从产权归属（即支配权及价值归属）来看，村级自然资源的财产支配权及价值归属权属于农村集体经济组织。第十四届全国人民代表大会常务委员会在2024年6月28日通过的《中华人民共和国农村集体经济组织法》第五条规定，农村集体经济组织依法代表成员集体行使所有权，履行下列职能：发包农村土地；办理农村宅基地申请、使用事项；合理开发利用和保护耕地、林地、草地等土地资源并进行监督。农村集体经济组织拥有自然资源开发的收益权利,也有保护村级自然资源的责任。村级自然资源的产权归属为其转化为自然资本从而进行开发和保护奠定了法律基础。

从产权(包括所有权、承包权和经营权)在市场上的流通来看,村级自然资源通过市场机制进行开发利用是实现其转化为自然资本的关键环节。①建立和完善村级集体经济组织。例如,建立股份合作社,通过农户土地承包经营权入股,实现土地资源的集中利用和规模经营,从而盘活土地资源,提高土地利用效率和市场价值;再如,通过产权制度改革,推进"园区+景区+社区"联动发展,实现农业产业升级和农旅融合发展,提升村级自然资源的市场价值。还可以通过集体经营性建设用地入市改革试点,将闲置用地入市交易,获得收益,实现市场价值。②从农户经营角度来看,土地(水面或森林)资源的资本转化有两个方面:一是作为土地资本,自己投资生产,获取经营利润;二是通过流转与承包经营实现自然资本转换。农户小规模土地生产不利于抵抗风险,通过土地流转扩大经营规模成为抵抗风险和获取更高收益的有效途径。土地(水面或森林)流转是指使用权流转,是指拥有承包经营权的农户将经营权转让给其他经营主体(包括工商资本)。土地(水面或森林)流转和承包经营鼓励农民将承包地向专业大户、合作社等流转,发展农业规模经营。转让经营权的具体方式包括转包、转让、入股、合作、租赁、互换等方式。③矿产资源转化为自然资本,主要是通过村级集体经济组织进行投资,或通过招商引资吸引外来资本投资,开发矿产资源的市场价值。

在农村发展实践中创新性地产生了"三变"改革(即资源变资产、资产变资本、农民变股东)。"三变"改革的核心是采用股份制等方式,经过确权和评估量化,将农村资源转化为具有法律效力的权属证书和有价值的资产,进而转化为资金,实现资源的有效配置和农民的增收。通过一定的形式将农户承包的集体土地、林地、草地等自然资源使用权入股到新型经营主体,例如农民专业合作社,从而转化为可交易的资产,农户取得股东权利。农村发展实践中的"三变"改革,通过市场化运作方式将农村资源和资金进行整合运用,从而推动农村(自然)资源合理配置和高效利用。

农村自然资源转化为自然资本是一个复杂而重要的过程,需要政府、农民、企业等多方面的参与和合作。通过村级经济组织建设、农户土地流转、矿产资源开发利用等途径,可以实现自然资源的有效利用和村级经济的持续发展。同时,也需要注重生态环境的保护和可持续发展,确保自然资本的不断增值和永续利用。在乌蒙山区,自然资源是农户生计的重要基础,推动自然资源向自然资本转化,实现自然资本的市场价值,对于维持农户生计的可持续性具有重要意义。

三、农户生计与生计资本

从社会学的角度看,农户是指农村家庭,是农村中以血缘和姻缘关系为基础组成的社会单元,也是农村社会经济系统的最基本单元。经济学意义上的农户强调共同预算、收入和资源共享以及共同消费的性质;不同于非农户(如城镇户),农户既是一个作为独立整体的生产单位,又是一个作为独立整体的生活单位。正是因为农户的上述经济特征,农业和农村经济学将农户视作一个重要的分析单位。农户的职业特征为以农业生产为生,其经济活动的核心围绕农业进行,如作物种植、畜禽养殖等。农户的地域属性则是居住于农村地区,因此其生产、生活方式以及社会交往具有与城镇户的显著不同。本研究将农户作为主要的分析单位。

农户作为独立的生产单位,其经济功能主要体现在农业生产、农产品加工和市场销售等方面。随着现代农业的发展,农户也逐渐涉足农产品加工、休闲农业、乡村旅游等多元化经营领域。农户作为社会的最基本单元,其社会功能包括传承农村文化、促进农村发展等。农户在生产消费活动中对土地、水和森林等自然资源的利用方式也影响和决定着农村生态环境的质量。因此,理解农户概念有助于深入认识农户生计和农业与农村发展。

农户生计的概念主要来源于可持续农村生计理论和分析框架。英国国际发展研究所(Institute of Development Studies,IDS)的 Ian Scoones 在 Chambers(1987)、Chambers 和 Conway(1992)工作基础上,1998 年发表了论文《可持续农村生计:分析框架》(Sustainable Rural Livelihoods:

a Framework for Analysis）。该论文阐述了旨在帮助理解和改善人们生计的可持续农村生计分析框架。英国国际发展署（Department for International Development，DFID）于 2001 年发布的《可持续生计指南》（Sustainable Livelihoods Guidance Sheets）阐述的农户生计包含农户为了生存或者谋生所需要的能力、资产（物质的和社会的资源）和从事的活动。一种生计，只有当它能够应对压力或冲击，并从压力或冲击中恢复，在当前并长远地维持乃至加强其能力与资产，同时不损坏自然资源基础，才是可持续性的。增强农户生计可持续性的目标或手段包括：优化农户使用或接受高质量的教育、信息、技术、培训和医疗卫生服务的权利或机会；改善他们的营养状况；营造对农户更加支持、关心和平等的社会环境；他们利用自然资源的权利或机会更安全、稳定，可以更好地管理资源；能够使用更好的基础设施；具有更有保障的资金来源和渠道；能够支持多样化的农户生计策略/选择；平等使用市场销售条件的政策与制度环境。

在本研究中，农户生计是指农户在社会经济宏观背景下，为了维持生活，利用自身拥有的生计资本，所采取的各种生计策略和行动，包括农业生产、畜牧业、林业、渔业和非农活动等，而且这些生计策略和活动是在考虑了其所处的组织和制度环境下开展的。在乌蒙山区农村，由于自然环境的特殊性，农户的生计方式往往与自然资源密切相关。因此，本研究引入遥感技术和大数据分析技术，着重在农户和村庄层面分别考察其自然资源及其在农户生计中的重要作用。研究农户生计对于保护自然环境、促进当地经济发展具有重要意义。

生计资本在可持续生计分析框架中扮演着核心角色。生计资本通常是指农户在维持生计发展过程中所拥有的各类资本的总和，包括自然资本、人力资本、物质资本、金融资本和社会资本五种类型。生计资本的数量和结构决定了农户生计策略和生计能力大小，而生计资本的多样化对于农户提升生计能力具有重要意义。自然资本是农户维持生计所需要的各种自然资源，一般来说包括土地、水、环境和生物多样性等资源的总和。乌蒙山区农户的自然资本主要包括农户的承包耕地、林地、草地和水资源等。人力资本是指农户拥有的劳动力及其谋生的能力及知识技能，通常包括其教育、健康、知识、技能等方面。乌蒙山区农户人力资本包括农户劳动力数量、教育程度、健康状况和专业技能等。物质资本是指农户拥有的各项物质资产，一般来说包括农户拥有的住房、水电、交通与通信设施等。在乌蒙山区，农户的物质资本主要有房屋、生产设备、道路及水电状况等。金融资本是指农户可支配的各类金融资源，通常包括农户的现金、银行存款、贷款或借款以及保险等。社会资本是指农户拥有的人际关系和其所从属的社会（家庭和邻里及朋友）网络，还包括农户参与的社会组织状况（如农民专业合作社等）。社会资本能够为农户带来相应的利益，是农户为达到生计结果可以利用的重要资本。

生计资本强调农户所拥有的各类资本和资源禀赋。在可持续生计框架中，生计资本禀赋对于农户生计策略（或活动）的选择十分重要。一般来说，生计资本禀赋较好的农户，其生计策略选择机会更多，生计结果也会出现积极的变化；生计资本禀赋较差的农户，其生计策略的选择机会较少，生计结果也可能出现消极变化。因此生计资本禀赋较差的农户的生计脆弱性可能更强。

生计稳定性是一个在农户生计和生计资本讨论中应该重视的相关概念。生计稳定性通常指的是在面临各种生计风险或挑战时，农户能够持续稳定地维持生计活动和保持生计结果稳定的能力。关于生计稳定性的讨论不仅应重视农户当前生计的稳定性，还应关注农户未来生计的可持续发展。当出现不确定因素和风险冲击（如市场波动、自然灾害以及宏观政策变化等）时，生计稳定性意味着农户能够通过生计策略调整而保持生计韧性，从而实现生计长期可持续发展。分析农户生计稳定性包括测度其收入多样性指数和生计多样性指数，一般来说，就是利用统计学的方法（如方差和标准差）计算农户收入或生计活动的标准差或方差，衡量其波动性和稳定性。农户的收入多样性指数是指计算农户收入来源的多样性和稳定性，以此评估农户生计稳定性；农户的生计多样性指数则是指评估农户生计活动的多样性，以此测度农户面临风险冲击时的弹性和恢复能力。此外，生计资本耦合协调度指标也常常被用来测度风险冲击时农户的生计调整与自我保护能力。

四、可持续性

可持续性具有多维度和复杂性的特点。可持续性是指在现有的资源、技术和制度结构下，实现满足当前需求的同时，不损害未来世代满足自身需求的可能性。它要求以一种合理的方式利用资源，保护环境，促进社会和经济的发展，同时不损害未来世代的生存和发展。可持续性通常包含了生态可持续性、经济可持续性和社会可持续性3个相互联系、不可分割的组成部分。生态可持续性强调自然资源的保护和生态系统的稳定性，确保生物多样性和生态系统的健康。经济可持续性关注经济增长的持久性和稳定性，以及资源的高效利用和环境的保护。社会可持续性则重视人类社会的公平、公正和包容性，以及人们的基本权利和福祉。

可持续性的核心目标包括经济发展、环境保护和社会公平。第一，经济发展，即确保经济的持续增长和繁荣，同时减少不平等现象，提高人民的生活水平。可持续性要达到实现经济增长、提高就业率，以及促进创新和科技发展，推动经济结构的优化和升级的目标。第二，环境保护，即维护生态系统的健康和完整性，保护生物多样性，减少污染和浪费。既要实现资源的合理利用和高效管理，减少对环境的负面影响，也要保护和恢复生态系统的服务功能，维护地球的生命支持系统。第三，社会公正，即促进社会公平和包容，保障人民的基本权利和福祉。可持续性要求消除不平等现象，提高社会整体福祉水平，要求加强社会保障和公共服务体系建设，确保人民的基本生活需求得到满足。

可持续性目标的实现有赖于制定和实施有利于可持续发展的政策和法律法规，加强政府的引导；推动科技创新和进步，提高资源利用效率和环境保护能力；加强公众对可持续发展的认识和参与，形成全社会的共识和行动；加强合作，促进国内外政府、企业和组织在可持续发展方面发挥积极作用。通过上述途径和措施，可以更好地实现可持续发展的核心目标，促进经济、社会和环境三方面的协调发展。同时，这些措施也需要不断地完善和创新，以适应不断变化的环境和发展需求。

本研究中的可持续性主要关注农户生计的可持续性，即农户如何在保护自然环境的前提下，实现生计的稳定和发展。乌蒙山区农村和农户生计可持续性包含以下内容。第一，农户的经济收入稳定，即农户需要能够保持稳定的收入来源，确保基本生活需求得到满足，并有余力进行再投资和扩大生产。第二，产业发展支撑，即需要发展具有地方特色的产业，为农户提供就业机会和创业平台，帮助他们实现增收致富。第三，自然资源与生态环境良好，即农户的生计可持续性还依赖于良好的自然资源和生态环境。只有保护好生态环境，才能确保资源的可持续利用和产业的可持续发展。

五、数据分析与模型构建

在经济学和发展研究领域，运用数据分析和模型构建开展实证研究具有不可或缺的作用，有助于深入理解经济现象、优化政策制定和促进可持续发展。通过收集数据并深入地构建计量模型进行分析，有助于研究人员深入理解所研究的对象。数据分析和模型构建可以帮助研究人员深入理解经济发展现象，如经济增长、就业变动等。通过对大量数据的统计和分析，可以揭示研究地区的经济运行内在规律和趋势。基于数据分析和计量模型构建的研究结果，政策制定者可以更准确地评估不同政策方案的效果和潜在影响，从而选择最有利于经济社会发展的政策。运用数据分析和模型构建进行研究有助于评估研究地区资源利用、环境保护和经济增长之间的平衡关系，为制定可持续发展战略提供科学依据。

针对研究区域和对象收集数据进行分析对理解研究对象具有重要作用。通过对历史数据和现有数据的统计分析，可以揭示经济运行的内在规律和趋势，如经济增长的周期性波动、产业结构的演变等。利用数据分析方法，可以评估不同政策方案对经济社会的影响，如财政政策的乘数效应、货币政策的传导机制等。基于数据分析的结果，可以预测未来经济社会的发展趋势，为政策制定和战略规划提供前瞻性指导。在数据收集和分析基础上，深入开展计量模型构建与分析也十分重要。计量经济模型是对经济系统运行规律的简化描述，通过构建数学模型，可以模拟经济系统的运行情况，从而预测和解释经济现象。计量经济模型可以帮助建立变量之间的因果关系，揭示不同因素之间的相互影响和作用机制。基于计量经济模型的分析结果，政策制定者可以更准确地评估不同政策方案的效果和潜在影响，从而制定更有效的政策。

  本研究在实证研究部分采用了大量的数据分析和计量经济模型分析。在利用遥感大数据分析乌蒙山区选定的研究区域内的自然资源状况时，需要运用数据分析和模型构建等方法分析和处理遥感大数据，以更准确地评估乌蒙山区的自然资源状况。具体而言，本研究分析自然资源状况时采用了遥感影像数据收集和预处理方法、基于深度卷积神经网络结构的地物分类方法、村级自然资源特征提取和统计分析方法、自然资源评估熵值法等。在分析乌蒙山区农户生计资本和生计状况时，本研究主要采用了农户问卷调查方法、农户收入和生计状况的统计分析方法、生计资本和生计稳定性耦合协调分析方法、农户收入的计量经济分析方法等。基于遥感大数据的研究，构建合理的农户生计可持续性评估模型，为制定科学的政策和管理措施提供有力支持。

第二节 研究的理论基础

  乌蒙山区位于云贵高原与四川盆地接合部，生态环境脆弱，资源有限。改革开放以来，乌蒙山区在自然资源保护和农户生计可持续性方面取得了显著进展。利用遥感大数据技术对乌蒙山区自然资源进行定量评估，分析其与农户生计可持续性之间的关系，对于推动区域可持续发展具有重要意义。本研究主要以农户行为理论、可持续生计理论、遥感科学与技术相关理论、可持续发展理论为基础开展研究。农户行为理论为研究提供了基本的分析单位，即农户。可持续生计理论为研究提供了分析乌蒙山区农户生计可持续性的框架。通过遥感科学与技术相关理论，则可以评估自然资源的状况，进而分析其与农户生计策略、生计结果之间的关系。在本研究中，可持续发展理论指导我们关注自然资源的合理利用和保护，以及农户生计的可持续性。

一、农户行为理论

农户所处区域或村庄的资源要素结构具有独特性，这也必然会造成农户行为的特殊性，单一的经济理论无法很好地解释农户行为的全部现象，必须要对现实做大量假设以简化分析的前提下才可以进行一定的理论概括。[1]

农户行为理论，作为深入研究农户在农业生产和日常生活中如何做出决策的理论体系，主要是研究农户如何分配资源、如何选择生产方式、如何处理风险以及如何参与市场活动等行为的决策过程。它关注农户在生产、消费、投资、储蓄等方面的行为，并分析这些行为背后的动机和决策机制。农户行为理论在分析农户行为时使用的核心概念主要有效用最大化、理性选择、边际分析等。效用最大化是指农户在资源约束下通过选择不同的生产和消费活动组合以实现自身效用的最大化。理性选择是指农户往往根据自己的目标和资源约束做出合理的选择。边际分析则是指农户在考虑边际收益和边际成本条件下决定是否增加或减少资源的投入。农户行为理论是一个全面分析农户决策过程和行为模式的理论体系，对于理解农业发展、农村变化和政策制定具有重要意义。对农户行为的研究产生了不同的认识体系和分析框架。

恰亚诺夫通过研究俄罗斯农民对工资与闲暇之间的时间分配行为提出了组织生产论。恰亚诺夫在《农民经济组织》[2]中提出，农户行为不同于传统经济学中的企业的行为，主要表现在：第一，农户经济发展依靠的是自身的劳动力，而不是雇佣劳动力；第二，农户生产的产品往往是为满足家庭自身的消费，而不是追求市场利润最大化。农户的劳动力投入不以工

---

[1] 黄宗智. 中国农村的过密化与现代化 [M]. 上海：上海社会科学院出版社，1992.
[2] 恰亚诺夫 A. 农民经济组织 [M]. 萧正洪，译. 北京：中央编译出版社，1996.

资的形式表现，难以计算其成本，而农户家庭全年的劳动力和资金的投入与产出又是不可分割的整体，所以，在追求效用最大化上农户选择了满足其消费需求和劳动辛苦程度之间的平衡，而不是利润和成本之间的平衡。许多发展中国家农户经济组织持续发展的事实是组织生产论的印证。

西奥多·舒尔茨（Theodore Schultz）提出农户能够像企业一样对市场信息做出灵敏反应，他们的行为是在追求利润最大化。舒尔茨在《改造传统农业》[①]中指出，在完全竞争市场和追求利润最大化的理性小农的假设条件下，在一个竞争的市场机制中，农户经济与资本主义经济的运行并没有多少差别，农户在生产分配上极少有明显的低效率。在传统农业时期，农户使用的各种生产要素，其投资收益率很少有明显的不平衡。在这样的经济组织中，农户的行为完全是有理性的。所以，这一理论也称为"理性小农论"。史清华[②]基于该理论的研究指出，传统农业增长的停滞不是来自农户缺乏进取心和努力，也不是缺乏自由竞争的市场经济，而是来自传统边际投入下的收益递减。改造传统农业所需要的是合理成本下的现代投入，一旦现代科技要素的投入能保证在现有价格水平上获得利润，农户也会像资本家一样毫不犹豫地成为最大利润的追求者。中国农村家庭承包责任制改革带来的农村经济增长是理性小农论的印证。

黄宗智[③]在对中国农户行为分析后认为，农户家庭在边际报酬十分低下的情况下仍会继续投入劳动，这可能是因为农户家庭没有相对于边际劳动投入的边际报酬概念，也或者是由于农户受自然资源（耕地规模）不足和家庭剩余劳动力多带来的生存压力，导致劳动投入达到非常高的水平，直至其边际产品接近于零。黄宗智的分析发现，在家庭劳动约束下，小农的家庭经营优于大规模的、雇佣劳动生产的经营式农场；过密型商品化与小农是可以共存的，过密型商品化不仅不会摧毁小农生产，而且强化了家

---

① 舒尔茨 TW. 改造传统农业[M]. 梁小民，译. 北京：商务印书馆，2006.

② 史清华. 农户经济增长及发展研究[M]. 北京：中国出版社，1999.

③ 黄宗智. 华北的小农经济与社会变迁（中译本）[M]. 北京：中华书局，2004.

庭化的生产和再生产。

艾利思[①]在《农民经济学：农民家庭农业和农业发展》介绍了几种关于农民行为的基本前提假定或公理。这些基本前提假定分别为农民是追求利润型的农民、农民是风险规避型的农民、农民是劳苦规避型的农民、农民是部分参与市场的，以及农民是更愿意采用分成制地租的等，每种基本前提假定都给出了其推理、结论和政策含义。

农户模型是将农户的生产、消费和劳动力供给等决策有机地联系在一起的微观经济模型。

巴德汉（Bardhan）和尤迪（Udry）[②]的《发展微观经济学》阐述了农户模型的思想，并给出了农户模型的一般表达式。农户模型从微观角度出发，关注单个农户或农户群体的行为，有助于深入了解农户的决策过程；综合考虑了农户的生产、消费和劳动力供给等多个方面，能够全面反映农户的经济行为。农户模型的主要特点之一是将农户行为的相关变量数量化，便于进行量化分析和政策模拟。在将农户行为模型化时，该模型发展了基于家庭农户成员具有共同效用函数假定的单一模型（unitary model）和基于农户家庭成员各自具有不同的效用函数假定的集体模型（collective model）两种不同的农户模型。农户模型能够应用于政府政策在农户层面影响的评估以及对整个宏观经济影响的评估。

在农户行为理论指导下开展农户研究，其主要的研究方法包括理论建模和实证分析。理论建模是指通过构建理论模型以模拟农户的决策过程，推导出理论预测，并与实际情况进行比较。实证分析则是指在构建的理论模型指导下，通过收集农户的数据，运用统计学和计量经济学方法分析农户行为的影响因素和后果。在实证研究中，常常通过收集农户家庭的收入、消费支出、自然资源（包括土地和林地、水域面积等）、劳动力数量等数据，运用计量经济学模型分析农户的生产决策和消费行为。

---

① 艾利思. 农民经济学：农民家庭农业和农业发展 [M]. 上海：格致出版社，2019.
② 巴德汉，尤迪. 发展微观经济学 [M]. 陶然，等，译. 北京：北京大学出版社，2002.

二、可持续生计理论

可持续生计首先是一个多维度的概念，旨在帮助人们，特别是在面临风险和压力的环境下，能够维持和提升自身的生活质量和福祉。可持续生计理论涵盖了人们在日常生活中所需的能力、物质和非物质资产以及活动，这些元素共同构成了人们谋求生计的基础，并决定了他们能否在面临各种压力和冲击时，依然保持和增强自身的能力，以及维护或提高自己的生活质量和福祉。

可持续生计理论强调能力、资产和活动。能力主要是指可持续发挥资源功能的能力、创造价值的能力、恢复生计的能力、抵御外来风险的能力、获得社会认可的能力以及保证公平性的能力等。资产主要指自然资本（如土地、水资源）、物质资本（如基础设施、生产工具）、金融资本（如储蓄、贷款）、社会资本（如社会关系网络、信任和规范）和人力资本（如知识、技能、健康）。活动则是指人们为了维持生计而进行的各种生产和生活活动。

可持续生计理论包含了一个综合性的概念范畴，强调在生计活动中需要保持的可持续性、稳定性和自主性。所谓可持续性，就是要求人们在追求经济收益的同时，也要关注环境保护和社会公正，确保生计活动不会对生态环境和社会结构造成破坏。所谓稳定性，就是要求人们具备应对各种风险和冲击的能力，确保在面临困难时能够保持生计的稳定。所谓自主性，则强调人们应该具备自主决策和自主行动的能力，能够在生计活动中实现自我发展和自我提升。可持续生计理论为我们提供了一个理解和解决贫困、不平等和可持续发展问题的框架。在实践中，我们需要关注人们的生计资本和能力建设，促进资源的有效利用和环境的可持续发展，以实现长期的、稳定的生计目标。

可持续生计也是一个分析框架。按照Scoones[1]的观点，可持续生计分

---

[1] SCOONES I. Sustainable Rural Livelihoods：a Framework for Analysis [M]. Brighton：Institute of Development Studies，1998.

析框架是对与生计有关的复杂因素进行整理和分析的一种方法，由一系列基本要素组成。在可持续生计框架下，对研究问题进行分析时主要关注：给定特定的环境和背景（政策、历史、农业生态、社会经济条件等），什么样的生计资源组合（不同的生计资本）会导致采用不同生计策略（农业集约化/扩展化、生计多样化和迁移等）的能力变化，从而产生什么样的生计结果。在这个框架中，组织和制度的过程（嵌入正规和非正规的组织和制度矩阵之中）值得特别注意，它对农户执行生计策略和达到生计结果起着重要的中介作用。

可持续生计框架提供了一种研究思路和一个对特定的发展活动切入点的建议。对特定区域农户具体的发展问题，则需要通过实际应用可持续性农户生计框架，才能获得全面理解和认识，从而制定出具体原则和相应要采取的行动。在任何一个具体分析应用中，需要对它进行修改或适应性调整，使之适合当地的环境、条件，与实际情况相结合，并符合当地的优先需求。

可持续生计框架示意图如图 2-1 所示。

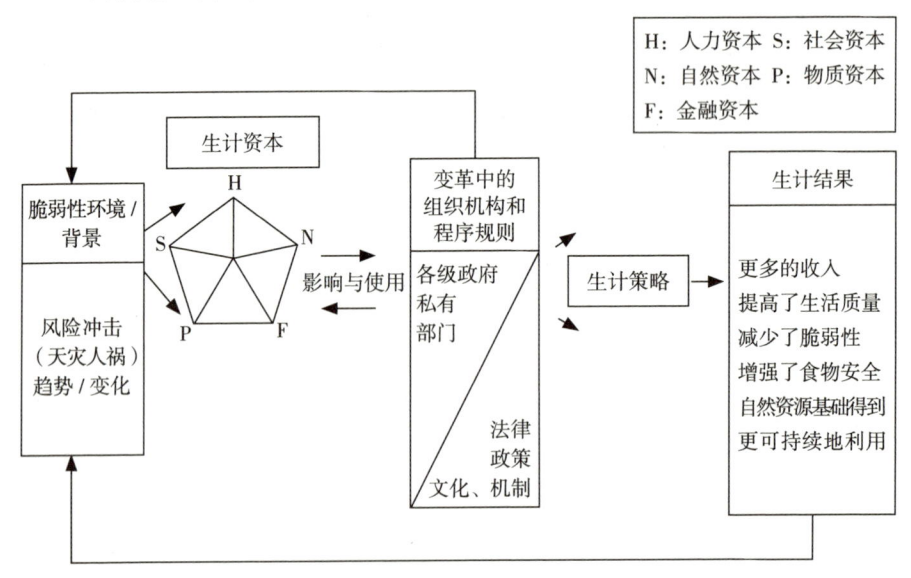

图 2-1 农户可持续生计框架

可持续性生计框架展示出影响人们生计的主要因素和它们之间的典型

关系。该分析框架可以用来研究、规划发展活动，评估现有的发展活动对于农户生计的可持续性所做的贡献。运用该分析框架时，往往要同时调查研究对象的资产、谋生目标即力求实现的生计结果，以及为此所选择或采用的生计策略。需要特别注意的是，从变革中的组织机构和程序规则到脆弱性的环境/背景，以及从生计结果到生计资本的反馈。

（一）脆弱性环境/背景

脆弱性的环境/背景是指人们生存的外部环境，包括了风险冲击、变化趋势和农业的季节性等等。这些脆弱性从根本上影响着农户生计。风险冲击因素包括各种天灾人祸，如洪水、旱灾、飓风等自然灾害和社会的冲突等。经济上的冲击也可能会对农户生计产生深刻影响。此外，疾病特别是大流行疾病和作物家畜的病害等也会严重影响农户生计。趋势和变化以及农业的季节性等也会影响到农户生计活动的经济收益和相应的选择。

（二）生计资本

生计是以人为中心的。生计途径或方式试图理解人们的能力所在和他们如何把这些资本转化为积极的生计结果。用生计途径或方式来理解发展就是指人们要取得积极的生计结果就必须有不同类型的资本，单靠一种资本是不可能产生人们所寻求的多样化的生计结果的。农户生计资本的成分与组合可以由图2-2所示的五边形表示，它处于可持续性生计框架的核心位置。

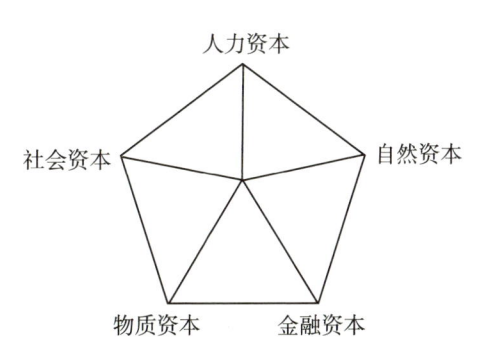

图2-2 农户生计资本的成分与组合

人力资本是农户生计的基础，包括健康、知识和技能、劳动能力、适应能力等。拥有人力资本使人们能够采用不同的生计策略来实现生计目标。农户人力资本决定于可用劳动力的数量和质量，它随家庭规模、技能水平、领导潜力、健康状况等因素变化。

自然资本是指农户拥有或可能拥有的自然资源，包括土地、水、森林和生物等资源以及生物多样性和环境服务等。自然资本与农户脆弱性关系特别密切。许多破坏农户生计的天灾本身就是一种自然的动态变化。对于山区农户而言，自然资本往往意味着土地匮乏、缺乏对公共财产资源的使用权。

社会资本是指人们可以用来实现他们生计目标的社会资源。发展或利用社会资本的渠道包括社会关系和联系、作为正式组织的成员和在亲友邻居之间信任、互助和交换关系。对于山区农户而言，社会资本往往意味着社会地位较低、容易受歧视，同时也具有家庭之间相互交换、互助的传统。

物质资本包括了支持农户生计所需要的基础设施和生产手段，包括住所、饮水与卫生设施、交通条件（如道路、运输工具等）、能源和通信服务、生产工具、生产设备和技术等。一些基础设施是公共财产，其使用不需要直接付费。而生产手段可以是农户私有的，也可以属于合作组织，大家一起使用的，还可能是租用的。对于山区农户而言，物质资本往往较为匮乏，尤其是道路交通条件较差。

金融资本是指人们用来实现其生计目标的资金资源，其中包括可以利用的现金、存款、能够变卖的财产如家畜等，也可能包括经常的资金流如收入和报酬、从外面寄回来的汇款等。对于山区农户而言，金融资本往往也有限，收入/报酬低、缺乏对贷款的使用权等。

农户的生计资本状况是动态的，随着时间和政策环境的改变而不断变化。农户的生计资本可以用如图2-2所示的生计五边形来分析。不同农户和同一农户不同时期的生计五边形形状是不一样的，比较极端的情况是在五条连线的汇聚点，表示农户没有任何生计资本。

（三）变革中的组织机构和程序规则

在可持续生计分析框架中，变革中的组织机构和程序规则是指影响着农户生计的制度、组织、政策和立法的外部环境。它作用于各个层次和各个范围。组织机构和程序规则决定着农户对于各种生计资本的所有权或使用权、对生计策略的选择以及对决策机构或程序规则的参与程度或影响能力等。

（四）生计策略

可持续生计的目标是促进农户可进行的选择、可利用的机会和经营形式的多样性。生计策略是指人们为了实现生计目标而对资产利用的配置和经营活动组合的选择。生计策略包括了生产活动、投资策略和生活消费等。农户生计策略是动态的，随着外界环境条件的变化而调整、改变着对资产利用的配置和经营活动种类、比例的构成。农户生计策略的多样性要求研究人员从更宽广的角度去研究农村社区和农户。因为发展要素如资金、货品和人本身都是流动的，如果人为地确定一个边界范围，则不可能准确地认识农户生计。可持续性生计框架力求理解影响人们生计策略选择的因素，以便加强那些能够促进更多选择和灵活性的因素，减轻制约或消极因素。

（五）生计结果

生计结果是生计策略的实现或结果。农户在脆弱性环境/背景下利用生计资本开展不同的生计策略或活动，最后会产生积极的或消极的生计结果。例如，贫困可以被看成农户的一种消极生计结果。它是建立在脆弱或不平衡的生计资本组合基础上，在风险冲击、趋势变化条件下无法维持生计，又得不到机构和程序规则的支持，使得农户不能有效地使用本来可能使用的生计资本，生计活动的选择组成了不可持续的策略，最后导致了贫困状况的持续。积极的结果可能包括更多收入、生活状况改善、生计脆弱性减少、食物安全有保障、对自然资源更加持续地利用等。

可持续生计理论在农业与农村发展领域具有广泛的应用。例如，在乌蒙山区通过遥感大数据可以评估农村自然资源的状况，进而分析其与农户生计策略、生计结果之间的关系。具体而言，运用遥感大数据可以对农户的生计资本进行量化分析，特别是自然资本和物质资本。这将有助于理解农户生计策略选择范围的大小和自我保护生计能力的强弱。

三、遥感科学与技术相关理论

遥感科学与技术包含了一系列的理论基础，这些理论不仅为遥感技术的发展提供了指导，也为其在各个领域的广泛应用奠定了基础。

遥感技术基础理论包含遥感的定义和电磁波谱理论。遥感，即遥远的感知，是通过卫星、飞机或其他飞行器上的传感器对远距离目标所辐射和反射的电磁波信息进行收集、处理并最后成像，从而对地面各种景物进行探测和识别的一种综合技术。遥感技术主要利用电磁波谱中的不同波段进行探测。电磁波谱依次包括 γ 射线、X 射线、紫外线、可见光、红外线、微波和无线电波等。遥感中常用的波段包括紫外线、可见光、红外线和微波。遥感分辨率包含空间分辨率、时间分辨率和光谱分辨率。空间分辨率，指可以识别的最小地面距离或最小目标物的大小，反映了遥感器对地面目标的识别能力；时间分辨率，指在同一区域进行的相邻两次遥感观测的最小时间间隔，反映了遥感数据的时间更新能力；光谱分辨率，指遥感器接受目标辐射时能分辨的最小波长间隔，决定了遥感数据的光谱信息丰富程度。

遥感数据处理与应用理论包括遥感数据处理和遥感技术应用。遥感数据处理包括遥感图像的预处理（如辐射定标、几何校正等）、增强处理（如滤波、对比度增强等）以及信息提取（如特征提取、分类识别等）等理论和方法；遥感技术应用包括地球资源调查与开发、国土整治、环境监测、全球性研究以及军事侦察等领域。其应用理论涉及如何利用遥感数据进行资源调查、环境监测、灾害评估、城市规划等方面的研究和实践。

遥感科学与技术涵盖了从基础理论到技术理论再到应用理论的多个方面。这些理论为遥感技术的发展和应用提供了坚实的支撑。随着遥感技的不断进步和应用领域的不断拓展，遥感科学的理论体系也将不断完善和发展。

运用遥感大数据从事科学研究涉及数据获取与处理、大数据思维与分析手段、遥感信息模型以及信息提取与分类等方面的理论知识。数据获取与处理主要是指利用遥感卫星、飞机等设备获取地球表面的图像数据，这些数据包括光学影像、雷达数据等。数据处理涉及图像预处理、校正、增强等技术，以提高数据的准确性和可用性。遥感大数据具有大数据的典型特征，如体量大、多样性、变化快、准确性和价值大。利用大数据技术处理海量遥感数据集，可以从中获取价值信息。遥感信息模型是地面特征在遥感影像上的数学和地学意义的映射，由集合相似律、物理相似律、数学方程组成。模型分为物理模型、经验模型和统计模型，它们各有发展的背景和应用范围。

运用遥感大数据的研究和应用领域包括：第一，环境监测与保护。监测气候变化、水资源分布、土地利用等。第二，农业与林业。监测农作物生长情况、土壤湿度、森林覆盖率等。第三，城市规划与管理。监测城市扩张、交通流量、建筑物分布等。第四，自然灾害监测与预警。监测地震、洪水、火灾等自然灾害。

遥感科学与技术相关理论支持研究人员通过高分辨率的卫星影像和地理信息数据，精确评估乌蒙山区自然资源的分布、数量和质量，如土地类型、植被覆盖、水资源等，探索自然资源与农户生计可持续性之间的潜在关联和影响因素，这些数据和研究发现可以为分析自然资源与农户生计可持续性之间的关系提供重要基础，为政策制定和规划提供科学依据。

四、可持续发展理论

可持续发展是指既满足当代人的需要，又不对后代人满足其需要的能力构成危害的发展。可持续发展的最终目的是达到共同、协调、公平、高效、多维的发展。可持续发展强调公平性原则、持续性原则、共同性原则。公平性原则，即强调资源分配的公平性，不仅要在当代人之间实现公平，还要确保后代人能够公平地享有资源；持续性原则，即考虑资源利用的长远影响，确保资源的可持续利用，避免过度消耗导致资源枯竭；共同性原则，即认识到可持续发展是全球性的问题，需要各国共同参与和合作，共同应对挑战。

可持续是一种发展观。可持续发展观认为，资源环境的价值不仅包括其直接使用价值，还包括其间接使用价值，如生态功能、环境状况等。可持续发展观要求全球国家和机构采取措施实现其目标，例如，提倡节约用水用电、推广清洁能源、加强城市规划、发展可持续交通系统、推进绿色建筑、提倡有机农业等。在人文发展层面，可持续发展观考虑人文层面的问题如社会公平、文化多样性等。总之，可持续发展是一个综合性理论框架，强调在满足当代人需求的同时，不损害后代人满足需求的能力，以实现人类社会的长期、稳定、和谐发展。

自然资本管理理论指出，自然资本管理是实现可持续发展的重要基础和关键路径之一。自然资本是经济活动的基础性资产，自然资本的可持续性是实现经济增长和社会发展的关键条件。因此，自然资本管理十分强调为了维持和增强自然资源（包括土地、水、生物资源等）长期的价值和功能，对其进行有系统的评估和保护。农业自然资源资本化是自然资本管理的重要手段之一。农业自然资源资本化运营可以提高农业自然资源配置效率，并通过资本化运作将自然资源转化为自然资本，实现与其他资本的结合，共同生产出维护生态环境的农业产品。例如，土地资源的资本化对提高农业耕地资源利用效率、改善农户生计和生态环境具有重要作用。因此，需要针对农业自然资源开展自然资本管理，实现自然资源的可持续利用，以维持和增强农业自然资源的长期价值和功能，进而促进可持续发展的实现。

农业可持续发展是指在满足当前和未来世代需求的基础上，保护和提升农业生态系统的能力，实现农业经济、社会和环境的协调发展。农业可持续发展的目标主要包括粮食持续增产和粮食安全、农村综合发展、保护自然资源环境良性循环。农业可持续发展需要实施有效的资源管理策略，如通过遥感大数据等现代技术，实现对农业资源的精准监测和管理，提高资源利用效率；实施有效的农业生产策略，推广科学合理的种植方式和畜牧方式，如合理轮作、有机农业、精准施肥等，减少对环境的影响；实施有效的农村经济多元化策略，促进农业与农村非农产业的融合发展，鼓励农民发展农业旅游、农产品加工、农业服务等产业，增加农民收入来源。

本研究将可持续生计理论框架与遥感大数据的分析方法相结合，以实现对乌蒙山区自然资源的科学评估，并探究其与农户生计可持续性的关系；利用遥感技术收集数据并进行处理与分析基础上，对乌蒙山区的自然资源进行量化评估，包括自然资源的数量、质量、分布和变化趋势等；基于实地农户调查数据分析，了解农户的生计现状、资源利用方式和生计策略等；结合自然资源的评估结果，分析农户生计的可持续性及其与自然资源的关系。在此基础上，根据乌蒙山区脱贫农户自然资本的评估结果和农户生计的可持续性分析的发现，制定合理的发展策略，平衡自然资源的保护与农户生计的改善。

第三节 研究的分析框架

从事基于遥感大数据的农村自然资源与农户生计问题研究，需要科学、有效的分析框架。科学的分析框架有助于研究人员认识和理解围绕研究主题的基本研究要素及其相互之间的关联。通常来说，一个科学的分析框架应该包括如下的基本研究要素：核心概念与理论基础、研究目标与研究问题、分析单位与维度、影响因素、研究数据、研究方法（计量模型与质性研究）、研究结论与建议。将这些核心的研究概念及其相互联系用图示的方法展现，就构成了图示的分析框架和技术路线。

一、核心概念定义与理论基础

本研究需要清晰界定的核心概念包括农户生计与生计资本、遥感大数据、自然资源与自然资本、可持续性等。本研究的理论基础来源于遥感科学与技术、农业与农村经济学等多学科理论，以及发展研究的思想和分析框架（如可持续生计理论、农户行为理论等）。

如前所述，本研究结合可持续生计分析框架与遥感大数据技术，以农户为分析单位，对乌蒙山区农村自然资源进行量化分析；同时理解农户的生计现状、资源利用方式和生计策略等；分析农户收入和生计稳定性及其与生计资本特别是自然资本的关系。在此基础上提出改善农户生计的路径和政策建议。

二、研究目标与研究问题

本研究目标主要包括以下几方面。第一，描述研究区域农村自然资源和农户生计状况。其中包括基于遥感大数据获取自然资源特征；开展农村自然资源分析；开展农户生计资本分析。第二，揭示乌蒙山区村级层面的自然资源与农户生计的关联机制。利用遥感大数据技术，深入探究乌蒙山区自然资源的空间分布、数量与质量状况。识别出自然资源分布与农户生计方式、收入结构之间的空间关联。第三，分析乌蒙山区农户收入及生计发展水平及其影响因素。第四，提出改善乌蒙山区农户生计可持续和促进乡村振兴的政策建议。

基于上述研究目标，具体研究问题包括以下内容。

（1）乌蒙山区农村村级自然资源具有什么特征？通过遥感大数据分析乌蒙山区农村自然资源（如水资源、土地资源、森林资源等）的分布及其特征。

（2）乌蒙山区农户的可持续生计状况如何？如何刻画其生计资本结构和水平？描述农户的生计状况，分类认识农户的不同生计模式及其特点；理解农户生计资本的构成及特点，分类认识不同生计结构和水平的农户特征。

（3）乌蒙山区农户生计资本与生计稳定性如何测度？有哪些影响因素？设计生计稳定性测度指标，利用遥感大数据和农户社会经济调研数据，分析农户生计稳定性水平，生计资本与生计稳定性的耦合协调关系。

（4）乌蒙山区农村村级自然资源与农户生计之间存在怎样的关系？自然资源对农户生计将产生哪些影响？通过数据分析和模型建立，揭示两者之间的内在联系和相互作用机制。

（5）乌蒙山区农村自然资源与农户生计之间的协调发展路径是什么？如何在保护自然资源的同时促进农户生计的改善，实现两者之间的协调发展，提出相应的对策和建议。

三、分析维度

本研究以农户为基本的分析单位，通过农户生计资本运用、生计策略选择和生计结果分析，深入理解农户行为。从农户层面考察其收入创造活动及其影响因素和结果。分析农户生计主要从生计资本（自然资本、人力资本、物质资本、金融资本和社会资本）、生计策略（农业集约化、收入创造活动、生计多样化等）和生计结果（如收入等）等方面展开。

四、数据处理和影响因素分类

本研究获取和处理的数据主要包括两类：一类是使用遥感技术获取的村级自然资源数据；另一类是获取的实际社会经济调查数据，主要包括政府公布的统计数据、农户经济行为和农户生计的相关数据。运用遥感技术和计算机视觉以及深度学习技术等方法进行村级自然资源的数据处理和分析；利用统计软件对数据进行收集、处理和分析，提取有用信息。

本研究识别并分析影响农户经济行为和生计的关键因素（如村级自然资源、社会环境、政策制度、经济水平等）；采用定量分析为主的方法，例如，开展生计资本分析，利用熵值法构建村级自然资源指数和农户生计资本指数，进行农户生计资本与生计稳定性耦合协调分析，从融合村级自然资源的农户生计资本出发，针对农户收入及其影响因素构建回归模型开展分析，以深入认识各种因素的影响程度和作用机制。

五、研究结论与政策建议

根据实证研究结果，得出科学、合理的结论，并提出具有针对性的政策建议，以促进农户经济行为的优化和农户生计的改善。研究结论将明确指出农村自然资源利用效率提升和农户生计改善解决方案。政策建议具有可操作性和实用性，能够指导实践和政策制定。

构成以上分析框架的核心要素之间存在逻辑关联，可以运用图示的方法将这种关联的关系进行展示，如图2-3所示。

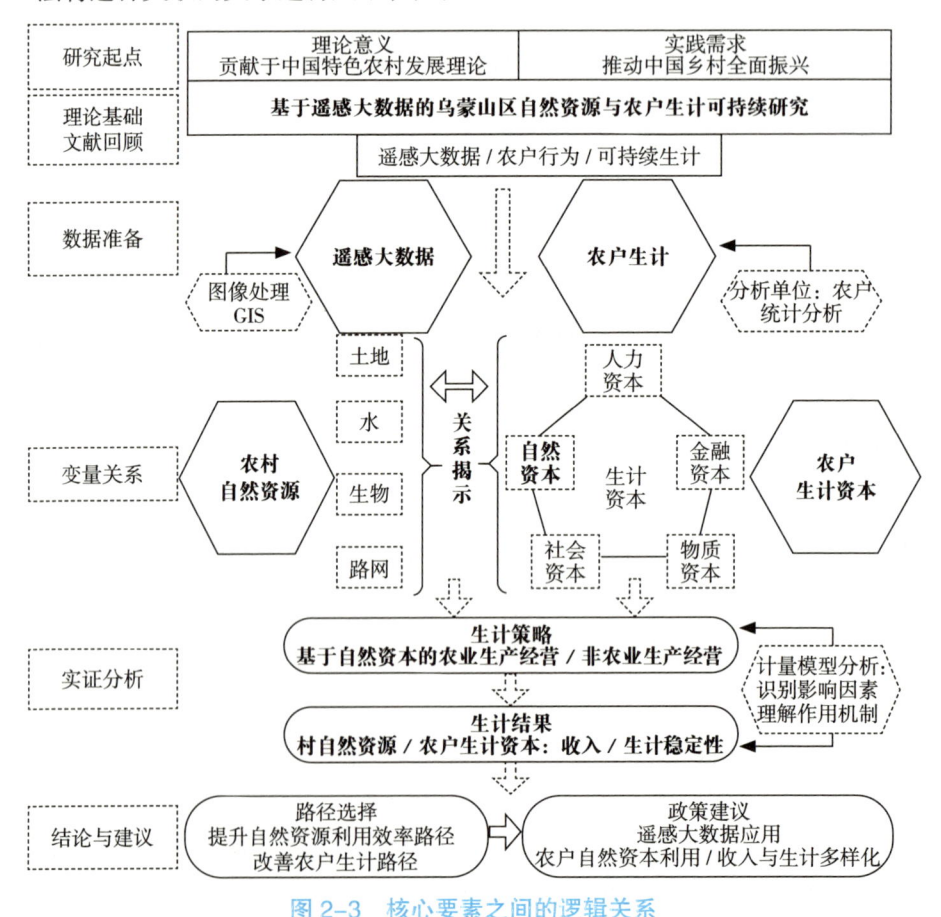

图2-3 核心要素之间的逻辑关系

第三章 研究文献回顾与评述

第二章针对研究主题提出了有关理论基础，并构建了分析框架，为本研究提供了研究的视角和基本的方法论。本章开展围绕研究主题的文献回顾与综述，旨在阐明研究主题的重要性、创新性和研究方法的合理性，并加深读者对本研究领域相关问题的深入理解。

第一，文献回顾与综述有助于理解研究背景与现状。通过梳理遥感大数据在农业经济和农村发展领域应用的历史脉络和发展趋势，文献回顾与综述为后续研究提供文献支撑。通过对最新文献的回顾，还能够掌握该研究领域最新的研究成果，从而提高研究的创新性。

第二，文献回顾与综述有助于明确研究问题与方向。文献回顾能够找出研究领域的不足，从而明确本研究的方向和具体问题；还可以借鉴文献中成功的研究方法，从而为本研究提供科学的研究路径。

第三，文献回顾与综述有助于增强研究的可靠性。通过实证研究并与前人研究结果的对比和讨论，既能保证研究在理论方法上具有较高的质量，又确保研究结果的可靠性。

第四，文献回顾与综述有助于深入认识遥感大数据与农户生计的关系。遥感大数据在评估农村自然资源方面具有优势，围绕这方面的文献回顾有助于深入理解农村自然资源与农户生计之间的复杂关系。同时，基于遥感大数据开展农户生计研究，能够为制定有效的农户生计改善的政策提供科学依据，从而促进乡村振兴与农业农村的可持续发展。

文献回顾与综述主要从两方面开展：一是遥感大数据及其在农业农村发展中的应用；二是可持续农村生计及其在农村发展中的应用。最后，针对上述两个方面的文献回顾进行评述。

第一节　遥感大数据及其在农业农村发展中的应用

一、遥感大数据研究现状

遥感大数据是指通过遥感技术获取的数据集合，不仅包括传统遥感影像数据，还涵盖各种传感器获取的地表信息、资源信息等数据。随着遥感数据获取能力的提升，遥感大数据的研究与应用逐渐成为研究热点。遥感大数据具有数量大、更新速度快、信息丰富等特点，能为城市规划、资源环境监测等领域提供更有力的数据支撑，因此成为评价城市发展和人类经济活动的一个重要指标来源，并得以广泛利用。李德仁等[1]曾从社会经济参数估算、重大事件评估、生态环境与健康效应等方面总结遥感数据应用现状。借鉴李德仁等对遥感大数据应用的划分，并结合本研究内容，以下从社会经济指标估算、自然灾害评估和生态环境与健康效应三方面进行文献回顾。

（一）社会经济指标估算

社会经济指标可以反映区域发展水平，为政府部门宏观调控提供科学依据。但传统统计方法获取的社会经济指标往往存在统计周期长、误差较大、微观数据难以统计等不足。随着遥感技术的不断发展，遥感大数据为社会经济指标估算提供了新的思路和方法，具体包括国民生产总值估算、

---

[1] 李德仁，李熙. 论夜光遥感数据挖掘[J]. 测绘学报，2015，44（6）：591–601.

人口数量及密度估算、电力消耗量估算和贫困估算等方面。

  长期以来，国民生产总值指标都是通过各类统计资料或统计报表来测算，往往以行政单元为基础，难以准确、有效地从空间层面获取更多信息。遥感大数据的发展提供了新思路。徐康宁等[1]开展了一项检验性研究，利用全球夜光数据 DMSP-OLS 测算中国实际经济增长率，结果发现夜间灯光强度在一定条件下可以作为国民生产总值的替代变量，并能以此从客观视角测算实际经济增长率。李林玥等[2]以灯光数据作为 GDP 的替代变量，首次将夜灯数据引入引力模型，深入分析共建"一带一路"国家与中国的贸易发展状况。

  传统的人口数据多是基于行政单元统计，而单元内的人口分布状况和单元间的人口流动突变情况往往难以测度，以致更加微观层面的研究缺乏精细数据支撑。黄杰等[3]利用遥感大数据提取江苏省 2010 年人口分布信息，通过绘制县、乡级人口密度网格图，发现人口数据空间化能准确表达人口空间分布规律。潘顺等[4]利用遥感数据分析 1990—2010 年长三角沿海低地人口分布的时空特征，发现研究区域人口表现出由内陆向沿海、由农村向城市迁移且总体上升的趋势。王媛玉和杨开忠[5]基于人口分布的遥感影像数据，重新测算了中国地级市的城市规模，发现当前已达到最优规模的城市数量明显增加，且东南区域城市发展的规模效应明显优于西北区域。

---

[1] 徐康宁，陈丰龙，刘修岩. 中国经济增长的真实性：基于全球夜间灯光数据的检验［J］. 经济研究，2015（9）：17-29.

[2] 李林玥，孙志贤，龙翔. "一带一路"沿线国家与中国的贸易发展状况研究——夜间灯光数据在引力模型中的实证分析［J］. 数量经济技术经济研究，2018，35（3）：39-58.

[3] 黄杰，闫庆武，刘永伟. 基于 DMSP/OLS 与土地利用的江苏省人口数据空间化研究［J］. 长江流域资源与环境，2015，24（5）：735-741.

[4] 潘顺，杜士强，徐慧，等. 长三角地区沿海低地及其人口的时空变化分析［J］. 地域研究与开发，2016，35（4）：161-165.

[5] 王媛玉，杨开忠. 集聚经济、城市生产率与最优规模［J］. 统计与决策，2022，38（2）：94-98.

伴随城市化进程的加剧、国民经济的快速发展，城市电力能源消耗量增长迅速。电力消耗量能直接反映地区电力消费状况，从而衡量地区发展水平。然而，当前电力消费量指标统计仍处于行政单元级别，更精细层面的数据难以获得，限制相关研究的进一步发展。潘竟虎和李俊峰[1]以中国为研究对象，基于遥感数据和社会经济统计数据构建电力消耗估算模型，从省级、地级和县级不同尺度分析中国电力消耗的时空变化趋势。李熙和薛翔宇[2]根据波士顿矩阵将中国182个城市分为四类，发现相较传统灯光指数法估算的电力消费量，基于波士顿矩阵的灯光指数法精准度更高。Shi等[3]将研究视角聚焦到共建"一带一路"国家，基于夜光遥感数据从多角度探究区域内电力能源消费的时空分布特征。

在贫困问题研究方面，潘竟虎和胡艳兴[4]构建平均夜间灯光指数与多维贫困指数之间的线性回归模型，通过对模型进行检验，将基于遥感数据估算的多维贫困指数空间化，有效识别研究区域内多维贫困县分布。斯丽娟和王超群[5]以重庆市各区县为样本，利用夜光遥感数据构建基于平均夜光指数的区域扶贫质量测算模型，并将通过检验后的模型应用于全国，测度中国贫困县的扶贫质量，深入探讨其时空演变特征。吴嘉贤和刘修岩[6]

---

[1] 潘竟虎，李俊峰. 基于夜间灯光影像的中国电力消耗量估算及时空动态[J]. 地理研究，2016，35（4）：627–638.

[2] 李熙，薛翔宇. 基于波士顿矩阵的夜光遥感电力消费估算方法[J]. 武汉大学学报（信息科学版），2018，43（12）：1994–2002.

[3] Shi K F, Yu B L, Huang C, et al. Exploring spatiotemporal patterns of electric power consumption in countries along the Belt and Road [J]. Energy, 2018, 150: 847–859.

[4] 潘竟虎，胡艳兴. 基于夜间灯光数据的中国多维贫困空间识别[J]. 经济地理，2016，36（11）：124–131.

[5] 斯丽娟，王超群. 区域扶贫质量测度及其时空演变——基于贫困县夜间灯光数据的研究[J]. 宏观质量研究，2020，8（6）：28–38.

[6] 吴嘉贤，刘修岩. 高铁开通与中国农村减贫——来自遥感数据的证据[J]. 世界经济文汇，2022（1）：1–17.

以中国 2 873 个区县为研究样本，利用遥感影像估算的贫困指数，采用双重差分法分析高铁开通对农村贫困的影响。相较传统统计方法测度出的贫困指数，利用遥感数据估算的贫困指数尺度更加精细，极大地丰富了贫困空间化研究。

（二）自然灾害评估

除了社会经济参数估算，遥感技术在自然灾害评估领域也得到广泛应用。遥感大数据以其高时空分辨率的独特优势，能为自然灾害评估提供更加全面、准确、实时的数据支持，发挥着不可替代的作用。

自然灾害，如地震、台风等，对人类社会和自然环境造成了巨大的破坏和损失。若能准确、快速地评估自然灾害的影响范围、损失程度等，便能提高灾害应急管理、救援决策等工作的有效性。遥感大数据极大地弥补了传统数据获取困难、实时性不佳等缺陷，能提供丰富的地表信息。通过提取灾害前后的遥感影像数据，比对其地表变化，能快速识别灾区范围并评估损失程度。目前，学者们已将夜光遥感数据分别应用于森林草原火灾、台风灾害评估、地震灾害评估等领域，并取得一系列成果。张增等[1]基于无人机遥感图像监测森林火灾，发现高分辨率遥感影像对森林火灾的识别率高达 89.2%。受台风影响，2018 年山东寿光多处决堤且洪水倒灌，姜波等[2]利用遥感影像估算寿光受灾面积，并结合河道信息进一步分析受灾成因。张志杰[3]利用夜间灯光强度对汶川地震的灾情面积及受灾区域人口进行合理估算分析，为地震灾害的应急决策提供有力数据支撑。杨海峰和翟

---

[1] 张增，王兵，伍小洁，等. 无人机森林火灾监测中火情检测方法研究［J］. 遥感信息，2015，30（1）：107-110，124.

[2] 姜波，孟灵，邢前国. 2018 年夏季莱州湾南部寿光台风洪水受害区遥感监测［J］. 环境影响评价，2019，41（5）：83-87.

[3] 张志杰. 基于夜间灯光影像的地震受灾区域和人口评估研究［D］. 焦作：河南理工大学，2016.

国方[1]以自然灾害多发地区滁州市中心城区为研究样本，基于遥感数据构建单灾种风险评估指标体系，为城市安全风险评估提供了新的研究视角。

（三）生态环境与健康效应

遥感大数据在生态环境效应方面的应用主要集中于城镇扩张产生的环境效应。随着城镇化发展，城市扩张会对周边地区生态环境造成污染，已有研究利用遥感大数据，分析城市扩张对热岛效应的影响[2]，及城市光污染的分布特征[3]，经过验证，遥感大数据可作为客观的数据来源来研究生态环境问题。不仅如此，通过提取遥感影像信息，还可以清晰获取城市扩张对周边地区的地表覆盖数据，并监测城市扩张的速度和方向，从而分析土地侵蚀的具体位置和范围，为土地保护和治理措施的决策提供有力支持，有效减少土地资源损失。除此之外，通过卫星遥感影像，可以监测城市扩张等人类活动对碳排放的影响，从而获取大范围的碳排放数据。王少剑等[4]利用遥感模拟反演数据估算中国各城市碳排放量，并首次从城市尺度分析中国碳排放绩效的时空分布规律。基于遥感大数据可建立可靠的碳排放数据集，为碳排放核算和"双碳"目标实现提供有力数据支持。可见，遥感大数据在生态环境评估中的应用日益凸显。

与此同时，城市扩张带来的生态环境污染对人类健康也造成了一定影响。传统健康数据获取往往依赖地面调查、医疗数据和统计资料等，存在

---

① 杨海峰，翟国方. 灾害风险视角下的城市安全评估及其驱动机制分析——以滁州市中心城区为例［J］. 自然资源学报，2021，36（9）：2368-2381.

② 胡楠林，任志彬，董禹麟，等. 中国城市群热岛效应时空演变及其影响因素分析［J］. 地理科学，2022，42（9）：1534-1545.

③ 李家艺，徐永明，崔炜萍，等. 基于珞珈一号夜光遥感数据的南京市夜间光污染监测［J］. 自然资源遥感，2022，34（2）：289-295.

④ 王少剑，高爽，黄永源，等. 基于超效率SBM模型的中国城市碳排放绩效时空演变格局及预测［J］. 地理学报，2020，75（6）：1316-1330.

覆盖范围有限、数据更新滞后等问题，难以建立空间数据库。而遥感技术的发展可以对地表环境、气候变化、土地利用等多种信息进行持续动态监测，这些信息与人们的居住环境和生活方式密切相关，可以间接反映地区健康状况和患病率水平。俞建等[1]发现基于卫星遥感数据的气溶胶光学厚度与肺癌发病率之间具有相关性；Zhang等[2]发现夜光强度与甲状腺肿瘤发病率间具有极高正相关，尤其是女性群体，其相关性更强。因此，借助遥感影像数据可以较好反映疾病发生风险，通过结合其他数据源及建模，可进一步提高患病率评估的准确性和可靠性。在疫情监测方面，遥感大数据的应用更为重要。疫情的传播与人口流动、空间分布和环境条件等密切相关，而遥感技术具有实时监测、快速响应的能力，可以在疫情发生初期提供关键的信息支持。Liu等[3]利用夜光遥感数据探究新冠疫情发生前后中国大陆的灯光亮度变化，发现疫情暴发期间，居民区灯光亮度显著增加，而商业中心灯光亮度有所下降。通过获取高分辨率的遥感影像数据，可以精准识别出疫情发生地点和范围，进而对疫情进行空间分布和扩散趋势的分析。

二、遥感大数据在农业发展中的应用研究

我国是农业大国，但在农业现代化方面与其他发达国家还有差距。现代农业发展需要快速获取农田种植作物信息，以此来估算农作物产量、监测农作物病虫害等。随着遥感技术的快速发展，遥感大数据已经成为现代

---

[1] 俞建，俞洁，应倩，等. 浙江省基于卫星遥感数据的气溶胶光学厚度与肺癌的相关性 [J]. 肿瘤防治研究，2020，47（10）：776-781.

[2] Zhang D, Jones R R, James P, et al. Associations between artificial light at night and risk for thyroid cancer: a large US cohort study [J]. Cancer, 2021, 127（9）: 1448-1458.

[3] Liu Q, Sha D, Liu W, et al. Spatiotemporal Patterns of COVID-19 Impact on Human Activities and Environment in China Using Nighttime Light and Air Quality Data [J]. Remote Sensing, 2020, 12（10）: 1576.

农业发展的重要支撑。通过提取遥感影像信息，并合理处理遥感图像，可以获取大量农作物生产数据，例如植被指数、土壤类型、灾情监测等，从而为农业生产提供精准、高效的数据支持。近年来，遥感大数据在农业发展中的应用已经渗透到多个方面，主要集中于耕地识别、农作物分类和农作物产量估算等领域。

（一）耕地识别

耕地是农业生产的基础资源，对其数量和质量的准确识别对农业可持续发展具有重要意义。传统的耕地识别主要依赖于地面调查和人工识别，不仅效率低下，还容易受到人为因素的影响，产生误差。遥感大数据具有覆盖范围广、信息量大和更新速度快等特点，在耕地识别中具有显著优势，能为耕地资源管理和决策提供有力数据支撑。

遥感大数据在识别耕地数量时，主要是通过多源遥感数据，如高分辨率卫星影像和无人机遥感影像等，提供涵盖不同时间尺度和不同空间尺度的信息，并以此构建耕地空间化数据库。通过图像分割技术，将遥感影像中的多波段灰度值、纹理、邻域特征、几何形状等多维特征综合在一个表达里，并进行邻域比对，从而实现对耕地的自动提取。同时，结合机器学习算法，对提取结果进行处理，可以有效识别出具有相似纹理、相似形状和灰度的耕地信息。通过比对分析提取出的耕地信息和基期数据，可以发现耕地利用的变化，如耕地变化地块的位置、耕地面积等数量变化信息。再结合地理信息系统（GIS）技术，便能实现对耕地数量的空间可视化表达，直观展示耕地资源的空间分布格局和变化趋势。孙江锋等[1]以石河子为例，利用2014年土地变更矢量数据与2014年和2017年高分辨率遥感影像，以较高的准确率估算出研究区域内耕地数据的增减变化，验证了遥感大数据识别耕地数量的可操作性。但是，在地形复杂的喀斯特山区，耕地具有

---

[1] 孙江锋，侯宪东，马增辉. 基于遥感影像与矢量数据的两种算法在耕地数量变化监测中的应用——以石河子镇为例［J］. 西部大开发（土地开发工程研究），2019，4（8）：8-12.

分布破碎、形状不定等特点，耕地边界的准确识别更加困难。赵馨等[①]以喀斯特地貌典型集中的贵州省北盘江镇和花江镇为例，利用谷歌高精度遥感影像，结合深度学习方法，精准识别出研究区域内耕地边界，获取当地耕地数量。通过对特殊耕地的精细化划分，不仅细致分析当地各类耕地分布状况，还有效绘制耕地细分图，以期为地块级农情监测、土地评价、种植结构研究等提供基础信息。

耕地质量是农业生产和生态环境安全的重要基础。随着人类活动的加剧和自然环境的变化，耕地质量面临着诸多挑战，如水土流失、土壤盐渍化等问题日趋严重。遥感技术通过获取地表覆盖、地形地貌、植被状况等多元信息，能够对水土流失或土壤侵蚀状况进行有效监测或评估。秦志佳[②]利用遥感影像数据对贵州省土壤侵蚀情况进行详细分析，并将研究结果与RUSLE模型（修正的通用土壤流失方程）分析结果进行比对。二者对比结果表明，在贵州省大部分地区，遥感数据和RUSLE模型对土壤侵蚀强度等级判断一致；而二者对土壤侵蚀强度判断不一致地区主要集中于贵州省西部、西南和北部部分地区。除了土壤侵蚀，土壤盐渍化也是耕地质量下降的重要原因。通过获取土壤的光谱信息、反射率等数据，遥感技术可以实现对土壤盐渍化的有效监测和识别。由于植被覆盖条件下的土壤盐分含量和光谱反射率相关性之间存在差异，以致遥感大数据在识别土壤盐渍化精确度方面存在一定误差。杜瑞麒等[③]利用多源遥感数据，通过构建归一化植被指数（normalized difference vegetation index，NDVI）克服这一不足，将反演精度提高至0.7，为土壤盐渍化精准评估和治理提供了科学

---

① 赵馨，周忠发，王玲玉，等. 喀斯特山区石漠化耕地遥感精准提取与分析——以贵州省北盘江镇与花江镇为例［J］. 热带地理，2020，40（2）：289-302.

② 秦志佳. 基于遥感调查和RUSLE模型的贵州省土壤侵蚀对比研究［D］. 贵州师范大学，2017.

③ 杜瑞麒，陈俊英，张智韬，等. Sentinel-2多光谱卫星遥感反演植被覆盖下的土壤盐分变化［J］. 农业工程学报，2021，37（17）：107-115.

依据。高标准农业建设是提升耕地质量的重要手段，权宗耀[①]利用无人机影像获取高分辨率遥感数据，通过尺度分割以及影像分类等技术对常熟现代农业科技园的高标准农田信息进行分类提取，并取得了较为理想的结果。经过验证，该分类提取方法在南京市六合区赵坝村高标准农田信息的分类提取中也取得了良好效果，可进一步推广至全国地区，为其他地区高标准农田信息识别与获取提供有力支持。

（二）农作物分类

农作物分类数据在农业资源优化配置、农业生产决策支持、农业市场分析与预测等方面具有重要作用。长期以来，我国农作物种植类型等统计数据主要是通过全面统计或抽样调查等传统方法获得，存在工作量庞大、耗时耗力、调查周期长等不足。遥感大数据能够根据农作物植株的不同生化组分含量特性实现分类作用，大大提高了农作物分类数据获取的效率与质量。基于此，近年来遥感技术被广泛应用于农作物分类领域，并在农作物分类动态信息提取、农作物分布制图中取得一系列研究成果。

当前，适用于农作物遥感分类的数据源主要包括光学数据源和微波数据源两个种类。其中，光学数据源主要是利用不同作物的光谱反射特征差异来识别农作物种类，具体分为低、中、高空间分辨率3个种类，且中、低空间分辨率的光学遥感数据在应用过程中已经达到了比较成熟的水平，可以较好提取中尺度（如省级以下或县级尺度）水平上的作物分类[②]。而小尺度（如乡镇级、村级尺度）水平，则对遥感影像分辨率有更高要求，一般要选取高分辨率遥感影像（<10m），并采用深度学习算法进行农作

---

① 权宗耀. 基于无人机遥感的高标准农田信息分类提取方法研究［D］. 南京农业大学，2020.

② 徐志成，韩志花，王盾，等. 内蒙古利用科技手段开展农业保险精准承保理赔试点工作［J］. 保险理论与实践，2020（1）：1-6.

物分类[1]。但是，由于高分辨率的卫星遥感影像重返周期长，且无法确保特定时间的指定区域数据获取稳定性，单一利用遥感进行农作物分类监测难以保证精度，必须辅之地面采样调查，才能实现农作物分类数据精准提取。无人机不仅能获取超高分辨率遥感影像，还具有作用灵活、操作简单等特点，在中小尺度农作物分类上能充分发挥优势，且为大面积卫星遥感数据提供地面验证。基于此，刘斌等[2]基于无人机影像对农作物类别进行识别，结合数字地表模型数据，其识别精度高达92%。王晨宇等[3]利用无人机影像光谱、纹理等特征提取农作物分类信息，并根据分类精度，确定适宜农业统计调查应用的分类方法和遥感影像分辨率，以此形成农作物分类自动解译系统，进一步拓展遥感大数据在农作物分类中的应用。

多元作物分类是农作物遥感分类的难点之一，因为不同作物之间可能存在光谱特征相似、生长环境重叠等问题。由于中国种植结构极其复杂，普遍存在同谱异物的作物情况，因此可以根据农作物物候规律，选择决策树方法进行分类，以此提高农作物分类精度[4]。马艮寅等[5]为进一步提高遥感图像对农作物的预估精度，设计了基于卫星遥感数据的农作物分类算法。以2018年哨兵二号卫星拍摄的高分辨率影像，利用最大似然法、支持向量机法、神经网络法等方法对哈尔滨市农业示范基地农作物分类进行识别。通过提取遥感影像中水稻、大豆、玉米、高粱等农作物特征，绘制农作物

---

[1] 张王菲，陈尔学，李增元，等. 雷达遥感农业应用综述［J］. 雷达学报，2020，9（3）：444-461.

[2] 刘斌，史云，吴文斌，等. 基于无人机遥感可见光影像的农作物分类［J］. 中国农业资源与区划，2019，40（8）：55-63.

[3] 王晨宇，张亚民，吴伯彪，等. 基于无人机遥感的农作物自动分类研究［J］. 农业与技术，2021，41（1）：52-57.

[4] 杨颖频，吴志峰，骆剑承，等. 时空协同的地块尺度作物分布遥感提取［J］. 农业工程学报，2021，37（7）：166-174.

[5] 马艮寅，雷程翔，贺法川，等. 基于卫星遥感图像的农作物分类算法［J］. 吉林大学学报（信息科学版），2020，38（5）：624-631.

分类图,并将结果与实际参数对比。结果表明,通过神经网络法得到的分类结果精度最高,且该算法适合在全国范围内推广。值得注意的是,农作物遥感分类应用在实践中很容易受到种植地块大小的影响。不同于大农场种植,受土地特点影响,中国农作物分散种植情况十分显著,尤其是在中国南方更是如此,这也对遥感影像分辨率提出了较高要求。吴志峰等[1]曾利用高分辨率的谷歌遥感数据分析广西扶绥县农作物种类,基于随机森林方法评估研究区域内农作物分类情况,其农作物提取精度高达88%。

(三)农产品产量

农作物产量预测是粮食储藏、农田管理和农业生产决策的关键,准确预测农作物产量对国家制定相关粮食政策具有重大意义。虽然传统的农作物产量预测方法能在一定程度上反映当前农作物生长情况,估算农作物产量,但其预测精度偏低。传统估产模型往往是在特定区域测算,区域范围较小,难以实现大范围估产,且跨时空的环境变量多样性极大地限制了农作物产量预测模型精度。已有研究表明农作物产量与其遥感图像数据间具有较强的相关性,向金鑫[2]利用深度学习技术,结合卫星遥感数据构建农作物产量预测模型,发现该模型在最重要的产量区有着最低的误差,作物产量预测精度非常高。李静雪[3]基于遥感图像数据融合的深度神经网络模型对美国地区县级大豆产值进行预估。通过提取遥感影像信息,结合机器学习方法,显著地提高了农作物产量预测精度,为农作物改善措施提供了重要依据。

我国农作物受病虫害影响十分严重,而农作物病虫害又是影响作物产量的关键因素之一。尽早监测到病虫害并及时采取科学防治措施是提高农

---

[1] 吴志峰,骆剑承,孙营伟,等. 时空协同的精准农业遥感研究[J]. 地球信息科学学报,2020,22(4):731-742.

[2] 向金鑫. 基于卫星遥感图像的谷物产量预测研究[D]. 西安电子科技大学,2021.

[3] 李静雪. 基于深度学习的农作物产量预测[D]. 华北电力大学,2022.

作物产量和减少农作物经济损失的关键。传统农作物病虫害预测方法主要是通过实地目测手查途径观察是否发生了病虫害及危害程度。该方法虽然能确认病虫害程度并制定合理科学的防治措施，但极其耗时耗力，且覆盖范围有限。鉴于遥感技术的快速发展，便有学者提出建立基于遥感监测的农作物病虫害综合防治信息平台。闫云才等[1]通过搭建地面数据采集设备，配合无人机采集遥感图像，从空中和地面两个角度获取更全面的猕猴桃冠层叶片病虫害信息，再利用深度学习方法，构建单株猕猴桃病虫害测算模型。该模型预测精度高达99.54%，一定程度上为猕猴桃果园病虫害监测提供了依据，并为猕猴桃果园精细化管理提供指导。

随着遥感大数据在耕地识别、农作物分类和农作物产量估算等领域的应用愈发广泛，遥感技术正以其覆盖范围广、数据更新及时、预测评估客观等优点被引入农业收入保险试点项目中。朱玉霞等[2]利用遥感数据估算马铃薯产量，为山西马铃薯区域收入保险提供有力数据支撑。从作物生长周期来看，种植保险起始于目标作物出苗，耕地地块、作物生长状态、受灾情况等均是收入保险产量的重要依据。基于此，陈爱莲等[3]从耕地地块提取、作物分类提取、作物灾情评估和作物产量估算等方面详细分析了遥感技术在种植收入保险中的应用，在肯定遥感技术提高种植保险理赔精确度的同时，也深入剖析当前遥感技术应用的不足和未来改进方向，拓展了遥感大数据在农业领域的实际应用水平。

---

[1] 闫云才，郝硕亨，高亚玲，等. 基于空地多源信息的猕猴桃果园病虫害检测方法［J］. 农业机械学报，2023，54（S2）：294-300.

[2] 朱玉霞，牛国芬，陈爱莲，等. 基于多源遥感数据的马铃薯收入保险应用研究［J］. 中国农业资源与区划，2021，42（10）：223-232.

[3] 陈爱莲，赵思健，朱玉霞，等. 遥感技术在种植收入保险中的应用场景及研究进展［J］. 智慧农业（中英文），2022，4（1）：57-70.

三、遥感大数据在农村发展中的应用研究

除了获取农作物生产数据,遥感技术在农村发展中也得到了极为广泛的应用。得益于遥感大数据的实时更新和较高精度,能够弥补传统调查方法的不足,一些地方政府和研究人员尝试通过遥感影像建立农村大数据库,推进数字乡村建设。农村遥感大数据主要涉及农村居民点时空分布特征、农村公路建设规划以及农村自然资源的精准评估等方面。通过全面了解农村人居环境、公共设施及自然资源禀赋状况,为相关决策提供有力数据支持和依据,以便更好地服务农村发展事业,促进农村经济繁荣。

(一)农村居民点遥感监测

农村居民点是农村生产、生活的主要载体。传统农村居民点识别方法往往依赖于现场调查和人工标注,不仅耗时耗力,而且往往具有滞后性,数据更新不及时。遥感技术的发展使农村居民点识别和快速制图成为可能。通过获取并分析高分辨率遥感影像,可以快速识别农村居民点的位置、规模和分布情况。鉴于农村住房是农村居民点用地的主体要素,农村遥感影像往往是借助识别建筑物特征来合理表征农村居民点范围,以此了解农村居民点的时空动态变化。陈才明[1]利用ArcGIS空间分析工具,首先通过统计数据获取村庄用地,并去除非农村建设用地(如工矿仓储用地、公共服务用地等),而后结合高分辨率卫星影像信息,采用目视解译法对获取的农村房屋信息进行修正补充,以此得到较为精准的农村居民点范围。随着遥感影像分辨率的发展和地物细节变化复杂,加之机器学习领域的迅速发展,人们逐渐开始尝试自动化程度更高的解译方法,对高分辨率遥感影像进行智能解译。叶自然[2]以长三角典型农村地区为研究样本,采用多源高

---

[1] 陈才明. 基于土地调查的农村居民点数据提取方法[J]. 浙江国土资源,2015,(6):44-46.

[2] 叶自然. 基于深度学习的农村住房遥感信息提取研究及时空演变应用[D]. 浙江大学,2021.

空间分辨率遥感数据，深入探究基于深度学习的农村住房信息遥感提取方法，并以较高精度明晰研究区域内农村居民点的空间分布特征。

农村居民点的空间分布与变化受人类活动以及自然环境（如农田生产潜力、河流、道路等）诸多因素影响。利用遥感影像地物动态信息，可以获取建筑物面积、居住单元、土地利用密度、遥感影像光谱反射值及其纹理特征等信息，其与农村人口数量之间关系密切。因此，除了农村建筑物遥感监测，人口估算也是农村居民点遥感的研究热点。根据遥感影像信息构建人口估算模型，能够帮助政府部门及时掌握农村人口分布和居住情况，不仅可以帮助农民提供更为便捷的服务，还能为城乡规划和基础设施建设提供科学依据。郜瑞燕[1]以介休市为研究区域，根据遥感影像提取农村居民点内居住区面积，并分析其与农村人口的相关性，从而建立基于遥感影像的人口估算模型。相较传统统计方法，该研究人工成本低，能准确、快速地估算出研究区域内农村人口数据，为农村人口的估算提供了一种新的思路。随后，邵安冉[2]以济宁市压煤村庄为研究区域，利用遥感卫星影像测算出农村居民点面积，并以较高精度合理估算研究区域内农村人口数量，一定程度上为压煤村庄相关整治与规划提供了参考。

（二）农村公路建设

农村公路作为农村交通的重要组成部分，主要由县道、乡道和村道组成，其建设和维护对于农村经济发展具有重要意义。传统农村公路监测方法成本高、精度低，难以满足当前农村公路建设需求。随着遥感技术在交通领域的应用日趋广泛，为农村公路建设各项工作的开展奠定了良好基础。兼具高分辨率和稳定图像质量的卫星遥感影像可以较好地服务于农村公路

---

[1] 郜瑞燕.基于遥感影像的农村居民点人口规模预测方法的初步研究［D］.山西农业大学，2013.

[2] 邵安冉.基于遥感影像的农村居民点信息提取及压煤村庄人口估算研究［D］.山东农业大学，2020.

路网的优化、建设、监测和管理等工作。通过获取遥感影像信息，技术人员能够对农村公路进行快速检测和评估，以实时监测农村公路的通行状况、损失程度等，为农村公路维修与改造提供有力数据支撑。蔡明娟等[①]以新疆农村公路为研究对象，利用遥感技术提取研究区域内农村公路基本信息，并绘制农村公路电子地图。该制图公路里程准确率介于 10～150m，路面类型和路面宽度的准确率高达 90%，以高效低耗的方法为今后农村公路调查提供新手段。

与此同时，农村公路里程规模正持续扩大，为落后偏远地区，尤其是山区创造了大量经济、社会效益。但是由于山区地形复杂，农村公路建设困难重重，悬崖等危险路段更是事故频发，给山区公路建设带来一系列挑战。以贵州省为例，该省自 2015 年起提出要三年内实现 100% 村民组通硬化路建设目标（简称"组组通"）。贵州多为喀斯特地貌，这就极大地提高农村公路建设难度，对其建设进度监管考核、项目实施评价验收等环节提出较高监管要求。基于此，陈坤[②]以贵州省基础地理信息数据、交通业务数据、高分辨率遥感影像为基础，构建了基于 Web GIS 的贵州省农村公路遥感核查管理系统，一定程度上为贵州省农村"组组通"公路的实现提供了有效数据支撑。

（三）农村自然资源评估

我国农村地区拥有丰富的自然资源，包括土地、水、森林、矿产等。准确评估自然资源是农业和农村可持续发展的重要基础，对于优化资源配置、提高资源利用效率、保护生态环境等方面具有重要意义。常见的农村自然资源评估方法包括层次分析法、主成分分析法和综合评价法等。利用

---

① 蔡明娟，包卫星. 基于遥感技术的农村公路电子地图制作研究［J］. 交通运输研究，2010（11）：6-9.

② 陈坤. 基于 Web GIS 的贵州省农村公路遥感核查管理系统关键技术研究［D］. 山东理工大学，2021.

统计数据，对资源的多方面进行综合分析与评价，以此来全面反映自然资源的价值和潜力。然而，传统的自然资源数据的获取往往依赖于地面调查和人工测量，这种方式不仅耗时耗力，还难以全面准确地反映资源的分布和状况。由于缺乏科学的数据支撑，山区自然资源的开发和利用常常伴随着资源浪费和环境污染等问题。得益于遥感技术的发展，遥感大数据的应用提高了农村自然资源划分与开采的科学性与准确性，实现了对农村自然资源的全面监测和评估。

水资源是山区自然资源的重要组成部分，其质量和数量对农业生产和生态环境具有重要影响。遥感技术可以通过获取农村水域的光谱信息，分析水体的水质指标，如总悬浮物浓度、叶绿素-a浓度等。同时，结合地理信息系统（GIS）技术，对水体的空间分布和变化趋势进行实时监测和分析，这对预防旱涝灾害、确保水资源合理有效分配具有重要意义。

土壤作为农业、林业和畜牧业等领域的重要资源，其质量和变化趋势等对作物产量和品质产生直接影响。通过获取卫星遥感影像数据，可以实时监测土壤水分含量、地下水位、土壤侵蚀等情况，从而实现土地资源和水资源的合理利用。Zhu等[①]利用卫星遥感数据和机器学习对根际土壤湿度进行预测，显著提高了土壤水分预测的准确率与服务水平。不仅如此，遥感大数据的广泛应用还能实时监测土地利用类型、土地覆盖变化及土地利用强度等信息，为土地规划、土地整治等政策提供有力数据支持，有利于保护农田、草原等生态系统，维护生态平衡。土地利用结构也是山区自然资源评估的重要内容之一。陈然[②]利用高分辨率航空遥感影像合理分析浙江省义乌市岩南村土地利用现状，并根据土地生态适宜性评价结果将其土地利用划分为生态保护区、基本农田保护区、一般农用地区、村镇建设用

---

① ZHU Q, WANG Y S, LUO Y L. Improvement of multi-layer soil moisture prediction using support vector machines and ensemble Kalman filter coupled with remote sensing soil moisture datasets over an agriculture dominant basin in China [J]. Hydrological Processes, 2021, 35（4）: e14154.

② 陈然.基于GIS的农村土地生态适宜性评价及应用研究［D］.南京农业大学，2011.

地区和旅游用地区等 5 个部分。陈晨[①]从遥感影像解译、属性数据采集、数据输入与编辑、数据入库、数据库整理及成果输出等方面对数据库建立进行详尽研究，提出一套高效且错误率低的数据库构建流程，并以陕西省西安市高陵区农村土地利用为研究对象，绘制高陵区各类土地利用详情表，深入探究研究区域内土地利用现状结构和土地利用资源特点。

除水资源和土地资源之外，生态环境也是山区自然资源的重要组成部分，其健康状况直接影响到生态系统的稳定性和功能发挥。邹浩等[②]对黄冈市蕲春县大同镇自然资源承载力展开研究。大同镇位于长江经济带中部、大别山南麓，起伏的地形导致统计数据的复杂性。通过无人机采集高精度正射影像数据，从而获取人均耕地面积等特征，结合已有统计数据，合理评估当地自然资源环境承载力，丰富和拓展了传统资源环境承载力评价的研究思路和方法，研究结果可为管理部门制定区域发展规划和生态保护、修复方案提供依据和支撑。

第二节　可持续农村生计及其在农村发展中的应用

一、可持续农村生计在中国农村发展中的一般应用

（一）可持续生计思想的提出及其发展

可持续生计是一个多维度的概念，最早见于 20 世纪 80 年代末世界环

[①] 陈晨. 农村土地利用现状数据库的建设研究［D］. 长安大学，2014.
[②] 邹浩，王章琼，陈金国，等. 基于无人机遥感的长江经济带自然资源环境承载力评价——以蕲春县大同镇为例［J］. 资源环境与工程，2024，38（2）：181-188.

境与发展委员会《我们共同的未来》报告。Sen[1]、Chambers 和 Conway[2] 将可持续生计思想应用于解决贫困与发展问题研究,并定义可持续生计为"既能应对外界压力和冲击并从中恢复,在现在和将来维持或提高生计的能力和资产,又不对自然资源基础造成破坏的生计",强调除收入贫困之外的发展能力(即缺乏选择和完成基本的生计活动的能力)贫困。在可持续生计概念基础上,20世纪90年代国际组织和有关政府提出研究农户生计问题的可持续生计分析框架。Ellis[3] 引入生计多样化视角分析了发展中国家的农村生计问题,认为生计包括资本(自然资本、金融资本、物质资本、人力资本和社会资本)、行动和获取这些资产的途径(受到制度和社会关系的调节),所有这些都决定了农户生存所需资源的获取。21世纪以来,关于可持续生计研究逐步转向实证研究。

可持续生计思想被广泛应用于全球变化领域中的人文维度与社会问题。国际发展援助组织和研究机构将可持续生计与农村贫困与发展等结合起来制定发展策略。这也为研究人员研究乡村振兴和生态保护等农村发展问题提供了一种新的视角。Shimpei[4] 从气候视角研究了热带气旋对生计安全的影响,将灾害管理与社区环境中的生计安全联系起来。Ghosh 等[5] 以印度西孟加拉邦的喜马拉雅山麓地区为研究对象,探究影响该地区农村家庭生计脆弱性的因素,认为适应能力低、收入机会少、教育条件差、有形基

---

[1] SEN A. Famines and Poverty [M]. London: Oxford University Press, 1981.

[2] CHAMBERS R, CONWAY G. Sustainable rural livelihoods: Practical concepts for the 21st century [R]. // IDS Discussion Paper 296. Brighton: IDS, 1987.

[3] ELLIS F. Rural Livelihoods and Diversity in Developing Countries [M]. Oxford: Oxford University Press, 2000.

[4] SHIMPEI I. Linking disaster management to livelihood security against tropical cyclones: A case study on Odisha state in India [J]. International Journal of Disaster Risk Reduction, 2016.

[5] GHOSH M, GHOSAL S. Determinants of household livelihood vulnerabilities to climate change in the himalayan foothills of West Bengal, India [J]. International Journal of Disaster Risk Reduction, 2020, 50: 101706.

础设施不足、住房条件差等是造成整体生计脆弱性的原因，而气候变化加剧了该地区生计的脆弱性程度。Jendoubi等[1]通过使用可持续生计方法对突尼斯西北部的生计资本、生计策略以及对土地退化和可持续土地管理进行分析，结果表明，家庭生计状况的差异性会影响人们的生计策略，进而影响生计结果，而土地退化也会影响生计并加剧贫困。

近年来，可持续生计思想在中国被广泛用以研究贫困与发展、自然资源可持续利用以及社会可持续发展等问题。农户可持续生计具有复杂性、规律性、动态性、区域性和典型性等特征。中国由于区域农村经济发展水平和自然资源禀赋存在显著差异，国内关于农户可持续生计问题的研究也具有较为明显的区域特征。随着研究不断深入，诸多学者从农户生计与乡村旅游发展[2]、农户生计转型[3]、风险冲击视角下的农户生计[4]等视角丰富了对农户生计的研究。

（二）可持续生计的影响因素

研究人员主要基于英国国际发展署（Department for International Development，DFID）在2001年提出的可持续生计框架构建评价指标体系，运用描述性统计分析、回归模型等方法，从生计资本、生计策略等方面探寻农户生计可持续发展的影响因素。袁梁等[5]从农户可持续生计能力入手分析生计资

---

[1] JENDOUBI D, HOSSAIN M S, GIGER M, et al. Local livelihoods and land users' perceptions of land degradation in northwest Tunisia [J]. Environmental Development, 33.

[2] 刘智. 旅游产业与农村可持续生计耦合的空间格局及驱动机制——以张家界为例 [J]. 经济地理，2020，40（2）：209-216.

[3] 王晗，房艳刚. 山区农户生计转型及其可持续性研究——河北围场县腰站镇的案例 [J]. 经济地理，2021，41（3）：152-160.

[4] 高帅，程炜，唐建军. 风险冲击视角下革命老区农户生计韧性研究——以太行革命老区为例 [J]. 中国农村经济，2024（3）：107-125.

[5] 袁梁，张光强，霍学喜. 生态补偿、生计资本对居民可持续生计影响研究——以陕西省国家重点生态功能区为例 [J]. 经济地理，2017，37（10）：188-196.

本的作用，研究发现人力资本是决定农户可持续生计能力的关键因素，金融资本次之，社会资本、物质资本和自然资本的影响较小，生态补偿政策对农户可持续生计能力具有显著影响作用。胡江霞等[①]在研究人力资本对存在经济困难的农民可持续生计的影响基础之上，发现人力资本、生计风险管理、制度环境是影响存在经济困难的农民可持续生计的重要因素，因此要综合提高存在经济困难的农民生计水平，重视人力资本、生计风险管理以及制度环境的作用，同时要建立基于生计风险管理的人力资本培育模式，以及培育良好的制度环境。

（三）可持续生计框架在农业农村领域的应用

可持续生计作为一种国际发展思想的范式转变，以人为中心，以"资产—可获得性—活动"为主线，综合贫困程度、脆弱性以及农户在现有自然资源禀赋下应对风险冲击等内容的研究方法，结合组织管理、政策制度的影响识别，形成了一种思维方式和一个分析框架。可持续生计框架主要包括英国国际发展署（DFID）的可持续生计框架、美国援外合作组织（Cooperative for Assistance and Relief Everywhere，CARE）提出的农户生计安全框架和联合国开发计划署（United Nations Development Programme，UNDP）提出的可持续生计途径等，其中以英国国际发展署（DFID）建立的可持续生计框架更具有代表性。该框架是可持续思想的理论性创新，对于可持续生计的实证研究起到了引领性作用。借助可持续生计框架，学者们对农户可持续生计、可持续生计影响因素、可持续生计对策等方面进行了深入的探索，为实现农村经济、社会和环境的可持续发展提供了理论经验。

党的十八大以来，围绕建设小康社会的理念和目标，研究人员运用可

---

① 胡江霞，于永娟. 人力资本、生计风险管理与贫困农民的可持续生计[J]. 公共管理与政策评论，2021，10（2）：80–90.

持续生计框架开展农村发展问题的研究。丁士军等[1]基于可持续生计框架提出一套基于生计资本测量农户生计能力的方法，并对被征地前后农户生计资本变化进行评价。阮冬燕等[2]在可持续生计分析框架的基础上，提出局部生计系统、生计功能、生计依赖和生计突破等概念，构建新的分析框架，利用农户调查数据对农户退出生猪散养进行了相关研究。孙晗霖等[3]基于可持续性和脆弱性双重视角，综合农户和村级层面探讨影响精准脱贫户家庭生计可持续的关键因素，并研究乡村建设尤其强调农村公共服务体系与基础设施建设对精准脱贫户生计可持续的影响。

随着中国全面建成小康社会，围绕可持续农户生计，研究人员从巩固脱贫成果实现与乡村振兴有效衔接的研究逐渐转向改善农户生计促进共同富裕的研究。孙晗霖等[4]基于可持续生计框架内"生计资本—生计策略—可持续生计"3个核心环节的逻辑关联，针对农户家庭生计资本变化，探讨了巩固拓展脱贫攻坚成果的理论逻辑与实现路径。李臻[5]把社会资本作为分析工具，在修改可持续生计理论框架基础上揭示云南抵边村将外部干预行动"内部化"的机制性过程。魏雪等[6]基于可持续生计分析框架分析农户城镇化意愿和生计资本差异，从生计角度探求农户的城镇化意愿及其

---

[1] 丁士军，张银银，马志雄. 被征地农户生计能力变化研究——基于可持续生计框架的改进[J]. 农业经济问题，2016，37（6）：25-34，110-111.

[2] 阮冬燕，陈玉萍，周晶. 我国农户退出生猪散养的影响因素研究——基于可持续生计分析框架[J]. 中国农业大学学报，2018，23（5）：191-199.

[3] 孙晗霖，刘芮伶. 贫困地区精准脱贫户生计多样化的影响因素分析——基于2660个脱贫家庭的实证研究[J]. 农村经济，2020（10）：45-53.

[4] 孙晗霖，刘新智. 巩固拓展脱贫攻坚成果的理论逻辑与实现路径——基于脱贫户可持续生计的实证研究[J]. 山东社会科学，2021（6）：116-126.

[5] 李臻. 回到过程之中：西南边境小农户实现可持续生计的困境与思考[J]. 农业经济问题，2023（9）：135-144.

[6] 魏雪，袁承程，刘黎明. 农户城镇化意愿及其影响因素研究——基于可持续生计分析框架[J]. 农业现代化研究，2022，43（1）：134-142.

影响因素。林万龙等[1]提出脱贫攻坚期内针对原建档立卡贫困户的帮扶政策体系在五年过渡期内应遵循"双渐并重、动态调整"的原则，针对农村低收入农户相对贫困程度不断加深的现状，政府应构建"一底线三支柱"政策体系，以促进低收入农户收入更快增长，走向农民农村共同富裕。基于可持续生计分析框架，何植民等[2]提出了"脆弱——生计恢复力"理论分析框架。陈凯等[3]将技术接受模型（TAM）和可持续生计理论框架结合，剖析了生计资本、政府规制、感知有用性和感知易用性、农户绿色生产生计策略转型和生计结果之间的互动关系，构建了农户绿色生产长效驱动机制。

二、生计资本视角下生计可持续研究

（一）生计资本相关研究

生计资本是指个人或家庭可用于谋生和发展的资源禀赋状况，在一定程度上反映出个人或家庭的生计能力。Scoones[4]和英国国际发展署（DFID）将生计资本分为自然资本、物质资本、金融资本、人力资本和社会资本五大类。目前学术界普遍认为在可持续生计框架中的生计资本包含五种类型：人力资本、社会资本、自然资本、金融资本和物质资本。关于生计资本主要从生计资本评估方式、生计资本五大类型以及生计资本的影响因素等方

---

[1] 林万龙, 纪晓凯. 从摆脱绝对贫困走向农民农村共同富裕[J]. 中国农村经济, 2022(8): 2-15.

[2] 何植民, 蓝玉娇. 脱贫"脆弱户"的可持续生计：一个新的理论分析框架[J]. 农村经济, 2022(9): 52-58.

[3] 陈凯, 朱伟丽. 农户绿色生产驱动机制构建研究——基于TAM-SLA理论框架[J]. 中国特色社会主义研究, 2023(3): 71-79.

[4] SCOONES I. Sustainable Rural Livelihoods: A Framework for Analysis [M]. Brighton: Institute of Development Studies, 1998.

面开展研究。

1. 生计资本评估方式

生计资本作为可持续生计框架的研究基础，科学评估生计资本有助于了解农村生计现状并采取合理的生计策略。农户生计资本研究方法主要以定性分析和定量分析为主，定性研究方法以对比分析法主导，而定量分析方法主要以层次分析法[①]、熵值法[②]、因子分析法[③]为主。关于生计资本评估主要聚焦在农户生计资本评估指标选取、指标体系构建、农户生计资本测量等方面。生计资本评价指标选取以及指标体系构建已经很成熟，研究人员从生计资本的五大类型来选取子指标并构建生计资本指标体系[④]，其中人力资本主要从劳动力数量及素质选取衡量指标，社会资本主要从社会网络方向考虑，自然资本考虑的是耕地面积及质量，物质资本主要从资产财产方面进行衡量，金融资本则主要选取存款和信贷方面的指标。关于生计资本测量的研究，研究人员从测量方法入手不断创新拓展。Erenstein 等[⑤]在研究中选择了主成分分析法，并且将研究目标放在了印度贫困农户上，对其生计资本进行了研究。在我国，关于生计资本测量的研究主要通过借鉴前人研究成果的基础上，对指标权重进行主观赋权。

---

① 伍艳. 贫困山区农户生计资本对生计策略的影响研究——基于四川省平武县和南江县的调查数据[J]. 农业经济问题, 2016, 37（3）：88-94, 112.

② 杨琨, 刘鹏飞. 欠发达地区失地农民可持续生计影响因素分析——以兰州安宁区为例[J]. 水土保持研究, 2020, 27（4）：342-348.

③ 张焱, 罗雁, 冯璐. 滇南跨境山区农户生计资本的量表开发及因子分析[J]. 经济问题探索, 2017（8）：134-143.

④ 刘春芳, 刘宥延, 王川. 黄土丘陵区贫困农户生计资本空间特征及影响因素——以甘肃省榆中县为例[J]. 经济地理, 2017, 37（12）：153-162.

⑤ ERENSTEIN O, THORPE W. Livelihoods and agro-ecological gradients: A meso-level analysis in the Indo-Gangetic Plains, India [J]. Agricultural Systems, 2011, 104（1）：42-53.

何仁伟[1]运用熵值法和聚类分析法进行赋权,测度农户生计资本,将生计资本划分成较高、中等和较低三级,并将各县(市)农户生计资本划分成不同的类型,在此基础上,对农户生计资本的空间格局特征进行研究。

2.生计资本五大类型

许多研究人员以可持续生计框架为基础,从自然资本、物质资本、金融资本、人力资本和社会资本5个方面研究了不同类型农户的特点和生计策略。王立安[2]结合可持续生计框架,分别从物质资本、金融资本、社会资本、自然资本以及人力资本等层面对贫困农户生计能力进行了划分。随着研究的深入,部分研究人员综合研究区域经济水平拓展出第六种生计资本。Luthans[3]首次提出心理资本的概念,并且在人力资源管理领域得以实践。袁梁等[4]在对陕西省国家重点生态功能区生态补偿政策、居民的生计资本和可持续生计能力的影响时,把环境资本纳入其研究当中。自然资本对农户可持续生计尤为重要,研究人员从可持续生计分析框架入手分析自然因素与农户生计间的关系。Osman等[5]应用可持续生计方式,对苏丹区域气候变化影响问题进行评估分析,指出苏丹社会经济发展在很大程度上与气

---

[1] 何仁伟,刘邵权,刘运伟,等.典型山区农户生计资本评价及其空间格局——以四川省凉山彝族自治州为例[J].山地学报,2014,32(6):641-651.

[2] 王立安,刘升,钟方雷.生态补偿对贫困农户生计能力影响的定量分析[J].农村经济,2012(11):99-103.

[3] LUTHANS F, YOUSSEF C M. Human, Social, and Now Positive Psychological Capital Management[J]. Organizational Dynamics, 2004, 33(2):143-160.

[4] 袁梁,张光强,霍学喜.生态补偿、生计资本对居民可持续生计影响研究——以陕西省国家重点生态功能区为例[J].经济地理,2017,37(10):188-196.

[5] OSMAN B, ELHASSAN N G, AHMED H, et al. Sustainable Livelihood Approach for Assessing Community Resilience to Climate Change: Case Studies from Sudan[R]. Assessments of Impacts and Adaptations to Climate Change(AIACC)Working Paper, 2005.

候变化因素密切相关。吴孔森等[①]选取生态脆弱的民勤绿洲，基于农户生计资本评价指标体系研究得出自然环境变化严重削减了农户赖以生存的自然资本，环境变化重塑了农户生计资本的结构，从而引发了农户的适应行为，促使生计方式趋于多样化。

3. 生计资本的影响因素研究

苏芳等[②]以可持续生计分析架构为前提，选取多元 Logit 模型分析影响农户风险应对的不同因素，指出生计资本与生计风险间存在一种计量关系，人力资本和金融资本是影响农户风险应对策略选择最显著的因素。吴嘉莘等[③]探究了民族地区农户异质性对生计资本结构的影响，认为在农户的生计资本评估体系中，社会资本在影响农户生计水平过程中所占权重最大，且农户在家庭结构、地理区位等方面的异质性对生计资本结构的影响存在差异。许多研究关注生计资本的影响因素，部分学者认为生计资本极大地影响了农户收入水平。许汉石等[④]指出，生计资本综合作用的差异将关系并决定着农户生计情况。如果结合自我生计资本情况，分析其中优势与不足，合理配置优化生存资本，能够发挥不同生计资本优势，提升可持续生计能力水平，进而提高农户收入。赵文娟等[⑤]提出农户的生计决策决定收入水平。生计资本是做出生计决策的基础，即生计资本禀赋不同导致农户选择的生计策略也存在较大差异，进而导致收入水平存在较大差距。生计

[①] 吴孔森，杨新军，尹莎. 环境变化影响下农户生计选择与可持续性研究——以民勤绿洲社区为例[J]. 经济地理，2016，36（9）：141-149.

[②] 苏芳，尚海洋. 农户生计资本对其风险应对策略的影响——以黑河流域张掖市为例[J]. 中国农村经济，2012（8）：79-87，96.

[③] 吴嘉莘，熊吉安，杨红娟. 民族地区农户异质性对生计资本结构的影响研究——以云南沧源县为例[J]. 云南社会科学，2022（3）：63-73.

[④] 许汉石，乐章. 生计资本、生计风险与农户的生计策略[J]. 农业经济问题，2012（10）：100-105.

[⑤] 赵文娟，杨世龙，王潇. 基于 Logistic 回归模型的生计资本与生计策略研究——以云南新平县干热河谷傣族地区为例[J]. 资源科学，2016，38（1）：136-143.

资本存量越大，农户越有可能获得较高的收入。

（二）生计资本与生计稳定性

生计脆弱性被视为当生计结构变化或面临外力冲击时所具有的不稳定的、易遭受损失的状态。脆弱性对农户现有资产基础、可持续生计能力产生严峻威胁。生计稳定性则是指生计结构和能力在面对外部风险或内部变化时能够保持相对稳定而不易受到冲击或崩溃，是农户维持生计状态的保障。学术界开展了关于生计稳定性的测算研究，例如，吴孔森等[①]在前人研究生计多样性的基础上，结合生计多样性指数与收入多样性指数，对研究地区农户生计稳定性进行了测算分析。徐爽等[②]对生计稳定性指数进行了完善拓展，将农户生计多样性指数、农户收入多样性指数与农户收入依赖性指数、农村土地利用效率的测度融入生计稳定性测算体系中，从易地扶贫搬迁的视角分析了广西壮族自治区山区移民和世居居民两类农户生计资本、生计稳定性以及二者耦合协调等级，用耦合协调的方式分析了生计资本与生计多样性之间的关系。

在我国，已有研究主要集中于西南山区、北方农牧区以及西北高寒生态脆弱区等区域。例如，马国璇等[③]以贵州花江示范区峡谷村为例，基于农户生计资本与生计稳定性视角，探究石漠化地区农户生计的可持续性及农户生计资本对生计稳定性的影响，提出针对性的农户生计可持续的区域发展意见。周升强等[④]基于可持续生计分析框架，针对北方农牧交错区域，

---

① 吴孔森，杨新军，尹莎. 环境变化影响下农户生计选择与可持续性研究——以民勤绿洲社区为例[J]. 经济地理，2016，36（9）：141-149.

② 徐爽，胡业翠. 农户生计资本与生计稳定性耦合协调分析——以广西金桥村移民安置区为例[J]. 经济地理，2018，38（3）：142-148，164.

③ 马国璇，周忠发，朱昌丽，等. 农户生计资本与生计稳定性耦合协调分析——以花江示范区峡谷村为例[J]. 水土保持研究，2020，27（3）：230-237.

④ 周升强，赵凯. 北方农牧交错区农牧民生计资本与生计稳定性的耦合协调分析——以宁夏盐池县与内蒙古鄂托克旗为例[J]. 干旱区资源与环境，2022，36（2）：9-15.

对农牧民生计资本与生计稳定性以及二者之间的耦合协调度进行了测度，并分析了生计稳定性以及生计资本与生计稳定性耦合协调度的影响因素。郭秀丽等[①]以地处青藏高原东北边缘的夏河县为例，基于农户调查数据，运用熵值法和耦合协调度模型，对农户的生计资本及其耦合协调度进行了定量测度与对比分析，并对影响农户生计资本及其配置的因素进行了探究，为降低高寒生态脆弱区农户的生计脆弱性，促进区域生态环境修复提供了理论与实践经验。

三、生计策略视角下生计可持续研究

生计策略是一个复杂的系统，涉及多层面的因素。农户制定和执行生计策略旨在确保农户的生计稳定和可持续发展。生计策略视角下的农户可持续生计及其优化，从其本质上看，可以减弱农户的脆弱性，加强农户抵御风险的能力。已有研究文献探究了生计资本与生计策略的关系以及生计策略的影响因素，并基于可持续生计框架拓展了生计策略的研究领域。

（一）生计策略类型

农户在选择生计策略时会受到其资源禀赋、组织制度、社会文化等多方面的约束。已有研究根据生产要素、收入来源等分布情况对生计策略进行了分类。常见的生计策略分类是按照是否以农业为主将农户的生计策略划分为纯农型、农兼型、兼农型与非农型。廖洪乐[②]参照日本农户兼业的评价指标并兼顾农村固定观察点标准，根据农户劳动时间构成和农户收入构成，以20%和80%为临界点，将农户生计策略划分为纯农型、兼业型

[①] 郭秀丽，李旺平，孙国军，等. 高寒生态脆弱区农户生计资本及其耦合协调度分析——以甘南州夏河县为例[J]. 水土保持研究，2022，29（6）：330-335，343.

[②] 廖洪乐. 农户兼业及其对农地承包经营权流转的影响[J]. 管理世界，2012（5）：62-70，87，187-188.

与非农型 3 类。有研究人员[①]考虑到生计策略转型的本质是生计资本的重新配置，根据农民工家庭城镇收入能力与农村经济关联的强弱程度，以非农就业时间为指标将农户生计策略划分为非农化初期、中期和后期。农户改变其生计策略的过程就是农户生计策略的优化过程。它不仅涵盖了农户对当前非最佳生计策略的改进，也涵盖了农户出于满意而主动寻求的生计方式创新。

1. 生计策略影响因素

生计策略以获得更高质量的生活为目标，将已有的生计资本进行多重组合，并选择出最适合用于个人或家庭的生计。从这个概念出发，生计资本是影响农户生计策略选择的重要因素，对两者相互关系的探讨有助于理解农户为实现可持续生计而采取的生计行为。研究人员通过各种可持续生计框架对农户生计资本与生计策略之间的关系进行研究。刘精慧等[②]选取受退耕还林、封山禁牧等生态政策影响较大的陕北农户为研究对象，基于可持续生计分析框架分析农户生计资本与生计策略之间的作用关系，认为生计策略的选择和转变是建立在自身资本结构上的，其往往向着发挥生计资本优势、规避生计资本短板的方向调整生计策略，进而达到提高整体生计资本水平的目的。周丽等[③]基于湖南搬迁农户调查数据，采用回归模型分析生计资本影响生计策略选择的机理，发现不同的生计资本对农业主导型与非农主导型生计策略选择发挥出了不同的影响效应。高天志等[④]以黄

---

① 全磊，陈玉萍，丁士军. 新型城镇化进程中农民工家庭生计转型阶段划分方法及其应用[J]. 中国农村观察，2019（5）：17-31.

② 刘精慧，薛东前. 陕北黄陵县农户生计资本评价及其生计策略研究[J]. 中国农业资源与区划，2019，40（6）：156-163.

③ 周丽，黎红梅，李培. 易地扶贫搬迁农户生计资本对生计策略选择的影响：基于湖南搬迁农户的调查[J]. 经济地理，2020，40（11）：167-175.

④ 高天志，陆迁. 风险管理可以提高农户生计策略适应性吗：基于时间配置中介效应和收入水平调节效应的分析[J]. 农业技术经济，2021（5）：48-62.

土高原区陕甘宁八县为例，考察了风险管理对提高农户生计策略适应性能力的影响，研究发现，风险管理对提高农户生计策略适应性能力具有显著的正向促进作用，风险管理不仅正向显著影响农户务农时间，也可正向影响其非农就业时间配置，进而改善家庭生计策略。

　　随着数字农业与大数据经济的发展，数字科技对农户选择生计策略也产生了影响。刘建国等[1]通过构建数字技术、心理状态与农户生计策略选择行为的供给–需求理论框架，分析探究了数字技术、心理状态与农户生计策略选择行为之间的关系，发现数字技术使用有助于提升农户非农化生计策略的选择意愿，农户心理状态会在数字技术对非农生计策略选择行为的影响过程中发挥重要的调节作用。宋文豪等[2]发现数字金融的使用可以通过提升家庭金融资本、拓宽信息获取渠道和增强社会信任程度促进农村家庭选择非农主导型生计策略，对于农村家庭选择务农主导型生计策略却产生了一定的负向作用。也就是说，数字金融的使用会减少继续选择务农主导型生计策略的概率，而增加其选择务工主导型和创业主导型生计策略的概率，实现生计策略由农业活动向非农业活动的转化。

2. 生计策略研究拓展

　　对农户生计策略的研究不仅限于农村贫困与发展问题，也适用于乡村旅游业发展分析。刘玲等[3]基于可持续生计框架和乡村旅游的独特之处，结合文献分析和实地调研结果对原有框架进行修正，选择生计多样性指数、收入多样性指数和参与旅游业的意愿三项指标衡量乡村旅游地农户的生计策略，发现乡村旅游发展大幅提高农民参与度与收益的同时，也存在金融

---

[1] 刘建国，苏文杰. 数字技术对农户生计策略选择的影响：基于农户心理状态的调节效应[J]. 世界农业，2022（11）：98–112.

[2] 宋文豪，黄祖辉，叶春辉. 数字金融使用对农村家庭生计策略选择的影响：来自中国农村家庭追踪调查的证据[J]. 中国农村经济，2023（6）：92–113.

[3] 刘玲，舒伯阳，马应心. 可持续生计分析框架在乡村旅游研究中的改进与应用[J]. 东岳论丛，2019，40（12）：127–137.

资本等不足的状况，且整体生计多样性与收入多样性程度较差。研究人员还将生计策略的研究与防返贫监测联系起来。左停等[1]指出在整个生计过程中对具有返贫风险的脱贫户进行监测预警并帮扶是防止返贫有效的举措，因此，要在返贫风险事件前加强监测预警，增强目标群体的生计资本抗逆性，通过采取科学合理的生计策略以规避和预防风险。

（二）生计多样性与生计转型

生计多样性与生计转型是两个紧密相关的概念，本质上是农户生计策略的选择，描述了人们为了维持生计而采取的不同策略和方式的变化。生计多样性可以为生计转型提供基础和支持，通过多样化的生计方式和资源利用方式，个人或群体能够积累更多的经验和资源，为生计转型做好准备。生计转型也会带来生计多样性的变化，新的生计方式可能会带来新的收入来源和资源利用方式，从而增加生计的多样性。

1.生计多样性

生计多样性指的是个人或农户家庭在寻求生存和发展过程中，所依赖的生计方式的多样性。这种多样性可以源于多种不同的因素，包括自然资源、社会经济条件、文化背景、技术水平等。在面对不同的自然灾害、市场波动、政策调整等风险时，农户能够灵活地调整生计策略以确保生计的稳定和安全。生计多样性产生的原因之一是各种生计资本的存量不同。在较为落后的传统生产方式时期，人们对生活的进步仍然停留在"靠山吃山靠水吃水"的阶段，因此在这个阶段对生计策略影响最大的生计资本分别是人力资本和自然资本。随着科学技术、经济和社会的发展，自然资本的功能逐渐弱化，金融资本和社会资本对生计策略的影响居于主要地位。Ellis[2]从生计多样化视角分析了发展中国家的农村生计问题，提出生计包括

---

[1] 左停，李泽峰.风险与可持续生计为中心的防返贫监测预警框架［J］.甘肃社会科学，2022（5）：35-46.

[2] ELLIS F. Rural livelihoods and diversity in developing countries［M］. Oxford：OUP, 2000.

资本（自然资本、金融资本、物质资本、人力资本和社会资本）、行动和获取这些资产的途径（受到制度和社会关系的调节），所有这些都决定了个人或农户生存所需资源的获取。

研究人员还对农户生计多样化的影响因素做了分析。孙晗霖等[1]基于就业多样化和收入多样化的双重视角对脱贫农户生计多样化决策的影响因素进行了系统分析，发现农户家庭特征、劳动力构成、外部环境和产业发展政策均会显著影响农户生计多样化，并且代际效应对高层级生计多样化促进作用程度更大。王晗等[2]认为促进农户生计多样化是引导其生计转型的重要手段，精确识别农户类型是引导农户生计转型的基础和前提。他将调研农户分为不同类型并分析他们的生计转型相关特征。研究发现，进取型农户采取多样化的生计转型策略保证其获得稳定收入；专业型农户在生计转型时倾向于降低多样化指数而扩大专业化生产；潜力型农户维持生计多样化是其生计转型成功的关键；生存型农户未来需要更多的产业帮扶。

2. 生计转型路径与选择

生计转型是指个人或群体在生计方式上的根本性变化，通常是由自然环境、社会经济条件、政策调整等因素的变化而引起的。生计转型意味着个人或群体由于某种外力的冲击而需要放弃原有的生计方式，转而采取新的方式来维持生计。生计转型的具体表现包括产业结构的调整、就业方式的转变、资源利用方式的改变等。对生计转型的研究主要有以下两个方面。

一是关于生计转型作用路径的相关研究。除农户所拥有的生计资本外，外力冲击、政策调整以及心理因素都是影响其生计转型的重要因素。向道艳等[3]从生计转型的角度深入分析劳动力转移程度对农户生计的影响，发

---

[1] 孙晗霖,刘芮伶.贫困地区精准脱贫户生计多样化的影响因素分析：基于2 660个脱贫家庭的实证研究[J].农村经济,2020（10）：45-53.

[2] 王晗,房艳刚.山区农户生计转型及其可持续性研究：河北围场县腰站镇的案例[J].经济地理,2021,41（3）：152-160.

[3] 向道艳,周洪,林妮,等.劳动力转移程度对农户牲畜饲养行为的影响：基于生计转型视角[J].西南大学学报（自然科学版）,2023,45（11）：128-140.

现农户的牲畜饲养行为随劳动力转移程度呈现出阶段性的演变规律；劳动力转移程度的加深促使农户从饲养自食和商品牲畜转为仅饲养自食牲畜或退出饲养，这是农户基于生计目标从维持生计到追求利润转变而做出的生计策略选择，并带来农户的生计转型。宁攸凉等[1]基于可持续生计分析框架的分析发现，两类草原奖补政策对牧民户生计策略选择的影响各不相同，禁牧政策的实施对农户生计策略的选择存在显著影响。禁牧补助标准越高，牧民户越可能选择非传统生计策略，草畜平衡政策对不同县域的生计转型影响程度不一。除此之外，农户生计转型还会受到其心理因素等主观因素的影响。全千红等[2]运用扎根理论的方法，以南京高淳大山村为案例，梳理了乡村旅游背景下农户旅游生计策略的影响因素及作用机理，发现农户旅游生计策略除客观因素影响外，还受主观因素即农户心理因素的影响，影响农户旅游生计可持续性问题的关键在于农户和社区生计资本、结构和制度转变以及农户心理因素。

二是从其他视角研究生计转型选择的相关研究。例如，从生态补偿的视角研究生计转型，发现生态补偿对于农户生计有重要意义。康晓虹等[3]基于草原生态补偿对牧民可持续生计影响的研究表明，草原生态补偿影响牧民的生计资本、转化结构与过程、生计策略及生计结果，特别是草原生态补偿的法律政策、制度架构等制度因素会对牧民的可持续生计产生广泛性和持久性的影响。由于农业生产的自然特征，许多农户都面临着多重风险，农户所拥有的生计资本与其所面临的风险具有十分复杂的关系。关于生计风险的研究主要集中在各类风险及应对策略，以及农户的生计及发展

---

[1] 宁攸凉，王莹，肖仁乾，等. 草原补奖政策对牧民户生计策略选择的影响分析：来自青海省祁连、门源两县的经验证据［J］. 农林经济管理学报，2021，20（5）：630-639.

[2] 全千红，沈苏彦. 基于扎根理论的乡村旅游可持续生计分析：以南京高淳大山村为例［J］. 世界农业，2020（6）：110-119.

[3] 康晓虹，陶娅，盖志毅. 草原生态系统服务价值补偿对牧民可持续生计影响的研究述评［J］. 中国农业大学学报，2018，23（5）：200-207.

问题上。Kuang 等[①] 准确识别了农户面临的生计风险，并考察了农户生计资本对生计风险的影响及适应策略，发现自然风险和市场风险是农户面临的主要风险，农户的社会资本、金融资本和人力资本可以减轻其生计风险，而自然资本和物质资本则相反；社会资本、自然资本和物质资本对农民采取适应性战略具有显著的正向影响；而人力资本和金融资本的影响则相对较弱。王娅等[②] 分析了农户生态移民引发的生计风险与其应对策略间的关系，发现生态移民的农户面临着多重风险，以经济风险为主，主要通过借钱、银行贷款、外出务工和减少开支等方式来应对风险，后顾生计则多选择扩大养殖规模及长期打工等。

第三节　研究文献评述

一、遥感大数据技术在科学研究领域得到了广泛应用

通过实地调查获取数据进行农业与农村发展的科学研究面临不少困难和问题：一是实地调查需要花费大量公共资源，这对于发展中国家或者地方政府来说往往是难以承受的，跨时期的时序数据获得成本则更大；二是这些实地调查数据在采集后需要大量的时间进行处理与分析，得到的分析结果往往具有时间滞后性；三是绝大多数实地调查采用抽样调查方法，即使提供足够的公共资源扩大样本量，对特定区域和区域内的人口仍然难以实现全覆盖；四是实地经济调查数据缺乏空间微观粒度层面的详细信息。

随着遥感技术的发展，遥感大数据在科学研究领域得到了普遍应用。

[①] KUANG F Y, JIN J J, He R, et al. Farmers' livelihood risks, livelihood assets and adaptation strategies in Rugao City, China [J]. Journal of Environmental Management, 2020, 264 (C): 110463.

[②] 王娅, 刘洋, 周立华. 祁连山北麓生态移民的生计风险与应对策略选择: 以武威市为例 [J]. 自然资源学报, 2022, 37 (2): 521–537.

大量的研究文献显示，遥感大数据主要的应用领域包括以下方面。第一，数据获取与数据预处理。遥感大数据的获取通常通过卫星、飞机、无人机等设备进行；遥感大数据的预处理则包括几何校正、大气校正等步骤，以去除影像中的噪声和失真，提高数据质量。第二，遥感图像解译。运用计算机视觉等技术对获取的遥感图像进行视觉或数字化解译，以识别不同地物要素，具体包括运用图像分类和目标识别等技术获取分类地图等有用信息。第三，遥感图像分析。通常使用数字图像处理方法从遥感图像中提取有用信息，为农业、地质和环境等领域的科学研究提供数据支持。第四，遥感应用系统开发。利用遥感技术可以开发不同应用系统，如土地治理与利用系统、城市规划与管理系统和大气与环境监测系统等，以实现对地球表面情况的实时监测和分析。第五，大数据管理与分析系统。由于遥感大数据具有空间连续性、时间序列性和多源多维度性等特点，可以借助诸如深度学习技术等方法，开展城市系统管理与规划、农业生产系统管理和自然资源保护等领域的研究。

在农业发展研究领域，遥感技术得到了十分广泛的应用。遥感影像数据在农业生产管理与科学研究中的主要应用包括以下方面。第一，土地利用与耕地保护。具有高分辨率的遥感影像为精准土地利用分类提供了可能，能够帮助农业生产和管理者了解土地利用情况，并准确识别耕地、林地、水域等不同类型的土地，为土地利用管理和规划提供科学依据。利用遥感影像数据能够对耕地的变化情况提供连续监测，从而为合理利用耕地资源、保护农业耕地提供辅助决策。进一步地，遥感影像数据还可以获取土壤数据，为分析土壤肥力和有机质含量等提供了方法，从而为合理施肥和保护土壤资源等提供重要参考。第二，农作物识别与病虫害监测。遥感影像数据有助于精准区分农作物，如水稻、小麦、玉米等，进一步地实现对不同作物的种植面积、生长状态和产量的监测，为精准农业的实施提供重要支持。遥感影像数据库可以快速、准确地监测农作物病虫害的发生和分布情况，从而及时发现病虫害的发生情况，为农业防治措施提供数据支持。第三，农作物种植面积估算。利用遥感影像的多光谱图像分析，可以对农作物种植面积进行估算，从而有助于农业管理部门开展农作物种植面积和产量等信息的实时监测。第四，水资源管理。高分辨率的遥感影像可以提供水域的空间分布和水质的变化信息，从而帮助水资源管理者合理规划，提高用水和灌溉效率。第五，农业灾害监测。遥感数据技术可以实现对洪涝、干旱、地震等自然灾害的快速监测和评估，通过结合自然灾害模型的分析，为农业灾害的抢险救灾工作提供决策支持。

遥感技术同样在农村发展研究领域得到了广泛应用。除了农业生产与管理领域，遥感影像数据在农村资源与空间规划、生态环境监测、灾害监测预警、社会经济分析以及文化遗产保护等方面都发挥着重要作用。第一，在农村资源与空间规划方面。通过利用遥感技术和地理信息系统（GIS），可以对农村自然资源进行综合评估和规划，优化农村资源配置和利用。运用遥感技术，能够进行农村空间规划（如村庄布局、道路网络、公共设施等），提高农村空间利用效率和生活质量。第二，开展生态环境监测。遥感影像数据能够实时监测农村地区的植被覆盖、水体分布等生态环境要素，为农村生态环境的健康评估提供数据支持，同时还可以精准识别土地退化、土壤侵蚀和水源污染等生态环境问题，为生态修复提供科学依据。第三，开展农村社会经济发展情况调查。利用遥感影像数据可以辅助村庄路网分布、居民点分布、人口结构与分布、土地利用变化与农村经济发展的相关调查研究，还可以进一步地分析一二三产结构、农民就业和农户收入等社会经济指标，为农村经济发展政策制定提供参考。第四，开展农村文化遗产保护。遥感技术的发展为农村地区文化遗产的监测和保护提供了新的手段，例如利用遥感影像数据监测农村地区古建筑、古村落、古遗址等的变化，获取这些文化遗产的分布、保存状况等信息，为文化遗产的保护和传承提供科学依据。

然而，在农业和农村发展领域，利用遥感技术获取大数据开展微观的村庄层面自然资源的调查研究还十分缺乏。这可能是受到以下因素的限制。一是遥感影像数据的空间分辨率不足，难以准确获取微观层面自然资源的信息。二是大气因素和云层可能影响遥感数据的获取和质量，尤其是在一些多云或大气污染严重的地区。三是遥感大数据的处理和分析需要专业的技能和高效的存储、处理和分析方法，而缺乏专业的技术人员和计算资源可能导致数据处理效率低下，甚至无法充分发挥遥感影像数据的价值。

传统的村庄微观层面的自然资源调查和管理方法费时费力，而且数据精度受限。遥感大数据的应用可以大幅提升管理效率，减少人力物力投入，同时提高数据精度和可靠性。因此，开展基于遥感大数据的乌蒙山区村级自然资源研究十分必要。第一，乌蒙山区地形复杂，自然资源分布不均，需要监测村庄层面的自然资源状况，并进行村庄层面的动态变化分析。遥感大数据能够全面、准确地提供村庄层面自然资源的动态监测，如土地类型、植被覆盖、水资源等，为自然资源管理和保护提供基础数据。第二，自然资源是乌蒙山区农户生计的重要基础。基于遥感大数据开展村庄层面自然资源的研究，可以全面准确地了解村庄层面自然资源的分布和状况，为新时期乡村振兴战略和政策制定提供科学依据。基于上述讨论，本研究运用遥感大数据，开展乌蒙山区农村自然资源的研究，特别地，从微观层面开展村级自然资源的深入分析与研究。

二、可持续生计为农村发展研究提供了分析框架

在农村发展研究领域，可持续生计方法提供了基本的分析框架。大量的研究文献基于该分析框架开展了实证研究，并总结了研究发现。

第一，运用该分析框架最主要的研究集中在生计资本分析方面。可持续生计方法将农户生计资本划分为资金资本、自然资本、社会资本、物质资本和人力资本等五种。农户生计资本水平和结构的多样性决定了农户的生计策略选择和生计目标实现的多样性。农户的自然资本（如耕地、水资源等）是农户生计的基础，在农村土地制度研究中，大量文献考察了耕地三权分立的问题。农户的人力资本决定了农户的就业和收入能力，因此，劳动者的教育水平和健康状况是农户生计发展的重要前提条件。农户的社会资本（如社会信任、关系网络、社区规范等）对农户获取资源和信息有

重要影响。农户的物质资本（如住房条件、生产工具等）则影响农户的生产和生活质量。

第二，在农户生计策略与生计结果分析方面。可持续生计方法将农户为实现生计结果而采取的生计策略放在中心位置。大量研究指出，农户不同的生计资本结构和水平决定了农户选择不同的生计策略，这些策略或活动内容十分丰富，包括从事种植业、养殖业，本地或外出务工，从事非农经营等。农户的生计结果是农户计划通过实施特定的生计策略及其组合，最终实现谋生或生计的效果。因此，农户采取的生计策略或生计活动直接决定了农户生计的最终产出及生计结果。许多研究基于可持续生计的框架，采取实证研究方法，通过收集和分析农户的实地数据来评估其生计状况和发展需求进行研究，考察不同的农户生计策略（或活动组合）带来不同的生计结果。利用可持续生计方法开展研究，有助于理解农户采取特定的生计策略背后的逻辑，从而有助于政府有针对性地提供政策支持。

第三，实证研究中关注农户脆弱性背景分析。在可持续生计方法下，农户处于脆弱性的背景下开展生计活动并实现生计结果。许多研究分析和考察了农户系统的外部风险冲击和政策支持对农户生计的影响，以深入认识它们如何影响农户的生计资本、生计策略和生计结果。这有助于识别农户面临的主要挑战和障碍，为制定针对性的政策和措施提供依据。此外，大量研究还解释了农户如何在所处的组织和程序之中充分运用市场机制开展生计活动以实现生计结果。

上述研究文献回顾显示，基于可持续生计框架的分析和研究成果相当丰富，涉及可持续生计定义、理论分析框架、实证研究以及其他领域的拓展等。在研究内容上，生计资本、生计策略、可持续生计影响因素等是生计可持续性的研究热点；在研究对象上，可持续生计研究普遍集中在欠发达地区，主要针对农牧民、搬迁农户和低收入农户等群体。已有研究对农业农村发展和乡村振兴政策制定起到了重要的借鉴和参考作用。

已有的基于可持续生计框架的研究，绝大多数是基于农户调查的数据，从农户层面考察其拥有的生计资本和基于此采取的生计策略。在农户生计分析的研究文献中，还十分缺乏从村庄层面的实证数据（尤其是关于村级自然资源的实证数据）对农户生计研究的支持。实际上，村庄是农户日常生产和生活的重要活动场域，村庄内的自然资源和社会资源在很大程度上能够影响甚至决定农户的生计策略以及生计结果。许多农村社会学研究考察了农户的社会信任和社区规范对农户的影响。社会信任和社区规范等因素已经在农户生计资本的社会资本测量中得到了体现。

农户所处村级的自然资源状况包括村庄内地物类型、耕地的物理位置（等级、坡度等）和土壤质量特征、村庄内水体丰度、村庄内交通路网结构、村庄内植被覆盖情况，对农户生计同样具有十分重要的影响。例如，村庄内可能因土地稀缺而在坡地上种植农作物，农作物的产量受影响；南方山区村庄内种植地块可能十分分散，导致机械难以运用，耕地地块的破碎程度影响农业生产操作；村庄路网结构良好或通往田间的机耕路情况良好则有利于农产品的运输；在土地资本稀缺的村庄，劳动力更愿意外出务工等。然而，已有研究缺乏将村级自然资源状况纳入农户生计资本一并考虑，以进一步理解农村自然资源对农户生计的影响。这种研究的缺乏可能是因为村级层面自然资源状况（耕地坡度、耕地地块破碎程度、村庄路网结构等）的实证数据难以获得。

三、基于遥感大数据开展农村自然资源与农户生计研究十分必要

遥感大数据技术和深度学习技术的快速发展，为上述研究数据的获取提供了解决方案。开展基于遥感大数据的农村自然资源与农户生计研究，对提升农村自然资源管理、改善农户生计和促进山区乡村全面振兴都是十分必要的。

（一）开展村级自然资源监测评估与管理

遥感大数据能够全面监测农村地区的自然资源，如土地类型、植被覆盖、水资源等，还可以准确评估这些自然资源的分布、数量和质量，为农

户生计提供基础信息。遥感技术能够实时获取村级自然资源信息，实现对自然资源变化的动态监测，有助于及时发现自然资源的变化趋势。遥感技术还具有实时监测的能力，借助于遥感技术，可以跟踪村庄自然资源动态变化，如土地利用变化、植被退化等，因而有助于及时发现村庄自然资源的问题，为村庄发展和农户生计发展提供预警。

遥感大数据具有覆盖范围广、信息量巨大和分辨率高的特点。运用遥感技术有助于实现村级自然资源全面、高精度的监测，有助于准确识别出村庄内不同类型的自然资源，如耕地、林地、草地等，并计算其面积、比例，还可以分析其坡度和地块分散程度等。利用遥感大数据提供的信息，可以为政府提供决策支持。例如，可以深入研究村级自然资源与农户生计之间的关联，为优化资源配置和提升农业生产效率的政策和措施制定提供参考。

利用遥感大数据获取村级自然资源数据具有高效性。相对于其他数据获取与处理而言，遥感大数据的获取和处理具有高效的特点，能够在短时间内完成海量数据的收集分析，从而显著地提高村级自然资源监测与评估工作效率。传统的农村自然资源与农户生计研究需要耗费大量人力物力来收集数据，遥感大数据的应用可以提高研究效率，降低研究成本，为政策制定和决策提供支持。利用遥感大数据对外部风险（如自然灾害等）进行分析和预警，有助于村庄和农户及时了解外部风险对村庄和农户自然资本的影响，从而调整生计策略，改善生计结果。

遥感大数据可以为山区农村全面乡村振兴提供科学依据。如前所述，利用遥感大数据可以精确评估山区村庄层面的自然资源状况，结合农户社会经济调查分析，有助于为政府制定农村发展的政策措施提供数据支持，为乡村振兴的推动提供规划和管理依据，从而全面推动山区经济社会可持续发展。

（二）将村级层面的自然资源融入农户生计资本开展农户生计可持续问题研究

开展农户生计研究是理解农户生产和生活行为逻辑的重要工作，能够为政府制定农村发展和全面乡村振兴的相关政策提供农户层面的重要证据支持。将村级层面的自然资源融入农户生计资本开展农户生计研究是十分必要的，不仅可以提升研究的全面性和准确性，揭示自然资源与农户生计的深层关系，还能提升农业现代化和智能化水平、促进生态环境保护与可持续发展。

第一，揭示村级层面的农村自然资源与农户生计的关系。遥感大数据分析能够定量评估村级自然资源的结构与水平（包括数量、质量、空间分布等），结合农户生计调查数据的分析，能够深入理解村级层面的自然资源对农户生计的影响。这种影响主要表现在土地利用方面，因此需要分析不同土地利用类型对农户的收入和就业的影响，揭示自然资源变化与农户生计策略选择之间的关系，为制定相关政策提供科学依据。在理解和认识村级层面的自然资源与农户生计相互关联的基础上，从农户生计资本（包括融入村级层面的自然资源的农户生计资本）出发，考察农户采取的不同生计策略及其选择的影响因素，以及农户与社区内组织和有关资源的相互关系，可以分析和理解农户不同生计策略选择的逻辑，从而有助于改善农户生计结构和增加农户收入，促进村庄和区域的可持续发展。

第二，推动农业农村现代化发展。通过遥感大数据提供村级层面自然资源信息，能够深入分析和理解农户生计的外部环境和资源条件。将村级层面的自然资源数据与农户生计资本数据相结合，有助于全面评估农户生计资本的多样性，从而深入理解农户生计策略或活动的理性，为深入理解推动农业农村现代化发展的微观主体（农户）的行为提供数据支持。遥感大数据在农业领域的应用有助于实时监测农作物的生长状况、病虫害发生情况等，为农民提供科学的农田管理建议。结合农户生计资本的研究，可以推动农业现代化和智能化的发展，提高农业生产效率和质量。利用遥感大数据开展村级自然资源评估，能够为政策提供数据支持，以帮助制定更加科学合理的农业农村发展和乡村振兴的政策。

第三，促进生态环境与可持续发展。借助于遥感大数据对村庄自然资源的变化进行监测，有助于及时发现生态环境问题，如土地退化、水源污染等，为生态环境保护提供科学依据。

进一步地结合农户生计的研究，有助于引导农户采取更加环保的生计策略，促进农村地区的可持续发展。

第四章 基于遥感影像的农村自然资源及其特征分析

第一节 自然资源与农户生计

一、村庄自然资源对农户收入和生计的影响

自然资源对农户的收入和生计存在重要影响。自然资源能够提供农业生产所必需的土地、水源、气候和地理位置等基本条件。自然资源的数量直接影响农户的农业生产，从而增加农产品的产量。从村庄层面来看，村级自然资源（如土地、水源、森林等）数量和质量丰富度直接影响农产品产量。通常来说，肥沃的土地和适宜的气候条件能够显著提高农作物的产量，丰富的水资源则有助于畜牧业的发展。例如，富硒土壤有利于种植作物品质提升，油砂地往往对块茎作物产量和品质有重要影响，良好的水源环境对家畜饲养产生积极作用，有助于提高产量。自然资源会直接影响农产品的市场价值，品质好的农产品往往能够获得更高的市场价格，从而增加农户的收入。对于种植那些特别依赖土壤理化性质的作物（如有机蔬菜、特色水果、珍稀药材等）的农户而言，自然资源的数量和质量对收入的影响则更为显著。此外，农户对自然资源的开发和利用方式也决定了其收入

水平。合理的农业生产活动如轮作、间作、节水灌溉等可以提高土地利用效率，提高农产品的产量和质量，进而提升农户收入。而过度开发则会导致资源退化，影响农业生产，从而降低农户收入。

自然资源不仅提供农业生产所需的资源，还通过生态系统服务来支持农业生产。通过保护水土资源和森林资源，维护生态平衡，可以减少自然灾害对农业生产的影响，为农业生产提供稳定的自然环境。健康的生态系统可以保持土壤的肥力、调节水分循环，从而确保农业生产的可持续性。例如，通过"坡改梯"等手段促进土壤保持从而提高作物产量；通过林业发展促进水源涵养有助于提高土地生产力从而提高作物产量。自然资源的丰度和多样性为农户提供了不同的生计策略选择。农户可以根据自然资源的特点和市场需求来制定适合自己的生计策略。例如，在干旱或半干旱农区，农户需要种植耐旱作物或发展节水农业或开展滴灌农业生产；在林业资源丰富的区域，农户可以从事诸如魔芋种植、畜禽散养等林下经济活动，也可以开展生态旅游服务等。

自然资源在农业自然风险管理中发挥重要作用。良好的自然资源有助于农户开展更好的生计活动。农户根据自然资源水平和结构选择合适的农作物种植、畜牧养殖等生产方式，实现多元化经营，从而提高生计的可持续性。自然资源的合理开发和利用能促进农户之间的合作与交流，形成资源共享、优势互补的发展模式，进一步提升农户的生计水平。合理的自然资源开发和利用有助于农户培养风险管理能力，为农户提供更多的生计活动选择，降低对单一资源的依赖，从而提高生计的韧性和适应能力。例如，在良好的自然资源状态下，农户能够充分利用自然资源开展专业化和规模化的生产，创造高的农业收益；而当遭遇干旱或洪涝灾害时，农户能依靠自然资源做出适时的生产调整；当干旱持续时，农户可以开展"水改旱"的作物生产模式调整。

村庄自然资源的状况影响村庄内农户参与社会经济活动和获取外部机会的能力。例如，村庄良好的自然资源可以吸引更多的投资和外部资源进入村内，促进村级经济的发展；自然资源合理开发和利用也有利于农户通过参与生态旅游、生态修复等生态服务活动来获得额外的收入。此外，政府对自然资源的政策导向和市场的供求关系影响农户开发和利用自然资源的方式和程度，从而影响农户的收入和可持续生计。例如，政府制定补贴政策、调整农产品价格等，可以引导农户合理运用自然资源，促进自然资源向自然资本的转化和利用，从而提高农业生产效益。总之，良好的村庄自然资源状况可以促进区域内农业生产，提高农产品市场价值，为农户提供多样化的生计活动选择，从而降低生产风险并提高生产适应能力。

二、利用遥感技术获取村级自然资源大数据

随着遥感技术的发展，越来越多的科学研究利用遥感大数据开展研究。基于遥感大数据进行农业农村发展的研究也受到了更多的关注。遥感大数据对开展相关研究具有重要作用和意义。第一，通过遥感技术能够提高研究数据的精度和准确性。高空中运行的卫星（或无人机平台）能够提供高分辨率的地物遥感影像，经过大气校正、地形校正等预处理步骤，就能够获得具有较高精度和准确性的遥感大数据。第二，遥感技术能够快速全面地获取大数据。高空卫星能够在较短时间内多次重复飞过相同区域，获取大量的遥感影像资料。因此，遥感技术可以迅速覆盖大面积区域，通过数据预处理，能够高效快速地获取村级自然资源的全面数据。第三，利用遥感大数据开展研究，能够促进自然资源的可持续利用。由于遥感技术可以实时监测自然资源开发和利用情况，这就为资源可持续利用提供了充足的大数据支持。此外，为了增强灾害应对能力，可以利用遥感技术快速获取自然灾害信息（如干旱、洪涝等），为农业生产和农户提供早期预警，从而减少灾害损失。

利用遥感技术获取大数据有不同的途径。一是卫星遥感数据。利用卫星传感器，如光学传感器和雷达传感器等，对地物进行非接触式的观测，获取数据。如前所述，卫星遥感能够覆盖广泛的地理区域，提供村级自然资源的详细情况。遥感大数据具有更新时间短和覆盖范围广的特点，非常适合用于开展较大区域内的资源监测和评估。二是无人机遥感数据。随着

无人机技术的快速发展，利用无人机平台搭载小型传感器进行低空飞行，获取高分辨率的遥感影像，已经成为可能，并开始应用于多个实践领域。无人机遥感技术具有成本较低和灵活程度较高的优点，很适合用于小范围或特定区域的资源监测和评估。三是使用地面测量仪器获取数据。在需要更高精度的数据时，还可以使用地面测量仪器（如GPS、全站仪等）进行实地测量和采样，并可以与遥感大数据相结合，进一步提高数据的精度和可靠性。

遥感数据的处理技术已经比较成熟，可以为科学研究提供支持。遥感数据处理技术包括以下几个方面。一是图像预处理，指通过大气校正、地物分类和辐射定标等步骤进行处理，以提高遥感数据的精度和可用性；二是图像解译，指通过对遥感影像进行解译和分析，获取自然资源分布和类型（包括土地利用和植被覆盖）等详细信息；三是地理信息系统（GIS）集成，指将遥感数据与地理信息系统（GIS）软件结合，开展空间分析和数据可视化研究，进一步提供丰富的自然资源信息。

遥感技术在获取村级自然资源数据方面具有显著优势。通过卫星遥感、无人机遥感等多种途径获取数据，可以为农村区域发展和农户生计研究提供科学、全面的数据支持，促进自然资源利用和农户生计的可持续发展。具体而言，遥感技术能够迅速全面地获取村级自然资源数据，克服了传统方法耗时、费力、难以覆盖广泛区域的缺点；基于遥感数据的自然资源研究可以为农户提供科学的资源利用和种植计划安排，从而做出更合理的生计策略和活动决策；利用遥感技术可以及时发现过度开发和不合理利用等问题，促进资源的可持续利用和保护；遥感技术能够开展对自然灾害（如干旱、洪涝等）的实时监测，为农村区域发展和农户生产活动提供及时的预警；遥感技术的应用对于推动农村信息化水平的提升也具有重要作用。

三、开展村庄自然资源对农户生计影响的实证研究

开展基于遥感大数据的自然资源对农户生计的影响研究，考察村级层面的自然资源与农户生计的关系，需要遵循科学的研究程序与方法。

（一）遥感影像数据收集与处理

1.遥感影像数据的收集

村级遥感大数据应覆盖不同的时间点和季节，以反映自然资源的动态变化。收集遥感信息必须注意收集高质量的遥感影像数据，其具有较高的分辨率和准确性。同时，尽可能收集新近的遥感影像。在可能的情况下，应该尽可能获取结合不同来源的遥感影像数据，以获取全面准确的遥感信息。

收集的村级遥感影像数据包括以下方面。一是地理坐标信息。遥感影像数据通常带有地理坐标信息，能够确定图像中每个像素点的位置。这对于村级地理信息的精确获取至关重要。二是地形信息。地形信息主要是指地形特征，如平原、河流、丘陵和山脉等。在村级尺度上，这些信息有助于了解村庄周边的自然环境和地形条件。三是地物信息。这些地物信息包括村内建筑、道路、农田和林地等。这些信息对于了解村庄的土地利用情况、资源分布以及基础设施建设具有重要意义。四是土地利用信息，如农田（耕地）面积、林地面积、水域面积等。在村级尺度上，这些信息有助于评估土地资源的利用效率和潜力，从而为农业生产和资源管理提供决策支持。此外，遥感影像数据还可能提供其他村级信息，如土壤类型和植被覆盖等信息。

2.遥感影像数据的处理

对村级遥感影像数据进行处理有助于消除原始数据中的噪声、异常值等问题，提高影像质量，从而提高遥感影像的可视性和解译能力，为后续的应用提供高质量的数据支持。

一是遥感影像的预处理。主要包括：①去除噪声。通常可以使用带通滤波器或槽形滤波器消除周期性噪声；通过傅里叶变换来消除或减弱条带噪声。②处理薄云和阴影。为了减少薄云和阴影对遥感影像质量的影响，通常可以通过调整曝光时间和增益来减少云层的影响，使用比值法来减少由于太阳高度角导致的山体阴影的影响。③几何校正。为了将遥感影像数据地理位置进行精确标注，使遥感影像与地物对应，通常采用传感器模型校正和基于控制点的几何校正等。为了消除地形起伏和大气折射等因素引起的形变，还可以进行大气纠正和正射纠正等。④图像配准。为了将不同时间、不同传感器或不同分辨率的遥感影像对齐到同一坐标系统中，以便后续研究，可以开展基于像素的配准和基于变换的配准。

二是对遥感影像进行裁剪和缩放。这主要是基于研究区域的需要而对遥感影像进行裁剪和缩放。通常的做法是使用地理信息系统（GIS）软件等根据地理坐标范围或边界线进行裁剪，进一步地根据需要调整影像的分辨率或大小。

三是遥感影像增强。这是为了提高影像的可视性和解译能力，突出地物的特征，减少噪声和干扰。通常使用调整亮度、对比度、色彩平衡等参数，以及自适应直方图均衡化、色彩空间转换等增强方法来进行。

除了上述步骤之外，还可以进行影像分类和特征提取，以进一步分析地物信息。通过以上内容的收集和处理，可以获取到关于村级地理空间信息的准确数据，为开展村级规划和决策提供技术支持。

（二）开展村级自然资源状况分析

利用遥感大数据可以有效地开展村庄自然资源状况分析，为村庄自然资源规划和管理提供科学依据。

1. 自然资源分类与提取

对村级自然资源进行分类和提取主要包括以下方面。①土地资源利用/覆盖分类。利用遥感影像数据对村级土地类型进行详细的分类，如耕地、林地、草地、水体等。通过比较这些土地类型在不同时间点的遥感影像数据，可以分析村庄土地利用/覆盖的变化趋势。还可以提取不同土地类型的面积、分布等信息，评估村庄土地利用状况。②水资源状况。利用村庄遥感影像数据，可以提取水体信息，包括河流、湖泊、水库等，分析水资源的分布和变化。还可以结合多期遥感影像数据，监测村内水体面积、水位等指标的动态变化。③森林资源状况。利用遥感影像数据，可以识别森林区域，提取森林面积、树种分布等信息。分析村庄内森林的生长状况、健康状况，评估森林资源的可持续利用潜力。④道路交通状况。遥感影像数据可以识别村庄道路交通信息，提取包括面积和长度等信息在内的路网数据。

2. 自然资源量化评估与分析

开展村级自然资源管理，需要对其进行量化评估，为规划和管理提供科学、准确的数据支持。基于上述土地利用/覆盖分类结果，可以开展村级自然资源量化评估。通常设计可以反映自然资源的丰富程度和质量的指标来进行研究。例如，计算不同类型用地的面积、计算水体面积和植被指数等。①分析土地利用的变化及其对生态环境的影响。主要是对比不同时期的遥感影像数据，分析土地利用类型的变化趋势；评估土地利用变化对自然资源和生态环境的影响。②评估水资源量，评估水资源的供需状况。利用水文模型和遥感数据，估算水资源的总量和可利用量；进一步地，分析水资源量的时空变化，评估水资源的供需状况。③计算植被覆盖度，评估生态环境质量。主要是利用植被指数评估植被覆盖度和生长状况；分析植被覆盖度的时空变化，评估生态环境质量。④计算道路的完整性、平整度和通行能力等。还可以进一步地分析道路周边环境的状况，全面了解道路的实际状况。

开展村级自然资源量化评估，需要选择科学合理的评估指标与方法，然后进行具体的评估与分析。首先，需要选择评估指标与方法。通常来说，合适的量化评估指标需要根据评估目的和自然资源类型来确定，一般包括土地利用类型、植被覆盖度、水体面积和路网结构等指标。自然资源量化评估的方法比较常见的是采用光谱分析法，即利用遥感影像的光谱信息，计算植被指数等来评估植被覆盖度和植被资源状况。此外，比较常见的方法还有空间分析法，即比较不同时间段的遥感影像，分析空间上自然资源的分布和变化情况，以此来评估资源利用状况和效果。其次，开展具体的村级自然资源量化评估与分析。提取遥感影像数据，通过专门的影像处理软件提取自然资源不同类型的数据，包括不同类型和用途的土地面积、水体面积和植被覆盖度等等。开展统计学分析，计算各类指标的平均值、变化率和变化趋势，揭示自然资源数量、质量和变化的趋势。随着计算机可视化技术的发展，村级自然资源量化评估还可以进行可视化表达。常用的可视化办法包括根据分析结果绘制不同类型自然资源利用现状图，例如，土地利用现状图、水资源分布现状图、植被覆盖图和路网结构图等。最后，提供村级自然资源量化评估的报告，即以报告形式展示分析结果，包括文字描述和图表展示等。通过上述指标方法和数据处理，科学客观地量化评估村级自然资源状况，从而为村级自然资源规划管理提供科学依据。值得特别注意的是，在利用遥感影像数据分析村级自然资源状况时，可以结合村庄的实地调查，通过两者相结合的分析来提高村级自然资源量化评估分析的准确度。

（三）分析村级自然资源与农户生计的相关性

获取遥感影像数据并对村级自然资源状况进行量化评估之后，需要进一步地分析村级自然资源转化为自然资本的条件，开展村级层面的自然资源结构与水平和农户生计问题研究。在开展实证研究时，需要设定明确研究的目标和范围，包括确定研究的区域、时间跨度、涉及的农户类型等，为后续的数据收集和分析提供明确的指导。

开展农户生计问题的实地调查。除了村级遥感影像数据之外，需要实地获取农户生计调查数据，并结合公开的统计数据等，全面地了解农户层面的生计状况和自然资源的利用情况。这类数据和信息包括农户的家庭人口结构、社会经济状况、农业生产活动和种植结构等方面的信息，以了解他们的生计方式、收入来源、资源利用情况等，还包括社区/村庄和乡镇层面的制度和组织结构信息，为后面的运用可持续生计框架开展分析提供基础数据资料。

第二节　基于遥感影像的自然资源特征数据获取

一、遥感影像收集

开展基于遥感大数据的乌蒙山区农村自然资源研究需要农村自然资源特征数据作为支撑。受到乌蒙山区地形和交通等条件的制约，传统的自然资源特征数据获取方法需要花费大量人力和物力成本，数据实时性差并且更新困难。遥感技术作为重要的对地观测综合技术，通过应用不同传感器对远距离目标辐射和反射的电磁波信息进行收集，并利用信息处理手段实现对地面不同地物的探测和识别，具有覆盖范围广、数据采集速度快等特点，能够为农作物估产、农村自然资源评估、灾害监测以及生态环境变化监测等领域提供全方位的信息支持。因此，遥感技术的发展和应用为获取乌蒙山区自然资源特征数据提供了新的思路和技术手段。

卫星遥感技术的发展可以追溯到20世纪中叶。苏联在1957年发射了世界上第一颗人造卫星——斯普特尼克1号；美国在1960年发射了第一颗气象观测卫星——泰罗斯1号；美国在1972年发射了第一颗陆地观测卫星——陆地卫星1号。这些卫星的成功发射为后续卫星遥感技术的发展奠定了坚实的基础。近年来，随着光学传感器、微波传感器以及红外传感器的快速发展，遥感卫星的拍摄分辨率与波段数量不断提升，使得卫星遥感影像的应用范围变得更加广泛。例如，红外传感器通过探测红外辐射获取地表温度等信息，对于热污染评估具有重要意义，而高光谱传感器能够获取地物多波段信息，在农业估产、自然资源评估与环境监测等领域被广泛应用。

随着传感器技术的不断发展以及不同领域对于卫星遥感影像的使用需求不断增加，全球遥感卫星数量逐年增长，人类对地观测能力达到空前水平[1]。越来越多的国家与组织开始公开卫星遥感影像数据，这一趋势极大

---

[1] 李德仁，张良培，夏桂松. 遥感大数据自动分析与数据挖掘［J］. 测绘学报，2014，43（12）：1211-1216.

程度促进了遥感数据在多个领域的应用和发展。例如，欧洲航天局（ESA）哥白尼计划（Copernicus Program）主导的哨兵卫星计划（Sentinel）旨在为灾害监测、农业监测以及环境监测等领域提供高质量地球观测数据。哨兵卫星计划目前已发射一系列遥感卫星，其中哨兵1号卫星载有C波段合成孔径雷达，能够全天时、全天候进行雷达成像；哨兵2号卫星载有多光谱成像仪，能够进行多光谱高分辨率成像。此外，美国国家航空航天局（National Aeronautics and Space Administration，NASA）提出中分辨率成像光谱仪（moderate resolution imaging spectroradiometer，MODIS）卫星计划，通过在卫星上搭载中分辨率成像光谱仪获取全球地表覆盖、大气和海洋等的连续观测数据，具有多光谱、宽覆盖以及高时间分辨率等特性。除上述计划外，我国在《国家中长期科学与技术发展规划纲要（2006—2020年）》中，将高分辨率对地观测系统重大专项（简称"高分专项"）作为16个重大科技专项之一进行开发。高分专项涵盖光学、雷达以及多光谱等多种遥感技术，旨在形成全天候、全天时和全球覆盖的对地观测能力。目前，高分专项已发射多颗卫星，其中首发星高分1号同时具备高时间分辨率、高空间分辨率与多光谱成像等特点，在多个综合指标上达到民用光学遥感卫星的领先水平。高分2号具有亚米级空间分辨率与高辐射、定位精度，对自然资源管理、城乡规划、荒漠化监测等领域具有重要意义。

综合考虑不同遥感卫星的空间分辨率以及数据可获得性等因素，本研究基于哨兵2号卫星遥感影像进行乌蒙山区自然资源特征数据提取和分析。哨兵2号提供了对地球陆地、海洋和大气等的全面观测数据，这些数据被用于自然资源管理、环境监测、灾害预警等多个领域。哨兵2号由两颗卫星（哨兵2A和哨兵2B）组成。哨兵2A于2015年6月23日发射，哨兵2B于2017年3月7日发射。这两颗卫星同时运行，相位差180°，每颗卫星运行在高度为786 km的太阳同步轨道上，每日可环绕地球14.3次。哨兵2号重返周期为5天，影像幅宽为290 km。哨兵2号降交点对应的地面区域当地时间为上午10∶30。这个时间的选择是为了最大程度地降低云层覆盖率，能够保证在适当太阳照射光度的基础上进行拍摄，以达到最佳观测效果。哨兵 2 号每颗卫星携带的多光谱成像仪覆盖 13 个光谱波段，在不同波段具有不同的空间分辨率。哨兵 2 号波段具体信息见表 4-1。

表 4-1 哨兵 2 号波段信息

波段	中心波长 /μm	空间分辨率 /m
波段 1-Coastal aerosol（沿海气溶胶）	0.443	60
波段 2-Blue（蓝色）	0.490	10
波段 3-Green（绿色）	0.560	10
波段 4-Red（红色）	0.665	10
波段 5-Vegetation Red Edge（植被红边）	0.705	20
波段 6-Vegetation Red Edge（植被红边）	0.740	20
波段 7-Vegetation Red Edge（植被红边）	0.783	20
波段 8-NIR（近红外）	0.842	10
波段 8a-Vegetation Red Edge（植被红边）	0.865	20
波段 9-Water vapour（水蒸气）	0.945	60
波段 10-SWIR-Cirrus（短波红外）	1.375	60
波段 11-SWIR（短波红外）	1.610	20
波段 12-SWIR（短波红外）	2.190	20

为获取乌蒙山区卫星遥感影像，首先获取该地区行政区划数据。行政区划数据能够提供精准的行政区划边界信息，对后续自然资源特征提取和分类具有重要意义。基于乌蒙山区行政区划数据，本研究利用欧洲航天局对外开放的哥白尼浏览器进行卫星遥感影像下载。由于卫星遥感影像在成像过程中容易受到云层和大气等因素的影响[1]，大多数卫星遥感影像都将不可避免地存在一定云雾遮挡，进而导致信息丢失。本研究尽可能选取云雾覆盖面积较小的卫星遥感影像进行自然资源特征数据获取。部分乌蒙山区哨兵 2 号卫星遥感影像如图 4-1 所示。从图中可以清晰地看到道路、河流、农田、住宅区以及学校等不同的地物类型。

---

[1] 徐萌，王思涵，郭仁忠，等. 遥感影像云检测和云去除方法综述[J]. 计算机研究与发展，2024，61（6）：1585-1607.

图 4-1　乌蒙山地区哨兵 2 号卫星遥感影像

二、自然资源特征数据获取

（一）提取方法与数据集

卫星遥感影像可以直观地反映不同类型地物的分布情况，为土地利用变换监测与农业估产等自然资源管理任务提供翔实的数据来源，因此，对卫星遥感影像进行解译对于自然资源特征提取任务具有重要意义[1]。传统卫星遥感影像解译任务主要依靠"人工目视解译＋实地调查"的作业手段[2]，需要耗费大量人力与物力成本，作业效率低下且费时很长，解译结果容易受到主观因素影响，无法实现大规模区域自然资源特征的自动快速提取，难以适应自然资源智能化、精细化和实时化管理的需求[3]。伴随计算机技术的发展，卫星遥感影像解译经历了人工目视判读阶段与半自动解译阶段[4]。随着卫星遥感影像应用需求的不断增加以及人工智能技术、计

---

[1] 马锦山，贾国焕，张赛，等. 基于多源高分辨率遥感影像的典型自然资源要素提取［J］. 测绘通报，2024（3）：123-126，150.

[2] 张继贤，李海涛，顾海燕，等. 人机协同的自然资源要素智能提取方法［J］. 测绘学报，2021，50（8）：1023-1032.

[3] 中国政府网. 自然资源调查监测体系构建总体方案公布［EB/OL］.［2020-01-21］. https://www.gov.cn/xinwen/2020-01/21/content_5471182.htm.

[4] 张继贤，顾海燕，杨懿，等. 自然资源要素智能解译研究进展与方向［J］. 测绘学报，2022，51（7）：1606-1617.

算机视觉技术的蓬勃发展，卫星遥感影像解译正逐渐朝智能化、自动化的方向发展[1]。

深度学习技术作为人工智能领域的前沿技术，为基于卫星遥感影像的自然资源特征自动化、智能化提取提供了新的思路。深度学习模型的训练需要大规模训练数据作为支撑，研究人员提出了多个基于高分辨率卫星遥感影像的地物分类数据集。例如，国际摄影测量与遥感学会（International Society for Photogrammetry and Remote Sensing，ISPRS）提出了 Vaihingen 数据集[2]，该数据集包括 16 张高分辨率真实卫星遥感影像，影像尺寸为 2 500×2 000，每张影像包含 3 通道（近红外、红色、绿色）信息，数据集标记多种不同类型的地物，包括建筑物、树木、低植被、车辆、硬化地表以及背景区域。16 张影像中 12 张影像作为训练数据集，剩余 4 张影像作为测试数据集。此外，国际摄影测量与遥感学会还提出了 Potsdam 数据集[3]，该数据集包括 24 张高分辨率真实卫星遥感影像，影像尺寸为 6 000×6 000，每张正射影像包含 4 通道（近红外、红色、绿色和蓝色）信息，该数据集地物类型与 Vaihingen 数据集相同。24 张影像中 18 张影像作为训练数据集，剩余 6 张影像作为测试数据集。Vaihingen 数据集与 Potsdam 数据集影像如图 4-2 所示。其中，图 4-2（1）展示的是 Vaihingen 数据集影像，图 4-2（2）展示的是 Potsdam 数据集影像，第一行为高分辨率卫星遥感影像，第二行为地物分类结果图。

---

[1] 张继贤，顾海燕，杨懿，等. 高分辨率遥感影像智能解译研究进展与趋势[J]. 遥感学报，2021，25（11）：2198-2210.

[2] MA X, ZHANG X, PUN M O, et al. A multilevel multimodal fusion transformer for remote sensing semantic segmentation[J]. IEEE Transactions on Geoscience and Remote Sensing, 2024.

[3] 同上.

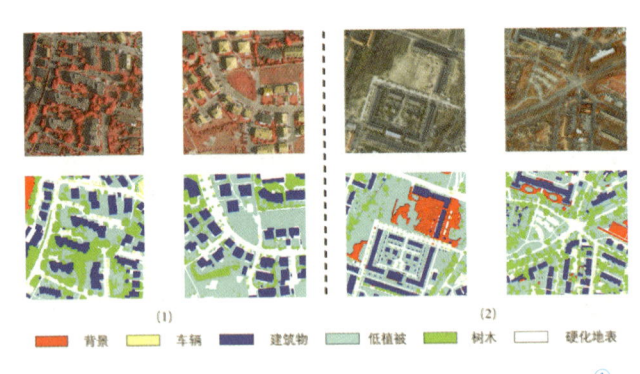

图 4-2　Vaihingen 数据集与 Potsdam 数据集影像①

除以上数据集外，Wang 等②提出了 LoveDA 数据集，该数据集包含南京、广州、武汉等地高分辨率卫星遥感影像，影像尺寸为 1 024×1 024，每张影像包含 3 通道（红色、绿色和蓝色）信息，数据集标记多种不同类型地物，包括建筑物、道路、水体、裸土、林地、耕地和背景信息。LoveDA 数据集卫星遥感影像如图 4-3 所示，第一行为高分辨率卫星遥感影像，第二行为地物分类结果图。

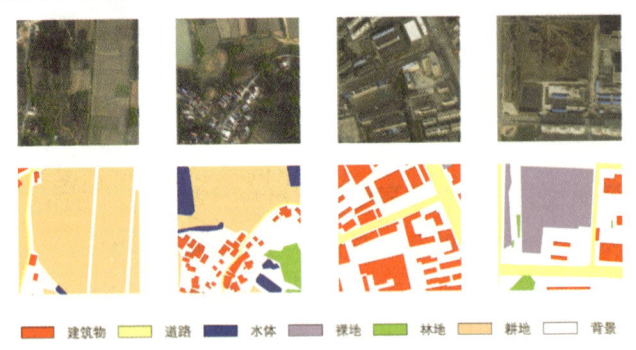

图 4-3　LoveDA 数据集卫星遥感影像示意图③

---

①　MA X, ZHANG X, PUN M O, et al. A Multilevel Multimodal Fusion Transformer for Remote Sensing Semantic Segmentation ［J］. IEEE Transactions on Geoscience and Remote Sensing, 2024.

②　WANG J, ZHENG Z, MA A, et al. LoveDA: A Remote Sensing Land-Cover Dataset for Domain Adaptive Semantic Segmentation ［J］. arxiv preprint arxiv: 2110. 08733, 2021.

③　同上.

卫星遥感影像地物分类数据集的提出为构建基于深度学习的影像智能解译与自然资源特征提取模型设计及训练奠定了坚实的基础。利用上述数据集，马锦山等[1]提出了基于卷积神经网络（convolutional neural network，CNN）的典型自然资源要素提取方法；Wang等[2]提出了基于解耦神经结构搜索（decoupled neural architecture search，DNAS）的高分辨率影像地物分类方法；Yan等[3]提出了基于深度融合Transformer网络的影像地物分类方法；Qiu等[4]提出了基于多尺度建筑特征与多层次影像特征的建筑物提取方法；Peng等[5]提出了基于交叉融合网络的影像小尺度目标提取方法；Wang等[6]提出了类U-Net网络的影像地物分类方法。这些方法的提出使得基于卫星遥感影像的地物分类性能持续提升。

（二）数据预处理

本研究使用哥白尼浏览器获取的哨兵2号卫星遥感影像数据。考虑影

---

[1] 马锦山，贾国焕，张赛，等. 基于多源高分辨率遥感影像的典型自然资源要素提取[J]. 测绘通报，2024（3）：123-126，150.

[2] WANG Y, LI Y S, CHEN W, et al. DNAS: Decoupling Neural Architecture Search for High-Resolution Remote Sensing Image Semantic Segmentation [J]. Remote Sensing, 2022, 14（16）: 3864-3864.

[3] YAN L, HUANG J M, XIE H, et al. Efficient Depth Fusion Transformer for Aerial Image Semantic Segmentation [J]. Remote Sensing, 2022, 14（5）: 1294-1294.

[4] QIU Y, WU F, YIN J C, et al. MSL-Net: An Efficient Network for Building Extraction from Aerial Imagery [J]. Remote Sensing, 2022, 14（16）: 3914-3914.

[5] PENG C L, ZHANG K N, MA Y, et al. Cross Fusion Net: A Fast Semantic Segmentation Network for Small-Scale Semantic Information Capturing in Aerial Scenes [J]. IEEE Transactions on Geoscience and Remote Sensing, 2021, 60: 1-13.

[6] WANG L B, LI R, FANG S H, et al. UNetFormer: A UNet-like transformer for efficient semantic segmentation of remote sensing urban scene imagery [J]. ISPRS Journal of Photogrammetry and Remote Sensing, 2022, 190: 196-214.

像数据特点，拟采用黄显培等[①]提出的多特征卷积神经网络模型进行影像地物分类。首先，获取多张乌蒙山区云量覆盖较少的哨兵2号卫星遥感影像，选取可见光波段（波段2、3、4）近红外波段（波段5、6、7、8、8a）、短波红外波段（波段11、12）数据，对20 m分辨率卫星遥感影像进行处理，获取10 m分辨率卫星遥感影像。然后，利用不同波段的数据，分别计算归一化植被指数（NDVI）、归一化水体指数（normalized difference water index，NDWI）以及归一化建筑指数（normalized difference built-up index，NDBI）。NDVI、NDWI和NDBI指数计算公式如下。随后，对卫星遥感影像进行裁剪，并进行目视解译，获取影像对应的数据标签，构建训练集与测试集。

$$\text{NDVI} = \frac{(\text{NIR}-\text{Red})}{(\text{NIR}+\text{Red})} \quad (4-1)$$

$$\text{NDWI} = \frac{(\text{Green}-\text{NIR})}{(\text{Green}+\text{NIR})} \quad (4-2)$$

$$\text{NDBI} = \frac{(\text{SWIR}-\text{NIR})}{(\text{SWIR}+\text{NIR})} \quad (4-3)$$

式中，Red和Green表示红色、绿色波段（波段4和3），表示近红外波段（波段8），NIR表示短波红外波段（波段11）。

传统的基于卷积神经网络的卫星遥感影像地物分类方法主要依赖影像光谱特征与邻域特征，特征表达能力不足，使得地物分类的准确性存在一定局限，难以获得进一步的性能提升。针对这一现状，黄显培等[②]引入影像中不同地物对象的形状特征与纹理特征，以协助地物分类任务。通过对卫星遥感影像进行多尺度分割，获取光谱特征和形状特征参数。光谱特征参数包括影像的均值、标准差与亮度值等；形状特征参数包括长宽比、

---

① 黄显培，孟庆祥. 基于多特征卷积神经网络的哨兵二号影像地物分类[J]. 应用科学学报，2023，41（5）：766-776.

② 同上.

形状指数、密度特征等。其中，形状指数用于描述影像对象边界的光滑度[1]，形状指数越大表示影像对象更破碎；密度特征用于描述影像对象的紧致程度，密度值越高表示影像对象越接近正方形[2]。将地物的形状特征与光谱特征相结合，对于区分具有相似光谱特性但是形状不同的地物类型，如耕地、林地等，具有重要意义。面向对象特征参数细节见表4-2。

表4-2 面向对象特征参数表

参数值	参数说明
平均值（波段1～13）	对象的像素平均值
标准差（波段1～13）	对象的像素标准差
亮度值	所有波段平均值总和除以波段数量
形状指数	对象的边界长度除以面积的平方根的4倍
长度/宽度	用边界框进行近似计算
长度	面积乘长宽比的平方根
宽度	面积除以长宽比的平方根
面积	对象的像素个数（单个像素面积为1）
密度	影像对象面积除以半径

（三）地物分类方法

GoogLeNet是由谷歌公司研究人员在2014年提出的一种深度卷积神经网络架构。为保证稀疏性与计算效率，研究人员提出了Inception模块，Inception模块如图4-4所示。Inception模块可以将不同尺寸的卷积核和池化层进行结合，以捕捉多尺度特征。多个模块组合可以独立地学习适合于不同输入尺寸的特征，将这些特征在深度方向上进行合并，形成更丰富的特征表示。此外，GoogLeNet在网络中加入辅助分类器，有助于防止梯度

---

[1] 夏炎，黄亮，陈朋弟. 模糊超像素分割算法的无人机影像烟株精细提取［J］. 国土资源遥感，2021，33（1）：115-122.

[2] 郭鹏程，周志易. 面向对象方法支持下的土地利用分类［J］. 北京测绘，2021，35（5）：616-621.

消失问题，从而促进整个网络的训练与优化。

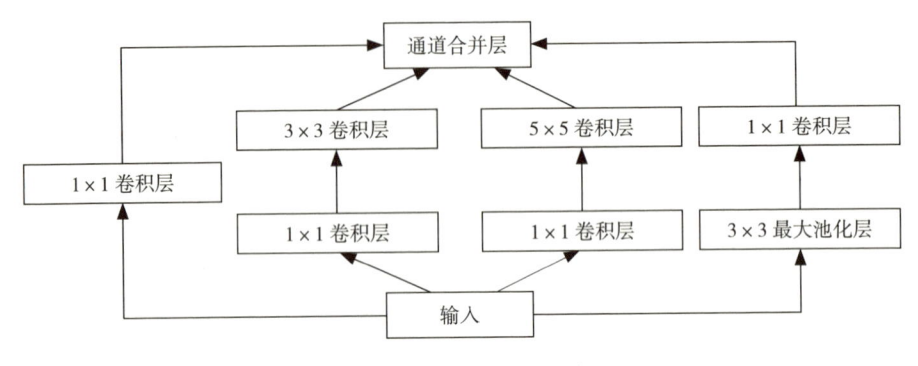

图 4-4　Inception 模块

　　基于哨兵 2 号卫星遥感影像地物对象特征，黄显培等人对 GoogLeNet 网络结构进行调整，将输入影像大小由 224×224 像素调整为 15×15 像素。GoogLeNet 模型与面向对象的 GoogLeNet 模型网络结构如图 4-5 所示。在进入 Inception 模块前，面向对象的 GoogLeNet 模型通过一个 3×3 的卷积层对影像进行处理，随后经过 7 个 Inception 模块和 2 个最大池化层，并将原有的 7×7 平均池化层替换为 4×4 的平均池化层，以适应更小的输入尺寸，网络最后通过一个全连接层输出结果。为结合地物对象形状特征，该模型在网络架构上集成了一个全连接网络，通过网络对地物对象的光谱和形状特征进行训练，提取出 512 维特征向量。随后，将不同特征进行结合，并通过全连接层进行输出，输出结果即为网络模型对卫星遥感影像不同地物类型的预测结果，如图 4-6 所示。

（a）GoogLeNet 模型　　　　（b）面向对象的 GoogLeNet 模型

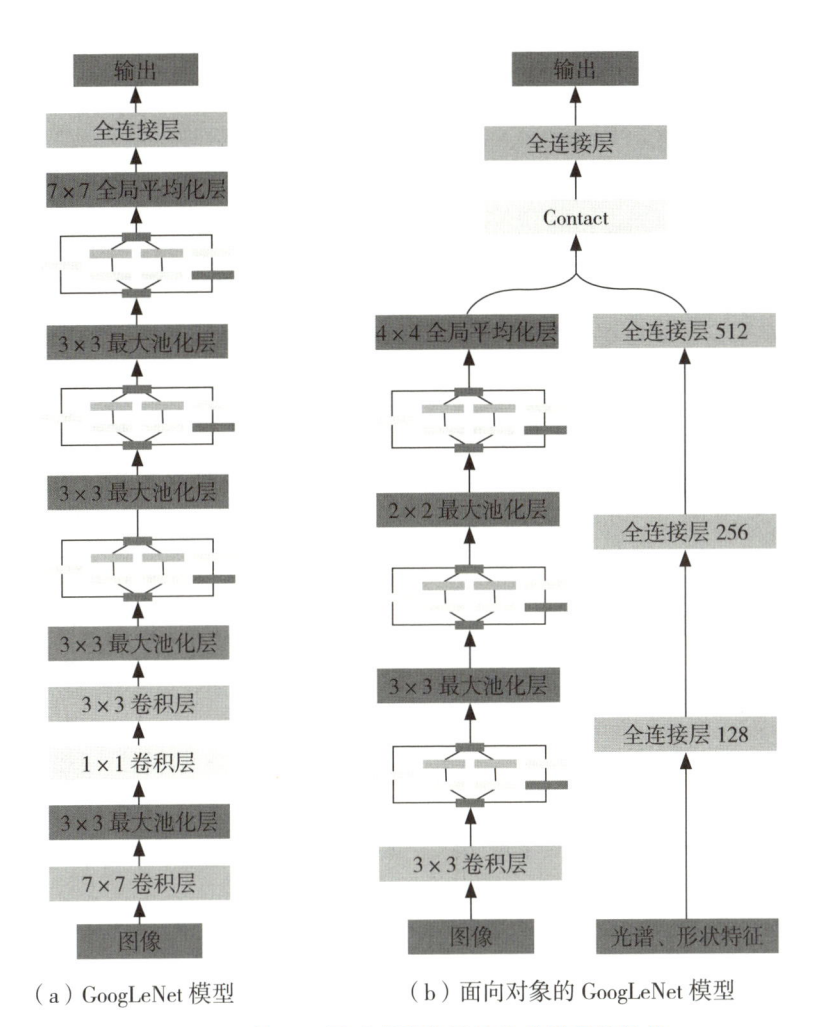

图 4-5　基于卫星遥感影像的地物分类网络结构

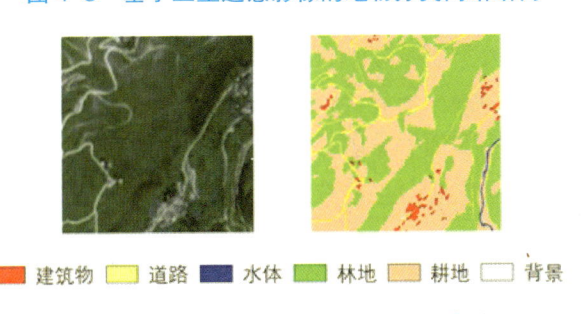

图 4-6　基于卫星遥感影像的地物分类结果

（四）自然资源特征提取

除上述地物分类数据外，为了分析农村土地资源的质量，本研究深入考察村庄内土地的坡度情况，以分析土地的宜耕性。一般来说，耕地的坡度对土地质量有直接和显著的影响：一是坡度大导致水土流失；二是坡度大不利于灌溉和机械种植。本研究还考察村庄内耕地地块的分散程度（耕地破碎度），以分析耕地规模经营和集约经营情况。本研究利用 Google Earth Engine 平台获取数字高程模型（DEM）数据，数据空间分辨率为 30 m。利用该数据，可以分析村庄土地资源的坡度和地块分散情况。

结合乌蒙山区行政区划数据、卫星遥感影像地物分类数据以及数字高程模型（DEM）数据，本研究通过 ArcGIS 空间分析工具提取自然资源特征数据，为后续基于遥感大数据的自然资源与农户生计研究提供支持。这些信息主要有：土地资源与地形条件信息，包括不同类型耕地的面积、坡度等级和地块破碎度等；水域面积信息；道路交通信息；森林覆盖率信息；设施农用地信息以及建筑物信息等。

第三节 乌蒙山区农村自然资源评估

一、自然资源评估指标

自然资源是人类社会生存和发展的物质基础。全面、准确地评估自然资源水平既有助于人类了解某地自然资源数量、质量和分布利用等情况，为科学合理制定资源利用策略提供依据，又有利于保护生态环境，促进人类社会的可持续发展。现有研究从地形条件、气候、水资源、土地资源、生物资源、能源资源和道路交通用地等方面对自然资源进行评估。

地形条件是自然资源形成和分布的基础因素，已有研究通常从海拔、坡度和坡向 3 个方面衡量地形条件。海拔作为地形条件的重要指标之一，直接影响了气温、降水等气候要素，进而决定了植被类型、土壤性质以及生物资源的分布情况。在自然资源评估中，现有研究利用研究区域范围内海拔所有像素的平均值和海拔所有像素的标准偏差衡量海拔指标。坡度则反映了地表的倾斜程度，对土地利用、水土流失以及水资源的分布和利用具有重要影响。已有研究利用研究区域范围内坡度数据的所有像素的平均值来反映当地平均坡度。考虑到坡度较大的地区，土地利用方式受限，水土流失风险较高，部分研究通过研究区域范围内表示斜率大于20°的像素的百分比来衡量坡度陡斜情况[1]。坡向指标则与光照、温度等气候要素密切相关，不同坡向的区域在植被生长、农业生产等方面存在差异，已有研究以正北方向为0°，顺时针计，将坡向分为4个等级，衡量坡向指标。

气候是影响自然资源分布和变化的关键因素之一。降水作为气候要素的重要组成部分，对水资源、农业生产和生态系统稳定性具有直接影响。温度指标则决定了生物资源的种类和分布范围，对农业、林业等产业的发展具有重要意义。现有研究利用遥感影像获取研究区域内的降水和温度数据，以此揭示自然资源的变化趋势和潜在风险。

水资源是维持自然环境、人类生存和社会经济发展的最重要资源，亦是自然资源的重要组成部分，现有研究通常从地表水库、水质评估、水资源分布与变化监测、土壤水分和地下水蓄水总量来衡量水资源。地表水库是水资源储存和利用的重要设施，其数量和规模直接关系到区域水资源的供应能力和安全保障水平。现有研究利用高分辨率遥感技术获取水位监测、水体面积、流速监测等水文参数，以及时发现水库蓄水量变化，为预防水资源危机、制订应急响应计划提供科学依据。在水质评估方面，通常是借助卫星遥感影像及多光谱传感器，监测水体中的叶绿素a浓度、溶解有机物、悬浮颗粒物、水体温度等指标，以此分析水体健康状况及水质变化趋势。

---

[1] YIN J, QIU Y H, ZHANG B. Identification of Poverty Areas by Remote Sensing and Machine Learning: A Case Study in Guizhou, Southwest China [J]. ISPRS International Journal of Geo-information, 2021, 10（1）: 11.

在水资源分布与变化监测方面，利用遥感影像可以细致地监测水体面积和边界的变化，如河流水位变化、湖泊面积变化等，以此分析水资源的季节性变化、水体扩张或萎缩现象等。土壤水分和地下水蓄水总量也是水资源评估中不可忽视的指标。利用多光谱扫描仪，可以监测土壤水分，为农业灌溉提供精准科学依据；利用重力卫星数据，可以监测地下水储量的长期变化，为评估干旱影响、指导水资源的可持续利用提供有力数据支撑[①]。

土地资源承载着人类生产和生活活动的基本需求，是农业生产和农民生活的重要自然资源，现有研究通常从土地利用类型、土壤侵蚀和土壤质量等3个方面来衡量土地资源。土地利用类型反映了土地资源的利用方式和功能分区，对资源利用效率和生态保护具有重要影响。根据农业生产、生态和生活功能，可将住宅用地、交通运输用地、公共服务用地、商服用地、工矿仓储用地、水域等村庄土地分为3类，以此评估村庄用地结构。一般认为，欠发达地区农村往往用地类型相对单一。考虑到土地资源是自然资源的重要组成部分，是其他自然资源的载体，学者们对土地利用类型展开了更细致的划分，利用遥感大数据从耕地、园地、林地、草地、交通运输用地、水域及水利设施用地、其他土地、城镇村及工矿用地等方面对用地类型进行评估，每一类下又具体划分3~4类，以此构建农村土地利用遥感数据库。土壤侵蚀也是评估土地资源可持续利用能力的重要指标之一，它反映了土壤退化的程度和趋势。现有研究通常利用遥感影像获取土地特征，采用模型修正后，分析水土流失情况，以此衡量土壤侵蚀水平。土壤质量则直接关系到土地的生产力和生态功能，是土地资源评估中不可忽视的因素。现有研究通常利用无人机遥感获取高分辨率影像，以此监测土壤盐分、土壤有机质含量等情况，衡量土壤质量水平。

生物资源作为地球上最宝贵的财富之一，同样也是自然资源的重要组成部分。生物多样性是衡量生物资源评估的核心指标之一，它反映了生

---

① 宣学经. 遥感技术在水资源管理中的应用分析[J]. 水上安全，2024（8）：13-15.

物种类的丰富程度和生态系统的稳定性。然而，由于生物资源的复杂性，且在统计过程中难以全面覆盖，现有研究通常利用植被覆盖范围和生物丰度指数作为替代变量，衡量生物多样性。植被生长质量显示了生态系统的活力，对生态因素的变化非常敏感，因此，植被覆盖范围与当地生物资源丰富性紧密相关，现有研究通过利用遥感技术测算归一化差异植被指数（NDVI）衡量植被覆盖率。生物丰度指数则反映了地区内生物的丰贫程度，是反映区域土地生态环境优劣的重要因素。现有研究通常利用林地、草地、水域湿度、耕地、建设用地和未利用地等面积占比测算生物丰度指数，以此揭示生物资源的分布特点。

能源资源评估在自然资源评估中也占据着举足轻重的地位。太阳辐射是人类活动和植物光合作用的直接能源，由于受云、气溶胶、海拔等因素影响，不同地区受太阳辐射不同，其太阳能利用情况也不同。而太阳能属于清洁能源，其开发和利用可以优化农村能源结构。现有研究通常利用遥感技术获取太阳辐射数据，来模拟地表光伏发电的适宜性。一般来说，太阳辐射弱的地区，传统能源会使用过度，从而给村庄带来严重的环境问题，不利于自然资源的可持续发展。随着环境问题的日益突出，空气质量指标（如PM2.5）也成为能源资源评估中的重要因素。能源缺乏的家庭更倾向于使用更多木材或其他生物质燃料来代替高成本能源，从而造成空气污染。因此，在评估能源资源时，也有少数研究利用遥感技术获取PM2.5作为能源资源的衡量指标。此外，矿产资源作为非可再生资源，也是衡量村庄能源资源的重要指标之一。现有研究从开采矿种（能源矿产、金属矿产、非金属矿产、无开发）、开采规模（大型、中型、小型）和开采状态（在采、停采、未利用）3个方面评估矿产资源的分布状况和开采潜力[1]。

道路交通用地主要关注村庄内外交通的便捷程度，对自然资源的开发和利用具有重要影响，往往也是评估自然资源的因素之一。道路总长度和

---

[1] 张静，胡晓佳，王威，等. 张北地区自然资源及生态状况综合评价与分析［J/OL］. 自然资源遥感，1-9［2024-06-18］. http://kns.cnki.net/kcms/detail/10.1759.p.20240424.1728.020.html.

路网密度是衡量区域交通发达程度的重要指标，现有研究通常利用研究区域内一、二级道路总长衡量道路总长度，利用研究区域内所有道路总长与总面积之比衡量路网密度，以此反映区域内交通基础设施的完善程度。到行政机构距离则反映了区域行政管理和服务能力的覆盖范围，对资源的开发和利用具有间接影响。得益于遥感技术的发展，现有研究通常利用遥感影像中所有像素到研究区域内行政机构的平均值来衡量村庄到行政机构的距离。

二、本研究自然资源评估指标的选取

根据前述关于遥感大数据提取自然资源的阐述，结合乌蒙山区自然环境特征，本研究选取地形条件、水资源、土地资源、生物资源和交通运输用地等5个方面对乌蒙山区自然资源状况展开分析。

乌蒙山区地形复杂多变，以高山深谷为主要特征，整体呈现出典型的高原山地构造地形。山区内地势陡峭，山峰耸立，沟壑纵横，影响耕地坡度平坦性。本研究按照中华人民共和国自然资源部于2019年发布的《第三次全国国土调查技术规程》的划分标准，将耕地坡度划分为五级，根据获得的耕地等级遥感面积数据测算耕地加权坡度等级。该指数越大，意味着研究区域内耕地坡度陡峭面积越多，会为农业生产带来极大的挑战。由于耕地坡度大于15°后会发生严重的水土流失，且不适合耕种，大于25°的耕地即使开垦，也需要逐步退耕还林还草，维护生态环境，因此，本书选取耕地15°以上占比指标来衡量乌蒙山区耕地坡度陡峭程度，占比越高，意味着研究区域内适宜耕种的地形越少。此外，耕地破碎程度也是衡量地形条件的指标之一，本研究利用遥感影像获取的耕地面积和图斑数测算耕地破碎程度。该指标数值越小，意味着当地耕地受地势影响，分割的小块状越多，不利于农业生产规模化和集约化，一定程度上限制了当地农业的发展潜力。

乌蒙山区水资源丰富，河流众多，水系发达，境内河流纵横交错，然而受地形复杂影响，部分地区存在季节性缺水或干旱问题。本研究通过遥感大数据获取研究区域内河流水面面积、坑塘水面面积、水库水面面积、内陆滩涂面积和养殖坑塘面积，以此测算研究区域内水域面积占比。该指标数值越大，意味着当地水资源越丰富，发生干旱灾害的可能性越小。

乌蒙山区是一个集革命老区、民族地区、边远山区于一体的特殊地理区域，其土地资源具有独特性和复杂的分布状况。本研究利用遥感大数据获取的水田面积、水浇地面积和旱地面积，测算耕地占比；获取设施农用地面积测算设施农用地占比；获取农村宅基地面积测算农村宅基地占比。其中，耕地和设施农用地均属于农业生产用地，其土地占比数值越高，意味着当地农业生产条件较好；而农村宅基地属于农民生活用地，考虑到人类生活环境往往选择资源丰富地区，因此农村宅基地占比数值越高，也意味着当地自然资源丰富。

乌蒙山区拥有丰富的生物资源，包括森林、草地、湿地等多种生态系统。这些生态系统为众多珍稀濒危动植物提供了良好的栖息环境，使得乌蒙山区成为生物多样性保护的重要区域。本研究通过遥感大数据获取灌木林地面积、乔木林地面积、竹林地面积和其他林地面积，以此测算森林覆盖率。该指标数值越大，意味着当地生物资源越丰富。

乌蒙山区的地形条件影响着当地交通运输用地的布局。本研究利用遥感影像获取的城镇村道路用地和农村道路数据，测算交通道路占比。该指标数据越大，意味着当地交通越发达，交通完善的地区有利于自然资源的开发和利用。

乌蒙山区自然资源评估具体指标选取见表4-3。按照自然资源部2019年发布的《第三次全国国土调查技术规程》的划分标准，耕地等级1面积为坡度低于2°的耕地面积；耕地等级2面积为坡度介于2至6°的耕地面积；耕地等级3面积为坡度介于6至15°的耕地面积；耕地等级4面积为坡度介于15至25°的耕地面积；耕地等级5面积为坡度高于25°的耕地面积。

表 4-3 自然资源评估指标体系

一级指标	二级指标	指标衡量	方向
地形条件	耕地加权坡度等级	（等级1面积*1+等级2面积*2+等级3面积*3+等级4面积*4+等级5面积*5）/15	-
	耕地坡度15°以上占比	（等级3面积+等级4面积+等级5面积）/总耕地面积	-
	耕地破碎	耕地面积（亩）/斑块数（块）[①]	+
水资源	水域面积占比	（河流水面面积+坑塘水面面积+水库水面面积+内陆滩涂面积+养殖坑塘面积）/总面积	+
土地资源	耕地占比	（水田面积+水浇地面积+旱地面积）/总面积	+
	设施农用地占比	设施农用地面积/总面积	+
	农村宅基地占比	农村宅基地面积/总面积	+
生物资源	森林覆盖率	（灌木林地面积+乔木林地面积+竹林地面积+其他林地面积）/总面积	+
交通运输用地	交通道路占比	（城镇村道路用地+农村道路）/总面积	+

三、乌蒙山区自然资源总体水平分析

本小节分析乌蒙山区农村自然资源发展水平。利用乌蒙山研究区域村级样本，使用2021年经过解译的遥感大数据，运用熵值法评估村级自然资源总体水平。村级样本总计112个。

（一）数据介绍

前文运用遥感大数据提取了乌蒙山区农村自然资源特征，具体包括耕地坡度等级面积、耕地总面积、耕地斑块数、水域面积、设施农用地面积、农村宅基地面积、林地面积、城镇村道路用地面积、农村道路用地面积及村庄总面积等指标，见表4-4。其中，耕地面积为水田、水浇地和旱地3类土地面积之和；林地面积为灌木林地、乔木林地、竹林地和其他林地4类土地面积之和。

---

① 1亩≈666.67平方米。

表 4-4 村庄层面自然资源指标数据描述性统计结果

项目	标准差	平均值	变异系数	最大值	最小值	极差
耕地等级1面积（亩）	84.982 2	49.002 1	1.734 3	417.512 5	0	417.512 5
耕地等级2面积（亩）	420.343 2	313.793 3	1.339 6	2 056.363 0	0	2 056.363 0
耕地等级3面积（亩）	1 082.388 0	1 519.543 0	0.712 3	5 030.330 1	1.648 2	5 028.681 9
耕地等级4面积（亩）	652.203 7	972.659 8	0.670 5	3 418.275 0	52.839 4	3 365.435 6
耕地等级5面积（亩）	825.199 0	855.206 1	0.964 9	3 983.370 1	12.043 5	3 971.324 9
耕地面积（亩）	1 669.413 0	3 710.204 0	0.450 0	9 513.051 0	737.746 1	8 775.304 9
耕地斑块数（块）	124.119 7	187.955 4	0.660 4	685	32	653
水域面积（亩）	254.135 2	99.365 6	2.557 6	2 308.265 1	0	2 308.265 1
设施农用地面积（亩）	21.318 9	13.181 6	1.617 3	177.443 8	0	177.443 8
农村宅基地面积（亩）	88.612 1	217.216 0	0.407 9	577.505 1	65.730 5	511.774 6
林地面积（亩）	2 936.799 0	5 816.761 0	0.504 9	16 585.410 0	1 181.038 0	15 404.372 0
城镇村道路用地面积（亩）	8.361 1	4.837 2	1.728 5	56.107 5	0	56.107 5
农村道路用地面积（亩）	55.737 1	113.379 1	0.491 6	297.668 3	6.025 2	291.643 1
村庄总面积（亩）	4 173.472 0	10 306.320 0	0.404 9	23 285.9	2 711.165 0	20 574.735 0

从表4-4可知，耕地等级1～5面积平均值依次为49.002 1、313.793 3、1 519.543 0、972.659 8和855.206 1，其中，耕地等级3面积最大，耕地等级4和5面积次之，耕地等级2面积再次之，耕地等级1面积最小。这表明研究区域内各村庄耕地以6°以上缓坡耕地为主，25°以上陡坡耕地也不少，而相对平坦的平耕地较少，个别村庄甚至无平耕地。从各耕地等级指标的变异系数来看，耕地等级1、2和5面积的变异系数较大，分别为1.734 3、1.339 6和0.964 9，说明研究区域内平耕地和陡耕地分布较为分散；而耕地等级3～4面积的变异系数较小，其变异系数依次为0.712 3

和 0.670 5，表明研究区域内缓耕地分布较为集中。耕地破碎方面，耕地斑块数平均值为 187.955 4，其中最大值为 685，最小值为 32，说明研究区域内各村庄耕地破碎情况较为严重。有的村细分为 600 多块，严重影响农业生产效率；而有的村耕地块数仅 30 多块，适宜规模化耕作。

水域面积平均值仅 99.365 6，表明研究区域内水资源明显短缺。有的村水域面积高达 2 308.265 1 亩，有的村却无水资源，说明研究区域内各村庄水资源分布情况不一，呈现极大差异；其变异系数高达 2.557 6，亦进一步说明研究区域内水资源分布十分分散。土地利用方面，耕地面积平均值高达 3 710.204 0 亩，设施农用地面积仅 13.181 6 亩，而农村宅基地面积为 217.216 0 亩，表明各村庄仍以农业生产用地为主，农民生活用地较少；而农业生产用地又以传统耕作用地为主，个别村庄甚至没有现代设施农用地。从变异系数来看，耕地面积和农村宅基地面积的变异系数分别为 0.450 0 和 0.407 9，较小的变异系数表明耕地和农村宅基地分布较为集中；而设施农用地面积的变异系数高达 1.617 3，表明其分布较为分散。

林地面积平均值为 5 816.761 0，其面积远多于耕地面积，说明当地森林茂密，有的村庄甚至高达 16 585.410 0 亩，其生物资源极其丰富。林地面积的变异系数为 0.504 9，偏小的变异系数表明当地各村庄林地分布较为集中。从交通运输用地来看，城镇村道路用地和农村道路用地面积平均值分别为 4.837 2 亩和 113.379 1 亩，说明当地交通基础设施较差，略微不便；且以农村交通用地为主，较为规范的城镇村用地较少，说明当地道路以农业生产用途为主，而为农民提供日常出行或货物运输用途的道路偏少。城镇村道路用地和农村道路用地面积变异系数分别为 1.728 5 和 0.491 6，说明当地城镇村道路用地分布较为分散，而农村交通用地分布较为集中。村庄总面积方面，其平均值为 10 306.320 0，说明当地各村庄面积普遍较大，但亦存在仅 2 711.165 0 亩的较小村庄；其变异系数为 0.404 9，说明当地各村庄按面积分布较为集中。

(二) 评估方法

本研究选取熵值法来测度乌蒙山区自然资源总体水平。熵值法作为一种客观赋权法，常用于多指标的综合评价研究。相较于主成分分析法等其他权重确定方法，熵值法能消除主观人为因素的干扰，使测度结果更加科学合理。熵值法具体测算步骤如下。

首先，由于指标单位及属性不同，需要对数据进行标准化处理，消除量纲影响。其中，正向指标愈大愈优，负向指标越小越好，本研究中除耕地加权坡度等级和耕地 15°以上占比指标为负向指标外，其他均为正向指标。具体计算公式如下：

$$z_{ij} = \frac{b_{ij} - \min(b_j)}{\max(b_j) - \min(b_j)} \quad (\text{正向指标}) \qquad (4-4)$$

$$z_{ij} = \frac{\max(b_j) - b_{ij}}{\max(b_j) - \min(b_j)} \quad (\text{负向指标}) \qquad (4-5)$$

式中，b_{ij} 代表原始指标数值，i 为村庄，j 为指标，z_{ij} 为标准化后结果。然后构建规范化矩阵 **P**，如式（4-6）所示。由于在后续计算时，$z_{ij} \neq 0$，所以本研究将标准化后的指标 z_{ij} 整体向右平移 0.000 1 个单位。

$$P_{ij} = \frac{z_{ij}}{\sum_{i=1}^{n} z_{ij}} \qquad (4-6)$$

式中，n 为个数，其余符号含义同上。

接下来再计算第 j 个指标的信息熵 e_j 和信息熵冗余度 d_j，计算公式如下：

$$e_j = -\frac{1}{\ln(n)} \sum_{i=1}^{n} P_{ij} \ln(P_{ij}) \qquad (4-7)$$

$$d_j = 1 - e_j \qquad (4-8)$$

最后，计算各项指标权重 w_j 和自然资源总体水平 Nr_i，计算公式如下：

$$w_j = \frac{d_j}{\sum_{j=1}^{m} d_j} \qquad (4-9)$$

$$Nr_i = \sum_{j=1}^{m} w_j z_{ij} \qquad (4\text{-}10)$$

式中，m 为指标数量，其余符号含义同上，在此不做过多说明。

（三）乌蒙山区自然资源总体水平描述性分析

根据上述自然资源评估指标体系和熵值法测算出 112 个样本村庄的自然资源总体水平，其描述性统计结果见表 4-5。

表 4-5　乌蒙山区村庄层面自然资源总体水平描述性统计结果

项目	观测值	标准差	平均值	变异系数	最大值	最小值	极差
乌蒙山区	112	0.063 7	0.175 5	0.363 0	0.504 8	0.095 3	0.409 5

由表 4-5 可知，乌蒙山区自然资源总体水平平均值仅有 0.175 5，说明当地自然资源整体较为匮乏。乌蒙山区自然资源总体水平最大值为 0.504 8，最小值为 0.095 3，也表明当地自然资源并不丰富，即使是研究区域内自然资源水平最高的村庄，其自然资源水平也不富余，而自然资源水平最低的村庄更是极其匮乏。研究区域内村庄自然资源水平极差为 0.409 5，极差略大，说明当地自然资源分布略微不均衡，可能存在明显的自然资源集中或短缺现象。其标准差为 0.063 7，较小的标准差也表明当地自然资源水平相对集中，差异较小。其变异系数为 0.363 0，较小的变异系数意味着相对平均水平，当地自然资源水平波动较小，离散程度较低。总体来看，乌蒙山区自然资源总体较为匮乏，且自然资源分布虽然相对集中、离散程度低，但也呈现不均衡趋势。

第四节　乌蒙山区自然资源描述性分析

山区农村的自然资源是一个复杂而多维的概念，仅了解自然资源总体发展水平难以全面评估乌蒙山区农村村级自然资源状况，本节将对乌蒙山区自然资源各维度及各类别村庄的发展水平展开详尽分析，以此深入了解乌蒙山区村庄层面各类自然资源的现状和问题。

一、乌蒙山区自然资源各维度分析

本研究的自然资源包括了地形条件、水资源、土地资源、生物资源和交通运输用地等多个维度，每个维度都有其独特的特点和发展规律。通过分别评估这些维度的发展水平，有助于我们更准确地评估各类自然资源发展情况。其描述性统计结果见表4-6。

表4-6 乌蒙山区村庄层面各维度自然资源描述性统计结果

项目	标准差	平均值	变异系数	最大值	最小值	极差
耕地加权坡度等级	384.819 1	893.459	0.430 7	2 082.75	211.408 3	1 871.341 7
耕地15°以上占比	0.240 2	0.523 9	0.458 5	0.999 4	0.082 5	0.916 9
耕地破碎	12.195 2	24.103 3	0.506 0	70.665 6	6.831 0	63.834 6
水域面积占比	0.019 7	0.009 1	2.164 8	0.145 5	0	0.145 5
耕地占比	0.106 5	0.369 4	0.288 3	0.613 4	0.114 7	0.498 7
设施农用地占比	0.003 0	0.001 5	2.000 0	0.027 5	0	0.027 5
农村宅基地占比	0.009 7	0.022 9	0.423 6	0.052 4	0.009 9	0.042 5
森林覆盖率	0.114 6	0.552 1	0.207 6	0.774 6	0.292 1	0.482 5
交通道路占比	0.004 9	0.011 8	0.415 3	0.025 6	0.001 3	0.024 3

（一）地形条件

耕地加权坡度等级平均值为893.459（亩），耕地坡度等级居中，多为中度水土流失耕地，需通过等高种植等措施保持水土。其中，耕地加权坡度等级最大值为2 082.75，最小值为211.408 3，说明当地耕地坡度等级相差较大；极差为1 871.341 7，较大的极差说明当地耕地坡度差异的分布非常不平衡，存在平坦耕地连片，或陡峭耕地连片情况。同时，耕地加权坡度等级标准差为384.819 1，变异系数为0.430 7，偏小的标准差和变异系数也表明当地耕地坡度离散程度较低，分布较为集中，进一步说明当地平坦耕地或陡峭耕地集中连片。

耕地15°以上占比最大值为0.999 4，说明个别村庄耕地坡度极陡，不适宜耕作；而最小值仅有0.082 5，说明该村庄以平坦耕地为主，适宜耕作；极差为0.916 9，极差较大，表明研究区域内陡峭耕地分布极不均衡。同时，耕地15°以上平均值为0.523 9，说明当地陡峭耕地占多数；且标准差为0.240 2，变异系数为0.458 5，偏大的标准差和变异系数表明当地陡峭耕地分布较为分散，离散程度偏高。

耕地破碎最大值为70.665 6，说明该村庄耕地连片情况好，农业生产适宜规模化和集约化；最小值为6.831 0，表明该村庄耕地破碎严重，多为小块状耕地，增加了当地农业生产的成本和管理难度；极差为63.834 6，极差偏大，表明研究区域内耕地破碎分布情况不一。同时，耕地破碎平均值为24.103 3，说明当地耕地破碎情况较严重，田块总体偏窄小；标准差为12.195 2，变异系数为0.506 0，偏大的标准差和变异系数也表明当地耕地破碎离散程度较高，分布广泛。总体来看，乌蒙山区地形条件偏陡峭，个别村庄耕地不适宜耕作，水土流失严重，且陡峭耕地、破碎耕地分布广泛，集中程度偏低。

（二）水资源

水域面积占比平均值为0.009 1，说明当地水资源整体较为匮乏。其中，水域面积占比最大值为0.145 5，最小值为0，也表明当地水资源极其不丰富，即使是研究区域内水资源最多的村庄，其水资源也不富余，同时个别村庄甚至还没有水资源，水资源严重匮乏；且极差为0.145 5，极差较小，说明当地水资源普遍偏少。其标准差为0.019 7，较小的标准差表明当地水资源分布差异较小；而变异系数为2.164 8，较大的变异系数意味着当地水资源分布离散程度较高。总体来看，当地水资源匮乏，且各村庄分散情况相同，普遍缺乏水资源。

（三）土地资源

耕地占比平均值为0.369 4，研究区域内耕地占比偏低。其中，最大值为0.613 4，村庄内大多数土地为耕地；而最小值仅0.114 7，耕地较少；

且极差为0.4987，说明研究区域内村庄间耕地占比相差较大。同时，耕地占比标准差为0.1065，变异系数为0.2883，较大的标准差和较小的变异系数表明当地耕地占比离散程度总体较高，各村庄耕地占比情况较分散，耕地连片村庄集中程度偏低。而设施农用地占比平均值仅为0.0015，说明研究区域内农业设施用地极少。其中，设施农用地占比最大值也只0.0275，而最小值为0，说明个别村庄没有农业设施用地，其农业仍停留在传统的耕作方式上，缺乏现代化的设施支持。而设施农用地占比标准差为0.0030，变异系数为2.0000，较小的标准差和较大的变异系数表明当地设施农用地占比离散程度总体较低，即研究区域内设施农用地占比高的村庄较为集中分布。

农村宅基地占比平均值为0.0229，说明研究区域内各村庄人口较少，宅基地占比也极低。其中，农村宅基地占比最大值为0.0524，最小值为0.0099，极差仅0.0425，意味着研究区域内各村庄人口普遍偏少，相差不大。农村宅基地占比标准差为0.0097，变异系数为0.4236，偏小的标准差和变异系数表明当地农村宅基地占比相对集中，离散程度较低，即研究区域内农村宅基地占比高的村庄分布较为集中。总体来看，研究区域内土地资源以农业生产用地为主，其中耕地资源占比较高，设施农用地占比较低，而农民生活用地占比较低；且各村庄土地资源利用情况类似的较为集中，即耕地占比、设施农用地占比和农村宅基地占比多的村庄较为集中，分散程度偏低。

（四）生物资源

森林覆盖率平均值为0.5521，研究区域内生物资源较为丰富。其中，森林覆盖率最大值为0.7746，表明个别村庄生物资源较为丰富，生态环境较好；最小值为0.2921，表明仍有村庄生物资源较少，且极差为0.4825，说明研究区域内村庄生物资源差异较大。同时，森林覆盖率标准差为0.1146，较大的标准差表明当地生物资源分布差异较小；而变异系数为0.2076，较小的变异系数又说明当地生物资源分布离散程度偏低。具体而言，虽然当地森林覆盖率的绝对离散程度不大，但相对于平均覆盖率来说，森林覆盖率的离散程度还是较高的。总体来说，当地生物资源较为丰富，村庄间生物资源差异较大，且分布较为分散。

（五）交通运输用地

交通运输用地占比平均值为 0.011 8，研究区域内道路交通基础设施普遍较差。其中，最大值为 0.025 6，最小值为 0.001 3，也表明当地道路交通便捷程度低；且极差为 0.024 3，较小的极差说明研究区域内各村庄道路交通水平相差不大，村庄内交通普遍不便。其标准差为 0.004 9，变异系数为 0.415 3，偏小的标准差和变异系数也表明当地道路交通用地分布较为集中，离散程度较低。总体来看，当地交通相对滞后，道路交通用地较为集中，但是各村庄普遍缺少道路交通运输用地。

整体来看，乌蒙山区地势偏陡峭，土地资源以耕地利用为主，且陡峭耕地、破碎耕地分布较广泛；农民生活用地占比较低，且分布较为集中。乌蒙山区在拥有丰富生物资源的同时，却极度缺少水资源。陡峭的地形也使当地交通相对滞后，交通运输用地较为集中。

二、乌蒙山区自然资源分类别分析

在了解了自然资源各维度发展现状后，本部分研究从地形地貌、人均耕地面积和村庄人均年收入等 3 个方面对乌蒙山区 112 个样本村进行分类，分析不同类别村庄间自然资源发展水平及其特征。

（一）按地形地貌分类

本研究根据遥感大数据获取的地形坡度面积，测算各村庄不同坡度面积占比，并以其主要占比坡度面积划分村庄类别。根据《森林资源规划设计调查技术规程》（GB/T 26424-2010）对地形坡度取名的标准[1]，本研究

---

[1] 坡度介于 0°至 5°之间为平坡，介于 6°至 15°之间为缓坡，介于 16°至 25°之间为斜坡，介于 26°至 35°之间为陡坡，介于 36°至 45°之间为急坡，46°以上为险坡。

将村庄分为平坡村、缓坡村和斜坡村 3 类。其划分结果及各类村庄自然资源发展水平如表 4-7 和图 4-7 所示。值得注意的是，在所研究的 112 个村庄中，平坡村 5 个，缓坡村 67 个，斜坡村 40 个，无陡坡及以上的村庄。总体来看，当地村庄主要以缓坡和斜坡为主，平坡村较少，但也没有特别陡的村庄。

表 4-7　不同地形地貌村庄自然资源描述性统计结果

项目	观测值	标准差	平均值	变异系数	最大值	最小值	极差
平坡村	5	0.060 8	0.195 6	0.310 8	0.266 6	0.130 0	0.136 6
缓坡村	67	0.074 3	0.185 6	0.400 3	0.504 8	0.095 3	0.409 5
斜坡村	40	0.034 8	0.155 9	0.223 2	0.263 0	0.111 3	0.151 7

注：平坡村为耕地坡度以 5° 以下占比为主的村庄；缓坡村为耕地坡度介于 6° 至 15° 之间占比为主的村庄；斜坡村为耕地坡度以 16° 以上占比为主的村庄。

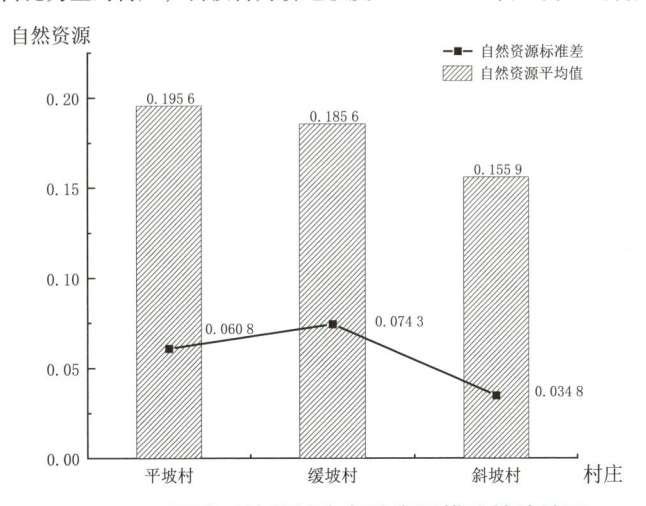

图 4-7　不同地形地貌村庄自然资源描述性统计图

从平均值来看，平坡村、缓坡村和斜坡村自然资源水平依次为 0.195 6、0.185 6 和 0.155 9，表明平坡村自然资源水平最高，缓坡村次之，斜坡村最低。其中，平坡村自然资源水平最大值和最小值分别为 0.266 6 和 0.130 0，斜坡村最大值和最小值分别为 0.263 0 和 0.111 3，二者自然资源水平区间较为类似；但从离散程度来看，平坡村标准差和变异系数分别为 0.060 8 和 0.310 8，斜坡村标准差和变异系数分别为 0.034 8 和 0.223 2，表明斜坡村自然资源水平离散程度低于平坡村，即与平坡村相比，斜坡村自然资源水平分布更为集中。而缓坡村自然资源水平最大值为 0.504 8，最小值仅 0.095 3，表明研究区域内自然资源水平最高和最低的村庄均为缓坡村，且缓坡村各村庄自然资源水平相差较大；从离散程度来看，其标准差为 0.074 3，变异系数为 0.400 3，较小的标准差和较大的变异系数说明缓坡村自然资源水平离散程度较大，即缓坡村自然资源水平分布较为分散。总体来说，平坡村自然资源水平最高，缓坡村其次，二者自然资源水平分布较为分散；斜坡村自然资源水平最低，且分布较为集中。

（二）按人均耕地面积分类

本研究根据各村庄人均耕地面积采用等分划分法将 112 个样本村分为 4 类，分别为一类村、二类村、三类村和四类村。其中，一类村人均耕地面积低于 1.29 亩，二类村人均耕地面积介于 1.29 亩至 2.33 亩，三类村人均耕地面积介于 2.33 亩至 3.37 亩，四类村人均耕地面积高于 3.37 亩。表 4-8 和图 4-8 展现了不同人均耕地面积村庄自然资源描述性统计结果。其中，在所研究的 112 个村庄中，一类村 26 个，二类村 65 个，三类村 19 个，四类村 2 个。总体来看，当地各村庄人均耕地面积以中等及以下为主，人均耕地面积拥有量较多的村庄只是少数。

表 4-8　不同人均耕地面积村庄自然资源描述性统计结果

项目	观测值	标准差	平均值	变异系数	最大值	最小值	极差
一类村	26	0.055 2	0.181 2	0.304 6	0.350 1	0.120 6	0.229 5
二类村	65	0.071 2	0.175 5	0.405 7	0.504 8	0.095 3	0.409 5
三类村	19	0.026 6	0.158 3	0.168 0	0.206 8	0.122 0	0.084 8
四类村	2	0.127 7	0.261 9	0.487 6	0.352 2	0.171 6	0.180 6

注：一类村为研究区域内人均耕地稀缺村庄；二类村为研究区域内人均耕地较少村庄；三类村为研究区域内人均耕地较多村庄；四类村为研究区域内人均耕地富足村庄。

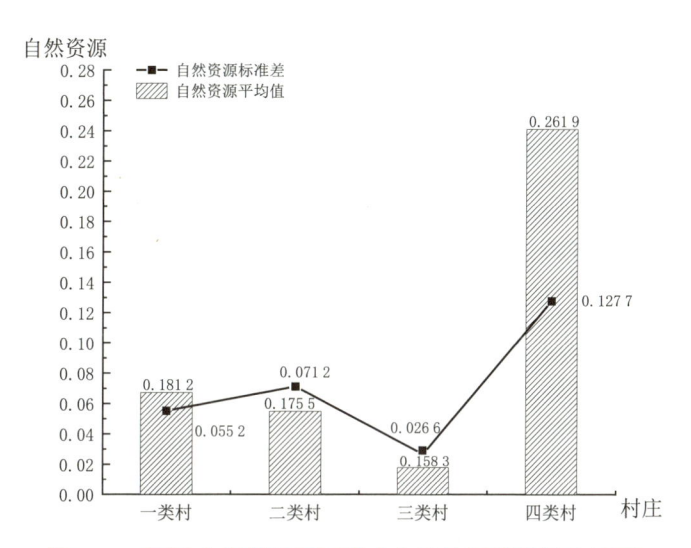

图 4-8 不同人均耕地面积村庄自然资源描述性统计图

从平均值来看，一类村、二类村、三类村和四类村自然资源水平依次为 0.181 2、0.175 5、0.158 3 和 0.261 9，表明四类村自然资源水平最高，一类村其次，二类村次之，三类村最后。其中，一类村自然资源水平最大值和最小值分别为 0.350 1 和 0.120 6，四类村自然资源水平最大值和最小值分别为 0.352 2 和 0.171 6，二者自然资源水平区间较为类似；但从离散程度来看，一类村标准差和变异系数分别为 0.055 2 和 0.304 6，四类村标准差和变异系数分别为 0.127 7 和 0.487 6，表明一类村自然资源水平的分散程度低于四类村，即与四类村相比，一类村自然资源水平分布更为集中。二类村自然资源水平最大值为 0.504 8，最小值为 0.095 3，极差为 0.409 5，表明研究区域内自然资源水平最高的村和最差的村均集中于二类村，且二类村各村庄自然资源水平差异较大；同时，从离散程度来看，二类村标准差和变异系数分别为 0.071 2 和 0.405 7，较小的标准差和较大的变异系数表明二类村自然资源水平分布较为分散。而三类村自然资源水平最大值和最小值分别为 0.206 8 和 0.122 0，极差为 0.084 8，表明三类村各村庄自然资源水平差异较小；从离散程度来看，三类村标准差和变异系数分别为 0.026 6 和 0.168 0，较小的标准差和变异系数表明三类村各村庄自然资源水平分布较为集中。总体来看，四类村自然资源水平最高且分布较分散，三类村自然资源水平最低且分布较集中。

（三）按村庄人均年收入分类

本研究根据各村庄人均年收入采用等分划分法将 112 个村庄分为 4 类，分别为高收入村、中上收入村、中下收入村和低收入村。其中，高收入村人均年收入高于 14 105 元，中上收入村人均年收入介于 12 939 元至 14 105 元，中下收入村人均年收入介于 11 773 元至 12 939 元之间，低收入村人均年收入低于 11 773 元。其划分结果及各类村庄自然资源发展水平如表 4-9 和图 4-9 所示。其中，在所研究的 112 个村庄中，高收入村 7 个，中上收入村 10 个，中下收入村 52 个，低收入村 43 个。总体来看，当地村庄多以低收入为主，位于中等及以上收入水平的村庄较少。

表 4-9　不同人均年收入村庄自然资源描述性统计结果

项目	观测值	标准差	平均值	变异系数	最大值	最小值	极差
高收入村	7	0.020 8	0.150 8	0.137 9	0.178 3	0.122 0	0.056 3
中上收入村	10	0.036 2	0.160 0	0.226 3	0.207 6	0.095 3	0.112 3
中下收入村	52	0.069 1	0.182 5	0.378 6	0.442 4	0.106 1	0.336 3
低收入村	43	0.066 1	0.174 6	0.378 6	0.504 8	0.104 2	0.400 6

注：高收入村为研究区域内人均年收入高于 14 105 元的村庄；中上收入村为研究区域内人均年收入介于 12 939 元至 14 105 元之间的村庄；中下收入村为研究区域内人均年收入介于 11 773 元至 12 939 元之间的村庄；低收入村为研究区域内人均年收入低于 11 773 元的村庄。

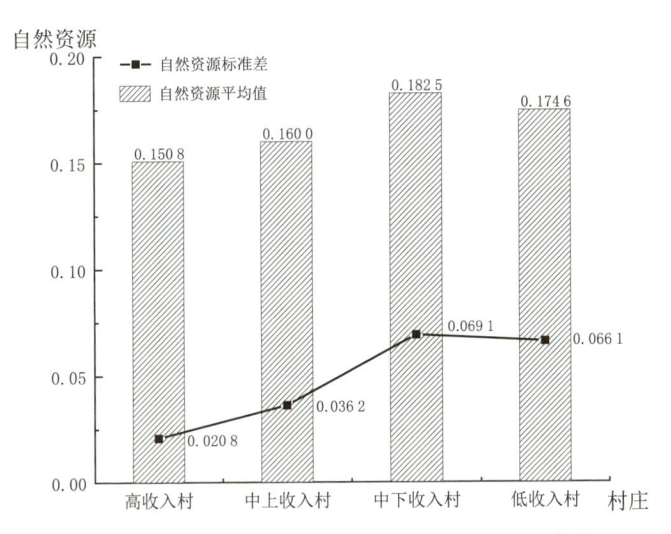

图 4-9 不同人均年收入村庄自然资源描述性统计图

从平均值来看，高收入村、中上收入村、中下收入村和低收入村自然资源水平依次为 0.150 8、0.160 0、0.182 5 和 0.174 6，表明中下收入村自然资源水平最好、低收入村其次、中上收入村次之、高收入村最低。其中，中下收入村自然资源水平最大值和最小值分别为 0.442 4 和 0.106 1，低收入村自然资源水平最大值和最小值分别为 0.504 8 和 0.104 2，二者自然资源水平区间较为类似；且从离散程度来看，中下收入村标准差和变异系数分别为 0.069 1 和 0.378 6，低收入村标准差和变异系数分别为 0.066 1 和 0.378 6，表明二者自然资源水平分布情况也较为类似。其村庄均较为分散。高收入村自然资源水平最大值和最小值分别为 0.178 3 和 0.122 0，极差为 0.056 3，表明高收入村各村庄自然资源水平差异较小；从离散程度来看，高收入村标准差和变异系数分别为 0.020 8 和 0.137 9，较小的标准差和变异系数表明高收入村各村庄自然资源水平分布较为集中。中上收入村自然资源水平最大值和最小值分别为 0.207 6 和 0.095 3，说明研究区域内自然资源水平最低的村庄为中上收入村；而中上收入村标准差和变异系数分别为 0.036 2 和 0.226 3，表明中上收入村各村庄自然资源水平分布偏集中。总体来说，中下收入村自然资源水平最高且分布较分散，而高收入村自然资源水平最低且分布较集中。

三、联合统计性描述

在了解了按地形地貌、人均耕地面积和人均年收入分类的村庄自然资源情况后，进一步地，围绕这三种分类方式展开两两交互分析，以深入理解不同属性村庄的自然资源情况。

（一）地形地貌与人均耕地面积

根据上述村庄分类方式对不同地形地貌和不同人均耕地面积村庄的自然资源展开联合描述性统计，其结果见表4-10。其中，5个平坡村中有2个一类村，3个二类村，无三类村和四类村；67个缓坡村中有14个一类村，39个二类村，12个三类村，2个四类村；40个斜坡村中有10个一类村，23个二类村，7个三类村，无四类村。这表明样本村庄多为兼具地势斜缓和人均耕地面积较少特征的村庄，适宜耕作且规模化、机械化发展的村庄较少。

表4-10 地形地貌与人均耕地面积的联合统计描述

项目	一类村 个数	一类村 平均值	二类村 个数	二类村 平均值	三类村 个数	三类村 平均值	四类村 个数	四类村 平均值
平坡村	2	0.133 0	3	0.237 3	0	0	0	0
缓坡村	14	0.204 7	39	0.180 8	12	0.166 5	2	0.261 9
斜坡村	10	0.158 0	23	0.158 5	7	0.144 4	0	0

由表4-10可知，同为缓坡村和四类村属性的村庄自然资源最丰富，其自然资源水平平均值为0.261 9，可能与其人均耕地面积富足有关。同为平坡村和一类村属性的村庄其自然资源水平最低，仅0.133 0，但值得注意的是，与其属性相邻的村庄，自然资源水平却较高。例如，同为平坡村和二类村属性的村庄其自然资源水平为0.237 3，虽然村庄地形地貌无太大变化，仅人均耕地面积有所增长，但自然资源水平有显著变化；而同为缓坡村和一类村属性的村庄其自然资源水平为0.204 7，二者人均耕地面积较为

类似，仅地形坡度略微偏陡，其自然资源水平也有较大变化。这可能与耕地破碎度有关，平坡村虽然地形平缓适宜耕作，但人均耕地面积少，耕地斑块数多，各类自然资源分布较分散，从而导致自然资源水平低。二类村和三类村的自然资源水平与各村庄地形呈正相关，即人均耕地面积位于当地中间区间时，地形越平坦，自然资源越丰富。而一类村的自然资源水平与各村庄地形呈倒"U"形，即人均耕地面积稀少时，地形偏平缓的村庄，自然资源水平越高；地形平坦或陡斜的村庄，自然资源水平较低。

（二）地形地貌与人均年收入

对不同地形地貌和不同人均年收入村庄的自然资源展开联合描述性统计，其结果见表4-11。其中，5个平坡村中有1个中上收入村，3个中下收入村，1个低收入村，无高收入村；67个缓坡村中5个高收入村，5个中上收入村，31个中下收入村和26个低收入村；40个斜坡村中2个高收入村，4个中上收入村，18个中下收入村和16个低收入村。这表明研究区域内的村庄多为兼具地势斜缓和中低收入特征的村庄，适宜耕作且收入水平较高的村庄较少。

表 4-11　地形地貌与人均年收入的联合统计描述

项目	高收入村 个数	高收入村 平均值	中上收入村 个数	中上收入村 平均值	中下收入村 个数	中下收入村 平均值	低收入村 个数	低收入村 平均值
平坡村	0	0	1	0.207 6	3	0.213 5	1	0.130 0
缓坡村	5	0.157 9	5	0.151 0	31	0.198 0	26	0.182 9
斜坡村	2	0.133 0	4	0.159 4	18	0.150 6	16	0.163 9

由表4-11可知，除低收入村外，其余各类收入村的自然资源水平以平坡村最高，缓坡村次之，斜坡村较低，表明自然资源与各类村庄地形呈正相关，即地形越平坦，自然资源水平越高。而低收入村庄中，自然资源与村庄地形呈倒"U"形关系，即缓坡村自然资源水平最高，为0.182 9；平坡村和斜坡村自然资源水平较低，其平均值分别为0.130 0和0.163 9。

(三)人均耕地面积与人均年收入

对不同人均耕地面积和不同人均年收入村庄的自然资源展开联合描述性统计，其结果见表4-12。其中，26个一类村中有2个中上收入村，14个中下收入村，10个低收入村，无高收入村；65个二类村中有5个高收入村，4个中上收入村，27个中下收入村和29个低收入村；19个三类村中有2个高收入村，4个中上收入村，9个中下收入村和4个低收入村；2个四类村均为中下收入村。这表明研究区域内村庄多为兼具人均耕地面积较少和中低收入特征的村庄，人均耕地面积较多的村庄和收入水平高的村庄较为缺乏。

表4-12 人均耕地面积与人均年收入的联合统计描述

项目	高收入村 个数	高收入村 平均值	中上收入村 个数	中上收入村 平均值	中下收入村 个数	中下收入村 平均值	低收入村 个数	低收入村 平均值
一类村	0	0	2	0.189 6	14	0.190 5	10	0.166 6
二类村	5	0.151 0	4	0.155 5	27	0.178 9	29	0.179 3
三类村	2	0.150 2	4	0.149 7	9	0.163 2	4	0.160 3
四类村	0	0	0	0	2	0.261 9	0	0

由表4-12，同为四类村和中下收入水平属性的村庄自然资源水平最高，其平均值为0.261 9。除四类村外，中上收入村和中下收入村的自然资源水平与人均耕地面积呈负相关，即人均耕地面积越多，自然资源水平越低；人均耕地面积最少的一类村反而自然资源水平最高。高收入村的自然资源水平与人均耕地面积关系较小，其二类村和三类村自然资源水平较为接近，分别为0.151 0和0.150 2。而低收入村的自然资源水平与人均耕地面积呈倒"U"形关系，即二类村自然资源水平最高，其平均值为0.179 3；一类村和三类村自然资源水平较低，其平均值分别为0.166 6和0.160 3。

第五章　农村自然资源与农户生计资本分析

第一节　生计资本、生计策略与生计结果的关联性分析

可持续生计框架的基本逻辑在于深入理解和评估个人或家庭在特定环境下的生计状况，以及他们如何应对风险和挑战。本研究采用可持续生计框架开展农户生计研究，通过对脆弱性背景、生计资本、制度和组织程序、生计策略以及生计结果的分析，评估乌蒙山区融合村级自然资源的农户生计状况和可持续性，为制定有效的乌蒙山区自然资源利用效率提升和农户生计改善策略提供科学依据。

一、生计资本对农户生计可持续的影响

在可持续生计框架中，生计资本、生计策略与生计结果之间存在显著的关联性。丰富的生计资本为农户采取多样化的生计策略提供了条件，而多样化的生计策略则有助于降低生计风险，从而带来良好的生计结果。农户层面的生计结果涵盖广泛，包括收入改善、就业增加、生活环境改善和福利提升等多个方面。生计资本的改善可以有效提升生计结果，提高个人和家庭的生计能力。生计资本结构的任何一种资本都对生计结果有直接影

响。例如，自然资本改善可以促进农业生产，增加农户经济收入；人力资本积累可以提高个人知识水平和技能与能力，从而增加就业机会和创造力；良好的社会资本则可以促进人际交流，增强合作与信任，从而创造就业和经营机会。生计资本的缺乏则可能导致生计结果恶化。例如，缺乏自然资本可能制约农户的农业生产方式，从而影响经济收入；社会资本不足可能削弱农户利用社区资源的能力；人力资本的不足则可能减少就业机会和影响农户个人发展。

农户的自然资本不仅为农户提供了基本的生产和生活资源，还影响着农户生计策略选择和风险处理能力，对农户生计具有深远的影响。自然资本（如土地、水资源等），是农户进行农业生产的基础。自然资本的丰富程度直接决定了农户能够获得的资源数量和质量。自然资本的差异会影响农户生计策略选择。不同的自然资源条件可能导致农户选择不同的生计方式，如从事种植业、畜牧业或渔业等。自然资本的稳定性影响农户的风险处理能力。在面临自然灾害等风险时，稳定的自然资本直接影响农户的生计安全。自然资本存量高的农户采用资源导向策略的概率较高。例如，在南方很多地区，村级水资源比较丰富，开展水面（湖泊、水库、池塘）养殖具有优势，农户往往利用这一优势开展养殖业，从而增加收入。因此，在推动农户可持续生计发展的过程中，应充分考虑自然资本的作用。

农户的人力资本对其生计的影响可以从以下几个方面阐述。第一，人力资本的提升有助于提高农户的生产技能和效率。山区农村由于教育和人力资源匮乏，人力资本的积累相对较少，这些地区的生产效率提升面临挑战。第二，人力资本水平和结构不同的农户，其生计策略选择也会不同。拥有较高人力资本的农户可能更倾向于选择非农生产活动。例如，外出务工和举办服务业经营活动，以此增加收入来源和生计多样性。第三，人力资本水平对就业和创业具有重要影响。具有较高水平的人力资本更可能获得较高收入和较好条件的工作。人力资本投资有助于促进农村劳动力向城市转移，增加非农就业和异地就业的机会，进而有助于改善农户的生计状况。第四，人力资本的提升能够增强农户的抗风险能力。人力资本投资是一个不断积累的过程，通过长期的教育和医疗投资，农户能够逐渐提高自身的文化知识水平和技能，从而增强应对各种风险和挑战的能力。因此，应该重视人力资本投资，例如，为农户提供更多的教育和培训机会，以此提高农户人力资本水平和改善人力资本结构。

农户的社会资本（如家庭亲缘关系、邻里关系等）影响信息的获取和资源的共享，进而影响生计策略的选择。一般认为，社会资本与生计策略存在密切关系，其对生计策略的潜在影响不容忽视。社会资本有助于增强农户的组织和动员能力。农户参加村庄或社区组织有助于其获得政府支持和农业政策的推动。例如，农民专业合作社能够帮助农户改善土地权益，提高土地利用效率。社会资本有助于农户之间建立紧密的社会关系网络，从而快速地获取信息。例如，新的农业技术或市场信息可以通过社会关系网络来传递，从而促进技术的创新。由于农村地区主要是熟人社会，农户在其中容易建立起信任和合作关系，这有助于减少不信任导致的市场交易风险，降低交易成本。这种基于信任的合作关系还有助于农户在面临自然灾害等风险时获得及时的帮助，从而降低生计风险。因此，推动农户可持续生计发展应重视社会资本的培育和利用，促进农户之间的合作与互助。

农户的物质资本（如住房、道路和水利设施等）为其生计活动提供生产设备和基础设施支持，影响生计策略的可行性和效果。物质资本的增加能够显著促进农户生计策略的多样化，提高农户的生计适应能力。基础设施（主要包括农田水利设施、村庄道路、农村电网等）直接影响农户的生产成本和效率。良好的基础设施能够降低农户的生产成本，提高效率，从而增加农户的收入，改善生计。先进生产工具（如拖拉机、无人机等）有助于降低劳动强度，提高农业生产效率。例如，在道路通达状况良好的村庄，农户可能更多地开展规模化生产经营，因为良好的道路有助于其生产的农产品的运输；在水利设施条件良好的村庄，农户更可能购置灌溉设施，开展灌溉农业生产，从而提高农产品产量。支持农户物质资本积累和提升，为农户提供更多的生产资源和手段支持，能够促进农户生计的改善和发展。

农户的金融资本（如现金、储蓄、贷款等）为其生计活动提供了资金支持，决定了农户生计策略的规模和范围，因而是影响其生计结果的重要因素。金融资本直接影响农户的生产投入和风险抵御能力，同时也影响农户生计策略的选择能力。金融资本和受教育程度的提高能增加资本导向策略和多样化策略适用的可能性。较高的金融资本存量意味着农户有更多的资源用于购买生产资料、引进新技术或应对自然灾害等风险，从而可能获得更高的收益，改善生计结果。农户在面临不同的生计选择时，如扩大生产规模、发展多元化经营或进行技术创新等，都需要金融资本支持。金融资本充足的农户有更多的选择余地，更能适应市场变化，从而可能获得更好的生计结果。金融资本可以帮助农户建立风险缓冲机制，比如购买农业保险或储备粮食等以应对自然灾害或市场价格波动等风险。这有助于减少农户因风险而导致的损失，保持生计稳定性。金融资本的增加可以通过多种途径促进农户增收，从而改善农户生计结果。一方面，农户可以利用金融资本扩大生产规模、提高生产效率；另一方面，农户也可以利用金融资本进行投资或创业，拓展新的收入来源。

二、制度和组织结构的影响

农户生计资本对生计策略的影响必须考虑其所处的制度、组织结构与环境。在农户生计系统中，不断变化的制度、组织、政策和立法所确定的程序规则作用于各个层次，这种制度和组织结构对农户生计的影响是十分重要的。这种影响主要表现在制度和组织结构直接决定了农户对于各类生计资本的所有权或使用权、对生计策略的选择以及对决策或程序规则的参与程度或影响能力等。从政策方面上看，促进人力资本培育的基础教育、卫生医疗等政策可能会对农户生计产生积极影响。促进生产的基础设施建设对农户物质资本积累产生重要影响。各类立法司法机构、事业单位和非政府组织及社团、金融和法律机构以及企业等都可能通过其职能形式影响农户生计策略选择。

制度和组织机构的程序规则，如决策过程、社会规范和习俗、社会性别差异等，也对农户生计产生直接和间接的影响。公共部门、私营商业和民间团体的组织效能可以促进立法、信贷、土地交易以及加强当地资源的管理，从而影响农户生计。在制度规则方面，关于土地分配和继承的规定、对于住房所有权的限制等也影响着农户生计。农户之间的非正式联系和土地使用的习惯等文化方面的非正式规则也对农户生计产生影响。

三、生计策略作为实现生计结果的手段

在可持续生计框架中，生计策略被视为利用生计资本实现生计结果的工具或手段。农户的生计策略旨在确保其生计系统具有稳定性，是连接生计资本与生计结果的桥梁，是农户在面对生计资本和生计风险时，为确保生计持续而采取的一系列决策和行动。农户的生计资本为农户生计策略实施提供了基础，而生计策略则是根据农户的实际情况和外部环境，为实现生计目标而采取的一系列行动和决策。通过实施合理的生计策略或活动，农户可以充分利用自身的生计资本实现可持续生计发展。因此，在制定和实施生计策略时，需要综合考虑农户的生计资本、生计风险、市场需求和政策环境等多种因素，以实现最佳的生计效果。

（一）生计资本作为生计策略的基础

生计资本是实现生计目标的重要资本，为农户生计策略的实施提供了资源和能力基础。农户根据自身的生计资本类型和数量，选择适合自己的生计策略，并注重其可持续性和有效性。生计资本的多样性和丰富性决定了生计策略的选择范围，不同的生计资本组合状态会影响农户生计策略的选择，进而影响生计结果的实现。

生计资本之所以成为生计策略的基础，可以从3个方面来理解。第一，生计资本决定生计策略选择。农户通常根据所拥有的生计资本类型和数量来选择适合自己的生计策略。例如，拥有更多金融资本的农户可能选择开办企业从事经营创收，而拥有较高人力资本的农户可能选择外出务工或返乡创业。第二，生计资本直接或间接影响生计结果。农户生计资本的存量不仅决定了农户生计策略选择范围的大小，还影响其生计能力的强弱，从

而影响生计结果。一般来说，拥有更好人力资本的农户会更容易掌握新的生产知识和技术，从而提高生产效率，增加生产经营收入。第三，生计资本对其可持续生计发展有重要影响。生计资本能够在一定的制度和组织结构中决定农户生计活动的选择，进而直接或间接决定农户的可持续生计结果。适宜的生计策略应能够充分利用和发挥生计资本潜力，有助于生计的稳定和可持续发展。

生计资本是生计策略的资源基础。生计资本为生计策略提供了重要的资源基础，无论是自然资本、人力资本、金融资本、社会资本还是物质资本，都是实现生计策略所必需的资源。例如，自然资本为农业生产提供了土地和水资源；人力资本为农户生产活动提供了人力资源；社会资本为农户提供了信息交流和资源共享的平台；物质资本（如水利设施）则为农业生产提供了必要的保障。

生计资本是生计策略的能力基础。人力资本作为生计资本的重要组成部分，为生计策略的实施提供了能力基础。劳动力的知识、技能和健康状况直接影响生计策略的实施效果。通过提高劳动力的教育水平和技能水平，可以增强其适应和创新能力，从而更好地实施生计策略。人力资本的培育离不开农户的自然资本、物质资本、金融资本和社会资本。例如，社会资本为农户人力资本的培育提供良好的社会资源，进而促进农户人力资本能力建设。

农户各类生计资本的合理配置和有效利用是制定和实施生计策略的关键。根据生计资本的禀赋情况，农户可以选择不同的生计策略或开展不同的生产活动，实现其生计可持续发展。例如，在自然资本丰富的地区，农户可以通过最大程度地利用其所拥有的自然资本，开展多样化的农业生产、林业生产活动，从而优化其生计策略。在水资源丰富的南方地区，开展湖泊或池塘养殖活动，并可能结合旅游资源开展诸如垂钓等娱乐活动，通过丰富多样的活动增加农户收入。在金融资本充裕的情况下，农户则可能选择资本导向的生计策略，如通过转包土地扩大农业生产规模，实行规模化经营以获取更高收入，还可以在社区内开展零售服务或电商服务，使农户收入来源多样化，达到生计可持续。

本研究通过对农户生计资本水平和结构的深入分析，了解乌蒙山区农户生计资本状况，认识不同生计资本在农户生计中的重要性和贡献度。特别是，本研究融合村级自然资本开展农户生计分析，直观认识农户生计资本禀赋，为深入考察农户的生计可持续提供基础。

（二）生计策略作为实现生计结果的工具或手段

生计策略是农户根据自身的生计资本和外部环境，为实现生计目标而采取的一系列行动和决策。这些行动和决策旨在最大化生计收益并最小化生计风险。生计策略的实施方式因人而异，受到农户的生计资本、生计风险、市场需求、政策环境等多种因素的影响。例如，农户可能会根据自身的土地资源和劳动力状况，选择种植适合当地气候和土壤条件的农作物，或者参与农业合作社共享资源、信息和市场机会。生计策略的选择和实施对生计结果具有决定性作用。通过合理的生计策略，农户或牧民可以充分利用自身的生计资本，实现生计目标，如提高收入、降低脆弱性、改善生活环境等。

第二节 村庄自然资源与农户生计的相关性分析

探究村庄自然资源与农户生计之间的关系，需要基于科学的分析框架并借助统计和计量经济模型开展研究。如前所述，本研究是在收集和分析基于遥感大数据的农村自然资源和农户调查数据基础上，运用可持续生计框架开展乌蒙山区乡村振兴和农户生计分析。

一、农户生计背景分析

在可持续生计框架下，农户生计的宏观背景分析是评估外部条件对农户生计系统和区域可持续发展影响的关键之一。农户生计的宏观背景分析包括开展村庄以及更加宏观层面的自然资源分析、社会经济状况分析等方面，通常采取统计数据、实地调查、访谈等方式收集相关信息和数据，运用统计和计量经济学方法、比较分析、案例研究等方法对数据进行分析。

开展自然资源分析需要关注自然资源状态、变化以及其分布、数量、质量及其可持续利用等方面。自然资源分析涉及对水、土、生物等自然要素的状态、结构、功能和变化的研究。在农户生计分析领域，需要分析土地、水等自然资本的数量和质量，指导农户的农业生产和林业发展。开展农户自然资源分析的具体指标包括：自然资本禀赋（包括土地、水、森林、矿产等的数量和质量）、自然灾害风险等级（发生诸如洪水、干旱、地震等自然灾害的频率和强度）、生态系统服务状况（生态系统提供的食品、水、气候调节等服务对生计活动的影响程度等）。

开展农村经济状况分析需要分析农村经济的总体发展水平，如国内生产总值、农民人均纯收入等，及村级集体经济组织及其经济活动情况与变化趋势；需要分析当地农村产业结构状况，如一、二、三产业的发展状况，及其在总产值中的份额贡献；需要分析农村社会发展状况，如当地农村人口数量和结构（包括性别、年龄、劳动力人口比例等，及其与农村经济发展的关系等）。

二、农户生计资本结构和水平刻画

本研究在描述各类生计资本结构和水平时，特别关注利用遥感大数据在村级层面获得的自然资源及其与农户层面自然资本和其他生计资本的关联性，深入考察村级层面的自然资源对农户生计活动与策略的影响，以及对农户生计结果的影响。

对农户生计资本的刻画主要围绕5类生计资本开展。农户的人力资本包括劳动力人数、健康状况、教育水平和技能等；农户的金融资本包括农户的现金、储蓄和贷款等；农户的社会资本是指农户的社会关系网络、社区参与度和社会支持等；农户的自然资本是指农户直接依赖的自然资源，如土地、水资源和林业资源等；农户的物质资本包括农户拥有的生产工具、住房、基础设施等。特别地，本研究基于遥感大数据，在村级层面收集和分析自然资源状况,采用统计分析方法构建村级自然资源测度指标,并将村级自然资源融入农户构建农户改良的自然资本测度指标,以便进行融入村级自然资源的农户生计资本对生计结果影响的深入分析。

考察农户生计资本需要对其进行测度。可以使用熵值法、主成分分析法或层次分析法计算农户生计资本结构与水平。分析不同类型生计资本在农户生计中的比重和相互关系,了解农户生计资本结构的特点;评估农户生计资本水平,包括总量、平均值、中位数等指标;特别考察融合村级自然资源的农户自然资本的结构和水平。进一步地,开展村庄自然资源与农户生计资本的相关性分析。利用统计软件进行村庄自然资源与农户生计资本之间的相关性分析,识别出村级自然资源与农户生计资本的相关关系。

开展农户生计资本的影响因素分析。通常按照自然因素和经济社会因素进行分类分析。一是自然因素对农户的自然资本产生直接影响:自然资本(土地、水源、气候等)状况是农户生计资本的重要组成部分,自然资本丰富程度和质量直接影响农户的生计方式和资本积累。二是经济因素对农户的经济收入和生计策略选择有重要影响,如农产品价格、农业生产成本等。三是农户对土地和其他自然资本的利用方式也会影响其生计资本的积累:从事农业生产经营、林业经营或非农产业的农户,其生计资本的结构和水平都会有所不同。

在认识农户生计资本影响因素的基础上分析自然资源对农户生计资本的影响。构建计量经济学模型,将村庄自然资源作为解释变量,农户生计资本作为被解释变量进行模型拟合,以分析村庄自然资源如何影响农户生计资本的结构与水平,并进一步识别出自然资源对农户生计资本的影响因素。

三、生计策略

农户的生计策略可以分为以下两类。一类是农业生产活动,即农户依赖自然资本(土地为主)进行的生产活动,也是农户的基本生计策略。例如,农作物种植、畜禽养殖、渔业和林业生产等。另一类是非农生产活动,分为非农经营活动和非农就业活动。非农经营活动是指农户利用其生计资本开展的诸如农产品加工和营销、非农产品的制造与销售、服务业（如民俗旅游等的经营活动）等；非农就业活动是指农户通过外出务工和从事服务业等方式获取报酬收入。按照在农业和非农业从事生产活动种类，可以将农户划分为纯农业户（纯农户，只从事农业生产经营）、农业兼业户（农兼户，农业为主兼营非农业）、兼业农业户（兼农户，非农为主兼营农业）和非农业户（非农户，不再从事农业生产）。拥有不同生计资源组合的农户可能采取不同的生计策略，多样化的生计策略有助于提高农户的生计稳定性。

本研究在刻画生计资本的基础上开展农户生计稳定性分析。农户的生计稳定性是指农户生计策略的长期稳定性，通常可以利用多样性指数和依赖性指数来分析。多样性指数包括农户农业生计多样性、非农生计多样性和收入多样性；依赖性指数则包括农户收入依赖性指数和自然资源依赖性指数。本研究在进行上述生计稳定性指标分析时，将突出考察农户对自然资源的依赖程度。

四、生计结果

生计结果是可持续生计框架下的农户生计的最终产出，是农户主要依赖自身生计资本实施生计策略所取得的生计结果。农户生计结果的核心内涵包括经济收入的增加、生活质量的提升、社会关系的改善、脆弱性的降低以及自然资源的充分利用等。分析农户的生计结果必须明确生计结果的测量维度，即从哪些方面来分析生计结果；还必须明确运用什么方法和手段来对农户生计结果进行分析。农户生计结果的分析维度包括经济、社会和环境等不同的分析维度。

农户生计结果的经济维度包括收入提升和资产积累。通过实施生计策略所带来的收入增长是否满足基本生活需求和生活质量提升；房屋、耕地、生产资料等实物资产以及储蓄、投资等金融资产积累是否上升；负债在多大程度上影响生计可持续发展等。农户生计结果的社会维度包括社会地位是否因生计改善而提升，以及社交网络是否有改善。农户生计结果的环境维度包括对自然资源的利用是否可持续。可持续的生计结果包括自然资源的高效利用、环境的保护和生态系统的维护。

开展农户生计结果评估需要采取科学的方法，收集数据并进行定量和定性的评估。在生计结果数据收集方面，在宏观层面需要遥感大数据和实地调查数据，还需要制度、政策和市场等组织和程序方面的数据；在农户层面需要收入、生产和生活消费支出、资产、负债等数据。在生计结果分析和评估方面，一是开展统计分析，例如描述村级自然资源及其与农户生计状况之间的相关性；二是开展计量经济学分析，建立包括自然资源在内的各类机制和因素与农户收入及生计结果测量指标之间的计量分析模型，深入考察各类因素作用于农户生计结果的机制过程及影响。例如，深入开展生计资本与生计稳定性分析；深入探讨自然资本及其他资本对农户收入或生计的影响程度。通过计量经济分析可以量化自然资本等生计资本对农户生计的贡献度，为制定相关政策提供科学依据。在此基础上，结合农户的生计策略、生计资本等因素，可以对农户的生计结果进行综合评估。

第三节　农户生计资本测度

一、农户生计资本指标体系构建

生计资本是指农户所持有或可获得的资产，优质生计资本是农户增强风险抵御能力、提高生计稳定性与生计多样性的基础，在一定程度上反映出一个家庭的发展能力。本研究基于英国国际发展署[①]提出的可持续生计框架，结合乌蒙山区农户的实际情况，从自然资本、人力资本、社会资本、物质资本以及金融资本5个方面构建农户生计资本指标体系。一是在自然

---

① Department for International Development. Sustainable livelihoods guidance sheet［Z］. 2001.

资本方面，选择农户耕地面积、林地面积、水面面积、牧草面积以及林果面积这5个指标作为农户自然资本的评估指标。土地利用的多样性能够综合体现乌蒙山区自然资源状况，同时纳入水面面积也能进一步了解当地农业水源情况。二是在人力资本方面，选取劳动年龄人口来体现劳动力人数，家庭劳动力平均受教育程度和家庭劳动力平均健康状况来衡量劳动力素质。三是社会资本方面，选择家庭现役军人人数、家庭党员人数、农户所在村的中共党员人数和大学生村官人数，以及是否加入合作社、是否为军烈属6个指标来衡量农户社会资本。四是物质资本方面，选用农户人均住房面积、生活主要燃料类型、入户路类型，以及是否通生产用电、生活用电，是否安装广播电视和是否拥有卫生厕所作为农户物质资本的衡量指标。五是金融资本方面，选取农户家庭储蓄来衡量农户金融资本。22个指标的具体含义见表5-1。

表5-1 农户生计资本评估指标体系

一级指标	二级指标	指标含义	方向
自然资本	耕地面积	家庭总耕地面积（单位：亩）	+
	林地面积	家庭总林地面积（单位：亩）	+
	水面面积	家庭总水面面积（单位：亩）	+
	牧草面积	家庭总牧草面积（单位：亩）	+
	林果面积	家庭总林果面积（单位：亩）	+
人力资本	劳动力人数	家庭劳动年龄人口：家庭16岁至59岁男性与16岁至54岁女性人数	+
	劳动力平均受教育程度	家庭劳动年龄人口平均受教育年限：将文盲赋值为0；小学赋值为6；初中赋值为9；高中赋值12；本科赋值为16；硕士及以上赋值为19	+
	劳动力平均健康状况	家庭劳动年龄人口平均健康状况：健康=4；良好=3；一般=2；疾病=1	+
社会资本	家庭现役军人人数	家庭现役军人人数	+
	家庭党员人数	家庭党员人数	+
	加入合作社	是=1；否=0	+
	军烈属	是=1；否=0	+
	村中共党员人数	所在村中共党员人数匹配到农户	+
	村大学生村官人数	所在村大学生村官人数匹配到农户	+

续表

一级指标	二级指标	指标含义	方向
物质资本	人均住房面积	家庭人均住房面积（单位：m²）	+
	生产通电	是 =1；否 =0	+
	卫生厕所	是 =1；否 =0	+
	燃料类型	1= 薪柴、煤炭；2= 沼气、电；3= 天然气、太阳能	+
	广播电视	是 =1；否 =0	+
	入户路类型	1= 泥石、砂石、石板路；2= 水泥路；3= 沥青路	+
	生活通电	是 =1；否 =0	+
金融资本	储蓄	家庭储蓄金额（单位：元）	+

二、农户生计资本指标特征分析

生计资本是农户生计策略选择的基础因素，也是防御生计风险的重要保障。为更好地比较分析乌蒙山区农户的生计资本状况，本节首先对乌蒙山区农户 5 类生计资本 22 个生计指标的特征进行描述分析。

（一）自然资本指标特征

表 5-2 展示了乌蒙山区农户的耕地、林地、水面、牧草以及林果等土地资源统计特征的概况。农户耕地面积平均值为 3.465 6 亩，家庭人数平均约为 4 人，人均耕地仅为 0.866 4 亩。根据第三次全国国土调查资料，2021 年全国人均耕地面积为 1.36 亩。对比全国数据来看，乌蒙山区耕地资源较为匮乏，而且农户拥有耕地面积相差较大。林地面积数据显示，农户平均林地面积为 0.776 4 亩，最小值为 0，最大值为 30，标准差为 2.691 3。农户林地资源离散程度较高，部分农户拥有较为丰富的林地资源，同时仍然存在林地资源为 0 的农户。从水面面积来看，平均值为 0.002 2 亩，最小值为 0，最大值为 2，标准差为 0.060 8，说明受访农户水资源较少，这与前文中遥感影像获得村级水资源数据一致，说明乌蒙山区整体水资源较为匮乏。农户牧草面积与林果面积平均值均较小且相差不大，分别为 0.124 2 亩和 0.131 6 亩。从标准差来看，均在 1 左右，最小值均为 0，最大值分别为

17 和 30，说明在乌蒙山区受访农户中牧草地与林果的整体面积较小，且在农户间分布不均。

表 5-2 农户自然资本指标特征

变量	指标	单位	观测值	平均值	标准差	最小值	最大值
自然资本	耕地面积	亩	1 351	3.465 6	8.412 6	0	303
	林地面积	亩	1 351	0.776 4	2.691 3	0	30
	水面面积	亩	1 351	0.002 2	0.060 8	0	2
	牧草面积	亩	1 351	0.124 2	1.011 6	0	17
	林果面积	亩	1 351	0.131 6	1.017 2	0	30

（二）人力资本指标特征

表 5-3 为人力资本 3 个指标的统计特征。劳动力人数的平均值为 3.332 3，最大值为 8，最小值为 0，标准差为 1.656 4，说明农户平均每户有约 3 个劳动力，最多拥有 8 个劳动力，也存在无劳动力的农户，且农户拥有劳动力人数的差异较大。从劳动力平均受教育程度来看，平均值为 10.119 0 年，说明大部分农户有着较高的受教育水平，学历为初中及以上，但是接受高等教育的农户比例相对较低。农户劳动力平均受教育程度最小值为 0，最大值为 19，标准差为 2.980 6，说明农户劳动力平均受教育程度离散程度较高，有农户的劳动力受教育程度达到硕士及以上，也存在部分农户受教育程度为文盲的情况。从农户劳动力平均健康状况来看，平均值仅为 1.373 2，说明多数农户劳动力平均健康状况较差，农户面临着一定的健康风险；最小值为 0，最大值为 4，标准差为 0.944 3，说明农户家庭健康状况不一，部分家庭劳动力健康状况均为健康，也有农户家庭劳动力健康状况均为疾病。

表 5-3 农户人力资本指标特征

变量	指标	单位	观测值	平均值	标准差	最小值	最大值
人力资本	劳动力人数	人	1 351	3.332 3	1.656 4	0	8
	劳动力平均受教育程度	年	1 351	10.119 0	2.980 6	0	19
	劳动力平均健康状况	—	1 351	1.373 2	0.944 3	0	4

（三）社会资本指标特征

表 5-4 报告了农户社会资本各个指标的统计特征，家庭现役军人数和党员人数的均值分别为 0.016 3 和 0.022 2，平均值均较小，最小值均为 0，最大值分别为 3 和 1，标准差分别为 0.151 3 和 0.147 5，说明农户现役军人和党员均较少，离散程度均较低，农户家庭最多现役军人 3 人，党员最多为 1 人。农户所在村拥有中共党员人数平均值为 22.672 1，最小值为 0，最大值为 69，标准差为 15.582 6，说明乌蒙山区农户所在村拥有的中共党员人数存在较大差距。村大学生村官人数的平均值为 0.609 9，最小值为 0，最大值为 8，标准差为 1.446 2，表明农户所在村的大学生村官人数较少且分布不均。大部分农户未加入合作社，其均值为 0.171 0，231 户加入了合作社，占比为 17.1%；1 120 户没有加入合作社，占比为 82.9%。军烈属均值为 0.006 7，仅有 9 户为军烈属，占比为 0.67%；其余 1342 户均不是军烈属，占比为 99.33%。总体而言，乌蒙山区受访农户社会资本水平较低且相差较大。

表 5-4　农户社会资本特征

变量	指标	单位	样本数	平均值	标准差	最小值	最大值	占比
社会资本	家庭现役军人人数	人	1 351	0.016 3	0.151 3	0	3	—
	家庭党员人数	人	1 351	0.022 2	0.147 5	0	1	—
	村中共党员人数	人	1 351	22.672 1	15.582 6	0	69	—
	村大学生村官人数	人	1 351	0.609 9	1.446 2	0	8	—
	加入合作社	是	231	0.171 0	0.376 6	0	1	17.10
		否	1 120					82.90
	军烈属	是	9	0.006 7	0.081 4	0	1	0.67
		否	1 342					99.33

（四）物质资本指标特征

表 5-5 展示了农户物质资本各个指标的统计特征。从农户人均住房面积来看，人均住房面积的均值为 19.731 8 m²，最小值为 0，最大值为 120，标准差为 10.123 6，说明农户人均住房面积离散程度较高。生产用电的平

均值为 0.346 4，468 个农户接通了生产用电，占比为 34.64%；883 个农户未接通生产用电，占比为 65.36%。生活用电均值为 0.996 3，大部分农户接通了生活用电，占比 99.63%；5 户未接通生活用电，占比为 0.37%。安装广播电视均值为 0.749 1，样本数为 1012 户，占比 74.91%；339 户农户还未安装广播电视，占比为 25.09%。燃料类型平均值为 1.948 9，使用沼气与电力为燃料类型的农户占比最高，样本数为 118 2 户，占比 87.49%；使用薪柴和煤炭等传统燃料类型的农户有 119 户，占比 8.81%，排名第二；而使用天然气和太阳能作为生活燃料类型的农户占比最低，仅有 50 户。农户入户路类型均值为 2.473 7，大部分入户路类型为水泥路和沥青路，两类入户路类型占比高达 98.67%。具体来看，入户路类型为水泥路的农户比沥青路的农户占比稍高，为 49.96%，后者为 48.7%；入户路类型为泥石、砂石、石板路的农户仅有 18 户，占比 1.33%。农户拥有卫生厕所均值为 0.310 1，31.01% 的农户家里拥有卫生厕所，样本数为 419 户；而高达 932 户农户家庭未拥有卫生厕所，占比为 68.99%。整体来说，乌蒙山区农户物质资本存量总量不高且存在较大的差异。

表 5-5　农户物质资本特征描述

变量	指标	单位	样本数	平均值	标准差	最小值	最大值	占比
物资资本	人均住房面积	m²	1 351	19.731 8	10.123 6	0	120	—
	生产通电	是	468	0.346 4	0.476 0	0	1	34.64
		否	883					65.36
	生活用电	是	1 346	0.996 3	0.607 5	0	1	99.63
		否	5					0.37
	广播电视	是	1 012	0.749 1	0.433 7	0	1	74.91
		否	339					25.09
	燃料类型	薪柴、煤炭	119	1.948 9	0.350 1	1	3	8.81
		沼气、电	1 182					87.49
		天然气、太阳能	50					3.70
	入户路类型	泥石、砂石、石板路	18	2.473 7	0.525 5	1	3	1.33
		水泥路	675					49.96
		沥青路	658					48.71
	卫生厕所	是	419	0.310 1	0.462 7	0	1	31.01
		否	932					68.99

（五）金融资本指标特征

表 5-6 展示了农户金融资本指标的描述性统计特征，乌蒙山区农户储蓄金额的平均值为 60 096.230 0 元，最小值为 0，最大值为 180 000，标准差为 23 432.920 0，说明农户储蓄离散程度较高，不同农户的家庭财务状况相差较大，金融资本积累存在较为明显的差距。

表 5-6　农户金融资本指标特征

变量	指标	单位	样本数	平均值	标准差	最小值	最大值
金融资本	储蓄	元	1 351	60 096.230 0	23 432.920 0	0	180 000

三、农户生计资本测度

（一）农户生计资本的测度方法

本研究采用熵值法对生计资本的五大类指标进行赋权。熵值法是一种基于信息熵理论对指标权重予以确定的客观赋值方法，样本数据的离散程度越大，在综合评价影响时被赋予的权重越大，熵值能够规避主观因素的干扰，又可以客观地反映指标在其评价体系中的权重。

首先，对正负向指标分别进行标准化处理，以此消除量纲影响。由于本研究中涉及农户生计资本 21 项指标均为正向指标，对正向指标进行无量纲化处理，公式为

$$X'_{ij} = \frac{X_{ij} - \min(X_j)}{\max(X_j) - \min(X_j)} \tag{5-1}$$

式中，i 为农户（$i=1, 2, ..., n$），j 为农户五类生计资本指标（$j=1, 2, ..., 21$）。X'_{ij} 为指标标准化后结果，X_{ij} 为第 i 个样本第 j 项指标原始变量值，$\max(X_j)$ 为第 j 项指标中的最大值，$\min(X_j)$ 为第 j 项指标中的最小值。

然后，计算生计资本各指标的信息熵，公式为

$$E_j = -\frac{1}{\ln n} \sum_{i=1}^{n} P_{ij} \ln P_{ij} \tag{5-2}$$

式中，n 为农户样本总数，P_{ij} 为规范化矩阵，公式为

$$P_{ij} = \frac{X'_{ij}}{\sum_{i=1}^{n} X'_{ij}} \tag{5-3}$$

接下来，通过式（5-2）计算生计资本各指标的信息熵值（E_1，E_2，…，E_{21}），由熵值法对各个指标权重进行客观赋权，以确定各指标权重，公式为

$$W_j = \frac{1 - E_j}{\sum_{j=1}^{21}(1 - E_j)} \tag{5-4}$$

最后，根据式（5-4）计算出的客观权重，测算生计资本指数 LCI，公式为

$$\text{LCI}_i = \sum_{j=1}^{21} X'_{ij} \times W_j \tag{5-5}$$

（二）农户生计资本测度结果

表 5-7 展示了农户生计资本评价指标体系的测度结果，反映了农户各类生计资本的重要程度以及综合指数得分。通过农户不同资本类型的权重系数可以看出，对生计资本存量影响最大的是物质资本和社会资本，人力资本和自然资本位居中间，金融资本影响较小。从生计资本综合指数得分来看，农户的各类生计资本中，物质资本在 5 类生计资本中数值最高，为 0.020 2。可见随着农村经济的发展以及我国农户年收入逐年提升，乌蒙山区农户物质资本存量逐步提升。其次是社会资本，其综合指数为 0.018 4。人力资本、自然资本指数较低，分别为 0.004 7、0.002 7。金融资本综合指数最低，为 0.000 5。

表 5-7 农户生计资本评估结果

一级指标	权重	得分	二级指标	权重	得分
自然资本	0.446 7	0.002 7	耕地面积	0.010 7	0.000 1
			林地面积	0.057 0	0.001 4
			水面面积	0.178 2	0.000 1
			牧草面积	0.107 8	0.000 7
			林果面积	0.093 0	0.000 4

续表

一级指标	权重	得分	二级指标	权重	得分
人力资本	0.011 6	0.004 7	劳动力人数	0.004 0	0.001 7
			劳动力平均受教育程度	0.001 8	0.001 0
			劳动力平均健康状况	0.005 8	0.002 0
社会资本	0.463 1	0.018 4	家庭现役军人人数	0.119 3	0.000 6
			家庭党员人数	0.103 4	0.002 3
			加入合作社	0.048 0	0.008 2
			军烈属	0.136 1	0.000 9
			村中共党员人数	0.008 1	0.002 7
			村大学生村官人数	0.048 2	0.003 7
物质资本	0.076 5	0.020 2	人均住房面积	0.003 2	0.000 5
			生产通电	0.028 8	0.001 0
			卫生厕所	0.031 8	0.009 9
			燃料类型	0.002 9	0.001 4
			广播电视	0.007 8	0.005 9
			入户路类型	0.001 9	0.001 4
			生活通电	0.000 1	0.000 1
金融资本	0.002 1	0.000 5	储蓄	0.002 1	0.000 5

表5-8为农户生计资本总指数以及5类生计资本的统计特征。农户生计资本的平均值为0.055 9，标准差为0.040 4，最大值为0.320 6，最小值为0.006 0，说明乌蒙山区农户生计资本的平均水平较低，且不同农户的生计资本水平存在较大差距。就5类生计资本来看，农户自然资本平均水平为0.003 0，最大值为0.178 2，最小值为0，说明乌蒙山区农户的自然资本水平整体较低。农户人力资本水平平均值仅有0.004 6，最小值为0，最大值也仅有0.008 1，标准差为0.001 3，说明农户人力资本离散程度较低且整体水平处于匮乏的状态。相比人力资本和自然资本，社会资本的平均值稍高，其值为0.018 4，最小值为0，最大值为0.242 2，标准差较大为0.029 8，也说明农户社会资本水平存在较大差异，存在明显的社会资本集中或者短缺的不均现象。农户物质资本水平均值为0.019 1，最小值为0.001 1，最大值为0.041 6，标准差为0.014 0，说明乌蒙山区农户物质资本水平差异不大，

但总体水平不高。金融资本表现出了较低水平，平均值仅为0.000 7，最大值仅为0.002 1，标准差为0.000 3，说明农户金融资本虽整体水平较低，但呈现出较为均衡的状态。

表5–8　农户生计资本描述性统计

变量	样本数	平均值	标准差	最小值	最大值
总生计资本	1 351	0.055 9	0.040 4	0.006 0	0.320 6
自然资本	1 351	0.003 0	0.012 2	0	0.178 2
人力资本	1 351	0.004 6	0.001 3	0	0.008 1
社会资本	1 351	0.018 4	0.029 8	0	0.242 2
物质资本	1 351	0.019 1	0.014 0	0.001 1	0.041 6
金融资本	1 351	0.000 7	0.000 3	0	0.002 1

四、农户改良生计资本测度

（一）农户改良生计资本指标体系构建

鉴于乌蒙山区自然环境的特殊性，农户生计资本禀赋、生计方式往往与自然环境密切相关，因此，进一步地将村庄层面的自然资源纳入可持续生计框架。本研究基于遥感大数据获取乌蒙山区村级层面的自然资源，并与农户生计调查数据相结合，分析考虑融入村级自然资源的农户生计资本特征。

在原有生计资本指标体系的基础上加入村级自然资源总体水平、耕地坡度、耕地完整度（破碎度）、水域面积等4个变量，构建农户改良生计资本指标体系。需要说明的是，耕地坡度是根据遥感大数据测算的耕地加权坡度等级，该指数越高意味着村庄内耕地坡度陡峭面积越多，为负向指标；耕地完整度是由遥感大数据测算的耕地总面积除以村庄内耕地斑块数得出，其值越大，说明耕地完整度越高，为正向指标；水域面积为遥感大数据获取的村庄内河流水面面积、坑塘水面面积、水库水面面积、内陆滩涂面积和养殖坑塘面积的总和，为正向指标；村级自然资源总体水平为基于遥感大数据利用熵值法评估得出的村级自然资源总体水平，并将村级数据赋值给农户，为正向指标。其余指标含义与前文一致，具体定义详见表5–9。

表 5-9　农户改良生计资本指标体系

一级指标	二级指标	指标含义	方向
改良自然资本	耕地面积	家庭总耕地面积（单位：亩）	+
	林地面积	家庭总林地面积（单位：亩）	+
	耕地坡度	（等级1面积×1+等级2面积×2+等级3面积×3+等级4面积×4+等级5面积×5）/15	-
	耕地完整度	耕地面积（亩）/斑块数（块）	+
	水域面积	（河流水面面积+坑塘水面面积+水库水面面积+内陆滩涂面积+养殖坑塘面积）/村总人数×家庭总人数	+
	村级自然资源总体水平	由遥感影像获取数据得出村级自然资源总体水平赋值给农户，具体测算方式与结果见第四章	+
人力资本	劳动力人数	家庭劳动年龄人口：家庭16岁至59岁男性与16岁至54岁女性人数	+
	劳动力平均受教育程度	家庭劳动年龄人口平均受教育年限：将文盲赋值为0；小学赋值为6；初中赋值为9；高中赋值12；本科赋值为16；硕士及以上赋值为19	+
	劳动力平均健康状况	家庭劳动年龄人口平均健康状况：健康=4；良好=3；一般=2；疾病=1	+
社会资本	家庭现役军人人数	家庭现役军人人数	+
	家庭党员人数	家庭党员人数	+
	加入合作社	是=1；否=0	+
	军烈属	是=1；否=0	+
	村中共党员人数	所在村中共党员人数匹配到农户	+
	村大学生村官人数	所在村大学生村官人数匹配到农户	+
物质资本	人均住房面积	家庭人均住房面积（单位：m^2）	+
	生产通电	是=1；否=0	+
	卫生厕所	是=1；否=0	+
	燃料类型	1=薪柴、煤炭；2=沼气、电；3=天然气、太阳能	+
	广播电视	是=1；否=0	+
	入户路类型	1=泥石、砂石、石板路；2=水泥路；3=沥青路	+
	生活通电	是=1；否=0	+
金融资本	储蓄	家庭储蓄金额（单位：元）	+

（二）农户改良生计资本测度结果

与测度农户生计资本方式一样，使用熵值法对改良生计资本各个指标进行客观赋值，计算改良生计资本综合指数。通过融合遥感大数据提取自然资源特征后，农户改良生计资本分项指标权重以及生计资本指数均发生了改变，具体权重分配与测算结果见表5–10。总体来看，改良生计资本中对生计资本存量影响最大的为社会资本，自然资本和物质资本位居中间，人力资本的影响相较之前有所降低，金融资本与之前保持一致，影响最小。从生计资本综合指数得分来看，各类生计资本指数得分均有所上升但排名未变，物质资本在5类生计资本中指数得分仍然最高，得分升至为0.043 1，其次是社会资本，综合指数得分提升至0.027 2，自然资本、人力资本指数仍然位居中间，分别为0.006 9、0.007 0，金融资本综合指数仍然最低，综合指数为0.001 0。

表5–10 改良农户生计资本评估结果

一级指标	权重	得分	二级指标	权重	得分
自然资本	0.173 0	0.007 0	耕地面积	0.015 8	0.000 2
			林地面积	0.084 4	0.002 2
			耕地坡度	0.000 03	0.000 03
			耕地完整度	0.022 3	0.000 2
			水域面积	0.049 5	0.002 4
			村级自然资源总体水平	0.001 0	0.002 0
人力资本	0.017 3	0.006 9	劳动力人数	0.006 0	0.002 5
			劳动力平均受教育程度	0.002 7	0.001 4
			劳动力平均健康状况	0.008 6	0.003 0
社会资本	0.684 3	0.027 2	家庭现役军人人数	0.175 9	0.001 0
			家庭党员人数	0.153 0	0.003 4
			加入合作社	0.071 0	0.012 1
			军烈属	0.200 9	0.001 3
			村中共党员人数	0.012 1	0.004 0
			村大学生村官人数	0.071 4	0.005 4

续表

一级指标	权重	得分	二级指标	权重	得分
物质资本	0.113 3	0.043 1	人均住房面积	0.004 7	0.000 8
			生产通电	0.042 7	0.014 8
			卫生厕所	0.047 1	0.014 6
			燃料类型	0.004 3	0.002 0
			广播电视	0.011 6	0.008 7
			入户路类型	0.002 8	0.002 1
			生活通电	0.000 1	0.000 1
金融资本	0.003 1	0.001 0	储蓄	0.003 1	0.001 0

表 5-11 列示了融合遥感大数据的农户改良生计资本描述性统计。农户改良生计资本平均值增加至 0.085 2，最大值为 0.477 4，最小值为 0.011 6，说明改良生计资本总体水平仍然较低。区分不同生计资本类型来看，农户改良自然资本平均水平为 0.006 9，最大值为 0.091 3，最小值为 0.000 1，标准差为 0.009 9，农户改良自然资本水平仍然处于较低水平；农户人力资本平均水平为 0.006 9，最小值为 0，最大值仅有 0.012 0，标准差为 0.002 0，改良人力资本离散程度呈现出较低水平且整体水平处于匮乏的状态；农户改良社会资本平均水平稍有增加，为 0.027 3，最小值为 0，最大值为 0.357 9，标准差为 0.044 0；农户物质资本水平均值为 0.028 4，最小值为 0.001 7，最大值为 0.061 7，标准差为 0.020 8，相较之前有所增加但差异不大，总体水平仍然处于较低水平；改良金融资本增加至 0.001 0，最大值为 0.003 1，标准差为 0.000 4。农户改良生计资本由于自然资本测算变化影响其指标体系在生计资本中的测算权重，进而影响各个资本类型综合指数。

表 5-11 改良农户生计资本描述性统计

变量	样本数	平均值	标准差	最小值	最大值
总生计资本	1 351	0.085 2	0.057 6	0.011 6	0.477 4
自然资本	1 351	0.006 9	0.009 9	0.000 1	0.091 3
人力资本	1 351	0.006 9	0.002 0	0	0.012 0
社会资本	1 351	0.027 3	0.044 0	0	0.357 9
物质资本	1 351	0.028 4	0.020 8	0.001 7	0.061 7
金融资本	1 351	0.001 0	0.000 4	0	0.003 1

第四节 农户生计资本特征分析

一、不同类型农户的生计资本特征分析

（一）农户生计类型分类

农户根据自身所拥有的资源和能力选择不同的生计类型，从而进一步影响生计资本配置和使用效率。参照已有研究中有关农户类型划分的研究成果[1]，结合乌蒙山区农户实际收入情况，根据农业收入占农户家庭总收入的比重，将农户按照生计类型划分为纯农户、农兼户、兼农户和非农户，进一步分析不同农户生计类型生计资本的特征。纯农户指农业收入占比为100%的农户；农兼户指农业收入占比介于50%至100%之间（不含50%和100%）的农户；兼农户表示农业收入占比介于0%至50%之间（含50%）的农户；非农户指农业收入占比为0的农户。统计数据显示，乌蒙山区纯农户样本量为0，即不存在收入全部来源为农业的农户；农兼户样本量为205户，占比15.17%；兼农户所占比重最高，占78.39%，共1 059户；仅87户农户为非农户，占比较少，为6.44%。

表5-12展示了不同类型农户生计资本与改良生计资本评估结果。由于纯农户样本量为0，因此在此不做分析阐述。总体而言，改良生计资本总体水平与分类资本水平均明显高于改良前农户生计资本。在三类农户中非农户生计资本与改良生计资本水平最高，其次为兼农户，农兼户最低。具体而言，三类农户生计资本与改良生计资本的五种资本类型水平与整体水平基本保持相同趋势但存在细微差异。社会资本、物质资本水平在三类

---

[1] 王小兰，余珂，侯兰功. 岷江上游农户生计资本与生计稳定性耦合协调分析[J/OL]. 西安理工大学学报，1-13[2024-06-25]. http://kns.cnki.net/kcms/detail/61.1294.N.20240110.1055.003.html.

农户生计资本均排名靠前，而金融资本水平较低。值得注意的是，非农户社会资本得分明显较高，这可能是因为非农户就业性质增加了其与外界交往频率以及交往质量，从而积累更多的社会资本。

表 5-12　不同生计类型农户生计资本指数

项目	农兼户	兼农户	非农户
样本数	205	1 059	87
生计资本	0.048 3	0.057 1	0.058 5
改良生计资本	0.074 6	0.086 9	0.088 7
自然资本	0.002 5	0.003 1	0.002 5
改良自然资本	0.006 7	0.007 0	0.005 8
人力资本	0.004 5	0.004 7	0.004 7
改良人力资本	0.006 7	0.006 9	0.007 0
社会资本	0.013 7	0.018 7	0.025 7
改良社会资本	0.020 3	0.027 7	0.038 0
物质资本	0.016 3	0.019 7	0.019 8
改良物质资本	0.024 2	0.029 1	0.029 3
金融资本	0.000 7	0.000 7	0.000 6
改良金融资本	0.001 0	0.001 1	0.000 8

（二）收入水平分类

农户收入与生计资本之间存在着密切的关系，生计资本包含的资源禀赋直接影响农户的收入水平。一般而言，将农村居民的收入水平作为划分农村高、中、低收入群体的依据。本研究按照 2021 年农户人均纯收入水平，将农户分为三等份，即低收入农户、中收入农户和高收入农户，基于此对乌蒙山区低中高收入农户分析农户生计资本水平特征，其结果见表 5-13。三类农户生计资本与改良生计资本水平呈现出递增的规律。高收入农户生计资本在三类收入水平中排名最高，生计资本得分为 0.070 2，改良生计资本为 0.105 2；其次为中收入农户，生计资本为 0.050 6，改良生计资本为 0.077 8；低收入农户生计资本最低且与全样本农户水平存在一定差异，仅为 0.046 8，改良生计资本为 0.726。从生计资本五大类型来看，在农户生计资本和改良生计资本中，高收入农户自然资本、人力资本、社会资本以及物质资本在三类收入水平农户中均处于最高位，而金融资本水平相比其他收入水平农户展现出了较低的水平。低中高收入农户之间生计资本结构与总样本生计资本结构基本保持一致，社会资本与物质资本水平最高，自然资本、人力资本位居中间，金融资本水平较低。

表 5-13　不同收入水平农户生计资本指数

项目	低收入农户	中收入农户	高收入农户
生计资本	0.046 8	0.050 6	0.070 2
改良生计资本	0.072 6	0.077 8	0.105 2
自然资本	0.002 6	0.002 5	0.003 8
改良自然资本	0.007 2	0.006 6	0.006 9
人力资本	0.004 6	0.004 6	0.004 7
改良人力资本	0.006 7	0.006 9	0.007 0
社会资本	0.013 4	0.013 7	0.028 1
改良社会资本	0.019 9	0.020 3	0.041 7
物质资本	0.016 9	0.018 2	0.022 4
改良物质资本	0.025 0	0.026 9	0.033 2
金融资本	0.000 6	0.000 6	0.000 8
改良金融资本	0.000 9	0.001 0	0.001 2

（三）地形地貌分类

基于前文遥感大数据提取的村级自然资源特征，参考地形坡度[①]划分标准，将村庄分为平坡村、缓坡村和斜坡村三类，分析不同地形地貌村庄生计资本水平与结构类型。乌蒙山区样本村庄主要以缓坡和斜坡为主，平坡村较少，见表5-14。总体而言，三类地形地貌的村庄在改良生计资本水平上表现出显著的不均衡性和差异性。其中，斜坡村农户生计资本与改良生计资本水平均最高，相较于其他两类村庄有着明显的优势，平坡村相对较低，缓坡村虽然略高于总样本村庄均值，但与斜坡村相比仍有差距。

----

① 具体划分标准见第四章内容。

从五种生计资本类型来看，斜坡村农户自然资本及改良自然资本均明显高于其他两类村庄，平坡村自然资本水平略差；在人力资本方面，三种地形地貌村庄农户人力资本与改良人力资本均与总样本村庄基本持平；从社会资本水平来看，三类地形地貌村庄平均水平存在较大差异，斜坡村农户社会资本与改良社会资本状况均高于其他两类村庄，缓坡村和平坡村社会资本水平略低；缓坡村物质资本展示出了相对优势，且略高于总样本平均水平，斜坡村物质资本水平略差；在金融资本方面，三类地形地貌村庄均与总样本的平均水平持平，具有一定的稳定性。

表 5-14　不同地形地貌农户生计资本指数

项目	平坡村	缓坡村	斜坡村
样本数	59	811	481
生计资本	0.052 5	0.054 1	0.059 2
改良生计资本	0.080 8	0.084 2	0.087 4
自然资本	0.001 2	0.002 0	0.004 9
改良自然资本	0.004 9	0.007 0	0.006 9
人力资本	0.004 6	0.004 7	0.004 6
改良人力资本	0.006 8	0.006 9	0.006 8
社会资本	0.019 4	0.014 7	0.024 4
改良社会资本	0.028 7	0.021 8	0.036 2
物质资本	0.018 3	0.020 6	0.016 7
改良物质资本	0.027 2	0.030 6	0.024 8
金融资本	0.000 7	0.000 7	0.000 7
改良金融资本	0.001 1	0.001 0	0.001 0

（四）道路交通网络发达程度分类

加强农村道路交通网络建设是实现乡村振兴战略的重要措施之一，一般而言，道路交通是否发达最直接体现在路网密度上。路网密度通常以单位面积内的道路里程数来衡量，路网密度越高，意味着单位面积内的道路数量越多。本研究基于乌蒙山区城镇村道路用地和农村道路用地面积，加总计算与村庄总面积的比值，测算道路交通占比以表征道路交通发达程度。

数据统计显示，所在村庄道路交通较好的农户有 602 户，占比 44.56%；602 户农户所在村庄道路交通较差，占比 55.44%，村庄道路交通便捷程度相对滞后。

基于上述村庄分类，测定了不同道路交通程度下农户的生计资本与改良生计资本特征。从表 5-15 可以看出，不同道路交通程度下农户生计资本总体上均呈现出较高的均衡性，两类村庄相差不大且与总样本基本持平。在五种生计资本类型中，两类村庄农户的自然资本表现出显著差异性，所在村庄道路交通较好的农户两种自然资本水平更低；所在村庄道路交通较好的农户显示出了相对较好的社会资本状况；两类农户人力资本、物质资本和金融资本水平均与总样本均值持平。

表 5-15　不同交通发达程度农户生计资本指数

项目	道路交通较好	道路交通较差
样本数	602	749
生计资本	0.057 7	0.054 4
改良生计资本	0.087 9	0.083 0
自然资本	0.001 9	0.003 8
改良自然资本	0.005 3	0.008 2
人力资本	0.004 6	0.004 6
改良人力资本	0.006 9	0.006 9
社会资本	0.022 3	0.015 3
改良社会资本	0.033 0	0.022 6
物质资本	0.019 1	0.019 2
改良物质资本	0.028 3	0.028 4
金融资本	0.000 7	0.000 7
改良金融资本	0.001 1	0.001 0

二、农户生计资本结构特征分析

（一）农户的生计资本结构与改良生计资本结构

通过前文对生计资本的描述性统计，识别农户的生计资本与改良生计资本综合指数得分以及各项分类生计资本得分情况。为更清晰地反映农户的生计资本与改良生计资本五类生计资本综合得分的差异，绘制两种生计资本雷达图，如图5-1所示。

总体而言，农户的生计资本与改良生计资本结构分布相似但呈现出不均衡性，与理想状态下生计资本正五边形分布模式相比出现明显偏离。从生计资本结构来看，改良生计资本中自然资本、人力资本、社会资本及物质资本综合得分均高于改良前的生计资本，改良金融资本与农户金融资本基本持平。从得分评估来看，农户的生计资本总值与改良生计资本总值分别为0.055 9和0.085 2，物质资本、社会资本在农户五类生计资本中得分最高，金融资本得分最低。

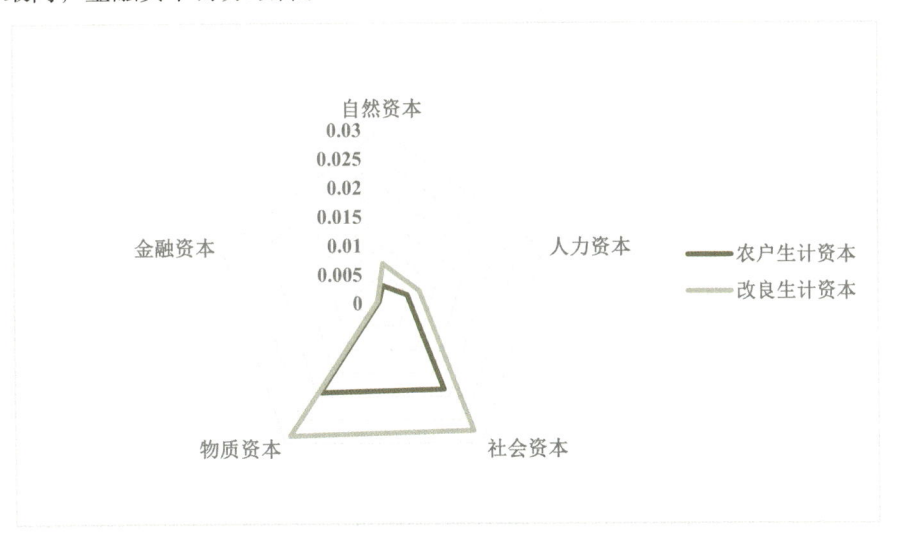

图5-1 农户的生计资本结构与改良生计资本结构对比

（二）不同农户生计类型与改良生计资本结构

根据前文对不同农户生计类型的分类以及其改良生计资本的测度结果，绘制按照不同农户生计类型分类的改良生计资本结构雷达图，如图5-2所示。农兼户、兼农户与非农户的改良生计资本结构与整体改良生计资本结构基本保持相同趋势，但存在细微差异。具体而言，三类农户自然资本、人力资本及金融资本水平相差不大；农兼户、兼农户与非农户的社会资本水平呈现出递增的趋势，非农户社会资本水平相较于其他两类农户具有一定的优势，这可能是因为非农户就业性质增加了其与外界交往频率以及交往质量，从而积累更多的社会资本；兼农户与非农户物质资本水平相当，而农兼户物质资本水平较低。农兼户其物质资本水平最高，兼农户、非农户均呈现社会资本存量居于高位的状态。

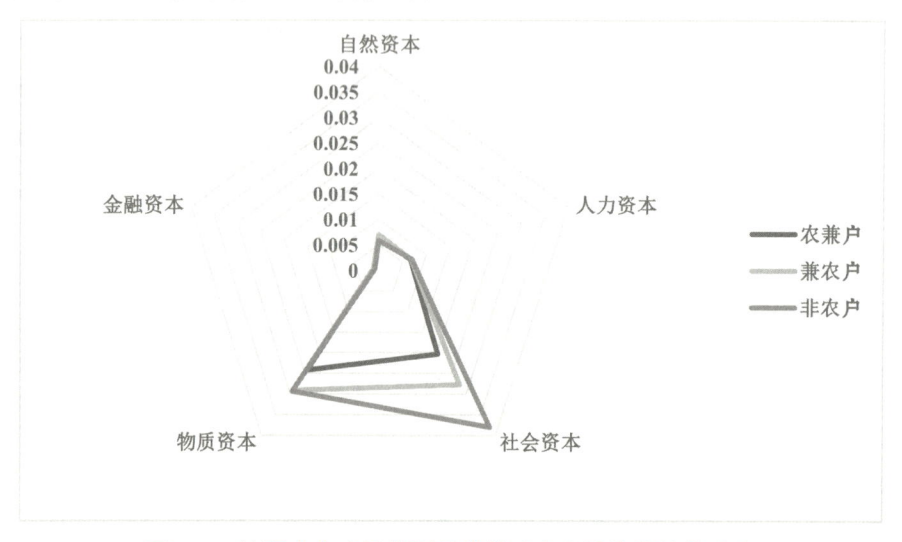

图 5-2 按照农户生计类型分类的改良生计资本结构对比

（三）不同农户收入水平与改良生计资本结构

图 5-3 为低收入农户、中收入农户和高收入农户的改良生计资本结构雷达图。可以看到，低收入农户与中收入农户的改良生计资本结构与生计资本水平均保持一致，且物质资本水平均排名第一；而高收入农户的改良生计资本中社会资本最高。三类农户的自然资本、人力资本与金融资本得分基本持平，高收入农户的社会资本与物质资本水平明显高于低收入农户和中收入农户。

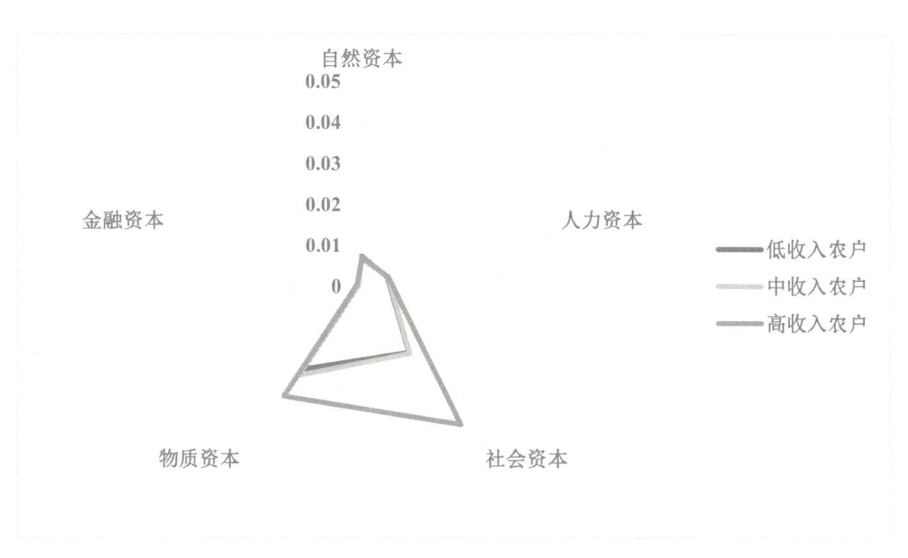

图 5-3　按照农户收入水平分类的改良生计资本结构对比

（四）不同地形地貌与改良生计资本结构

将村庄分为平坡村、缓坡村和斜坡村，三类村庄内农户的改良生计资本结构呈现出略微差异性，如图 5-4 所示。具体而言，三类村庄内农户的自然资本、人力资本与金融资本差异不大；农户社会资本最高的为斜坡村，其次为平坡村，缓坡村农户社会资本水平最低；而缓坡村农户物质资本水平略高于平坡村与斜坡村，相较于其他两类村庄的农户优势明显。平坡村农户的改良生计资本中社会资本水平最高，缓坡村农户的物质资本水平较高，斜坡村农户的社会资本也表现出较高水平。

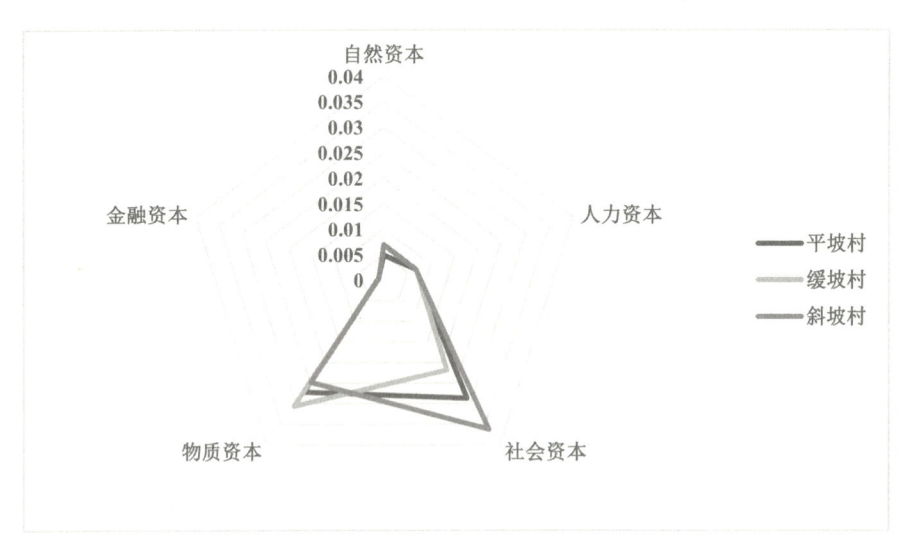

图 5-4　按照地形地貌分类的改良生计资本结构对比

（五）不同道路交通程度与改良生计资本结构

图5-5展示了按照道路交通程度分类的农户改良生计资本结构雷达图。两类村庄内农户的改良生计资本结构分布相差不大。具体来看，所在村庄道路交通状况更为发达的农户其自然资本水平略低于道路交通路网不发达的农户，而社会资本水平表现出了相对更高的水平；在人力资本、物质资本以及金融资本方面，道路交通是否发达没有表现出显著的生计资本水平异质性。所在村庄道路交通发达的农户社会资本水平最高，而所在村庄道路交通状况不发达的农户改良生计资本水平排名最高的是物质资本。

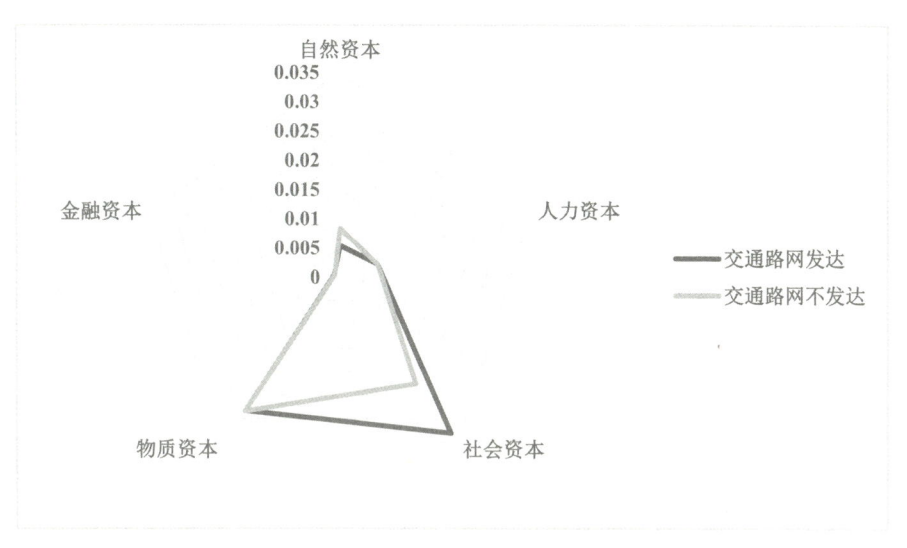

图 5-5　按照道路交通程度分类的改良生计资本结构对比

三、相关性分析

本部分的研究使用皮尔森相关性分析方法识别农户生计资本与改良生计资本的相关性关系，为后续实证分析提供支撑。相关系数介于 –1 和 1 之间，正值表示正相关，负值表示负相关。绝对值越接近 1，表示相关性越强；绝对值越接近 0，表示相关性越弱。当值为 1 时，表示两个变量之间存在完全正线性关系；当值为 –1 时，表示两个变量之间存在完全负线性关系。计算公式具体如下：

$$r=\frac{\sum_{i=1}^{n}(x_{i}-\dot{X})(y_{i}-\dot{Y})}{\sqrt{\sum_{i=1}^{n}(x_{i}-\dot{X})^{2}}\sqrt{\sum_{i-1}^{n}(y_{i}-\dot{Y})^{2}}} \quad （5-6）$$

式中，表示相关系数，$\dot{X}$ 和 $\dot{Y}$ 分别表示 x_i 和 y_i 的样本均值。

相关性分析结果见表 5-16，生计资本指标及改良生计资本指标均与生计资本综合指数呈现出一定的显著性。总体而言，五种农户生计资本类型均对农户生计资本产生显著的正向影响。从各指标与生计资本的相关性来看，农户生计资本与林地面积、水面面积、牧草面积、林果面积、劳动力平均健康状况、家庭现役军人人数、家庭党员人数、加入合作社、军烈属、村中共党员人数、村大学生村官人数、生产通电、卫生厕所、入户路类型及储蓄呈正相关关系，且通过显著性检验；与耕地面积、劳动力人数、劳动力平均受教育程度，以及生活通电也呈正相关关系，但未通过显著检验；与人均住房面积、广播电视及燃料类型呈负相关关系，未通过显著性检验。

从改良生计资本方面来看，五种改良生计资本类型均与改良生计资本呈现出显著正向相关；与耕地面积、林地面积、水域面积、家庭现役军人人数、家庭党员人数、加入合作社、军烈属、村大学生村官人数、生产通电、卫生厕所、入户路类型及储蓄呈现显著的正相关关系；而与村级自然资源总体水平、劳动力人数、劳动力平均受教育程度、劳动力平均健康状况、村中共党员人数以及生活通电也呈正相关关系，但未通过显著检验；改良生计资本与耕地坡度、耕地完整度、人均住房面积、广播电视及燃料类型呈负相关关系，未通过显著性检验。从相关性系数来看，社会资本在五种生计资本中产生的影响更大，农户的生计资本相关系数为 0.752，改良生计资本相关系数为 0.774；二级指标中"生产通电"对农户生计资本和改良生计资本的影响均最大，系数分别为 0.560 和 0.581。

表 5-16 各指标与改良生计资本相关性分析结果

生计资本指标	生计资本	改良生计资本
耕地面积	0.040	0.057[**]
林地面积	0.262[***]	0.162[***]
水面面积	0.119[***]	—
牧草面积	0.201[***]	—
林果面积	0.117[***]	—
耕地坡度	—	−0.008
耕地完整度	—	−0.043
水域面积	—	0.009[***]
村级自然资源总体水平	—	0.017
劳动力人数	0.016	0.018
劳动力平均受教育程度	0.004	0.019

续表

生计资本指标	生计资本	改良生计资本
劳动力平均健康状况	0.049*	0.058
家庭现役军人人数	0.180***	0.187***
家庭党员人数	0.413***	0.434***
加入合作社	0.509***	0.514***
军烈属	0.361***	0.374***
村中共党员数	0.066**	0.035
村大学生村官人数	0.193***	0.206***
人均住房面积	−0.011	−0.019
生产通电	0.560***	0.581***
广播电视	−0.035	−0.030
卫生厕所	0.440***	0.457***
燃料类型	−0.019	−0.012
入户路类型	0.478***	0.488***
生活通电	0.012	0.012
储蓄	0.158***	0.174***
自然资本	0.301***	—
人力资本	0.060**	—
社会资本	0.752***	—
物质资本	0.555***	—
金融资本	0.158***	—
改良自然资本	—	0.135***
改良人力资本	—	0.075***
改良社会资本	—	0.774***
改良物质资本	—	0.577***
改良金融资本	—	0.174***

注：*、**、*** 分别表示在1%、5%、10%的水平上显著。

第六章 农户生计资本与生计稳定性耦合协调分析

第一节 农户生计稳定性的测算

一、农户生计稳定性的指标体系

生计稳定性指农户在遭受外部风险和冲击时，能够有效抵抗风险冲击从而维持生计可持续性的能力，是农户维持生计可持续状态的重要保障。生计稳定性是农户生计安全的重要保障，也是评估其生计是否具有长期可持续性发展的关键指标，更是农村社会可持续发展的微观基础。本研究借鉴徐爽等[①]的方法，利用乌蒙山区农户调查数据，从生计多样性和依赖性两个层面测度农户生计稳定性。将生计稳定性指数的测量指标解析为两个部分。一是多样性指数，具体分为生计多样性和收入多样性。其中，生计多样性反映农户从事生计活动的多样性，包括农业生计活动和非农生计活动两个类别；收入多样性则定义为农户收入来源的种类数量以及每个种类

---

① 徐爽，胡业翠. 农户生计资本与生计稳定性耦合协调分析——以广西金桥村移民安置区为例[J]. 经济地理，2018，38（3）：142-148，164.

收入占家庭总收入比重的均衡程度。二是依赖性指数，包括收入依赖性和自然资源依赖性两个方面。其中，收入依赖性是指农户对某一特定收入的依赖程度；自然资源依赖性则指农户依赖自然资源形成产业收入进行生存发展的程度。各个指标的具体定义详见表6-1。

表 6-1 农户生计稳定性的指标体系

一级指标	二级指标	符号	变量定义
多样性指数	生计多样性	+	农业生计活动多样性主要选取种植业、林业、林果业、牧草业、畜牧业指标来进行衡量。非农生计活动则包含转移性收入［计划生育补贴（元）、低保金（元）、五保金（元）、养老保险金（元）、生态补偿金（元）、其他转移性收入］、务工收入、第二产业收入和第三产业收入
	收入多样性	+	具体选取工资收入（元）、经营收入（元）、财产收入（元）和转移收入（元）4个指标进行测算
依赖性指数	收入依赖性	−	具体选取工资收入（元）、经营收入（元）、财产收入（元）和转移收入（元）4个指标进行测算某一种收入占比远远高于其他收入加和，或在总收入中占较大比例
	自然资源依赖性	−	自然资源依赖性指数指农户依靠自然资源形成产业收入进行发展的程度。根据农户的农业生计活动的收入确定为农业生产经营性收入

二、农户生计稳定性的测算方法

（一）多样性指数的测算

一是生计多样性指数。生计多样性指数高低直接影响农户生计稳定性强弱。生计多样性越高，农户规避风险能力也就越高，生计越稳定。测算公式如下：

$$M_{act} = I_i \big/ I \qquad (6-1)$$

式中，M_{act} 表示农户的生计多样性指数，I_i 是指第 i 户农户拥有的生计活动类型数量，I 表示农户参与的全部生计活动类型数量。

二是收入多样性指数。借鉴万金红等[①]的研究，选择 Shannon-wiener 多样性测算方法进行测度。收入多样化指数越高，表明农户收入来源类别越多且各收入占比越均衡，农户抵御风险能力越强，其生计稳定性越高。计算公式如下：

$$M_{inc} = -\sum_{n=1}^{t} p_n \ln p_n \qquad (6-2)$$

式中，M_{inc} 表示农户收入多样性指数，p_n 表示第 n 种收入来源下农民家庭纯收入与家庭总纯收入之比，t 表示收入来源的种类。

（二）依赖性指数的测算

一是收入依赖性指数。当农户的依赖性指数上升，意味着其对于某一特定收入的依赖程度增强。在遭遇外部冲击导致该收入大幅减少或消失时，农户需要转移其他收入来源以填补这一损失。这种转移不仅增加了农户的经济压力，同时也使得他们应对外部冲击带来的负面影响和进行自我恢复变得更为困难。农户收入依赖性指数计算公式如下：

$$D_{inc} = \sum_{n=1}^{t} \frac{E_n(E_n-1)}{E(E-1)} \qquad (6-3)$$

式中，D_{inc} 表示收入依赖性指数，E_n 指农户在第 n 种收入来源下的家庭收入，E 则表示农户家庭总收入，t 为收入来源的数量。

二是自然资源依赖性指数。选取农业生产经营性收入占家庭总收入的比例来表示农户对自然资源依赖性指数值的大小。自然资源依赖性指数越高，表明农户对农业生产经营性收入的依赖性越高，自然风险对其生计的冲击越大，生计稳定性越低。计算公式如下：

$$D_{sou} = \frac{N}{T} \qquad (6-4)$$

式中，D_{sou} 表示自然资源依赖性指数，N 表示农户自然资源收入，即家庭

---

① 万金红，王静爱，刘珍，等. 从收入多样性的视角看农户的旱灾恢复力——以内蒙古兴和县为例 [J]. 自然灾害学报，2008（1）：122-126.

农业生产经营纯收入，T表示农户家庭总收入。

（三）生计稳定性的测算

根据前文测算得到生计多样性指数、收入多样性指数、收入依赖性指数和自然资源依赖性指数。采用熵权法确定农户生计多样性指数、收入多样性指数、收入依赖性指数和自然资源依赖性指数的权重，并使用综合加权模型求和后，得到生计稳定性指数。具体测算步骤如下。

首先，对正向指标进行无量纲化处理，公式为

$$X'_{ij} = \frac{X_{ij} - \min(X_j)}{\max(X_j) - \min(X_j)} \tag{6-5}$$

对负向指标进行无量纲化处理，公式为

$$X'_{ij} = \frac{\max(X_j) - X_{ij}}{\max(X_j) - \min(X_j)} \tag{6-6}$$

式（6-5）和（6-6）中，X'_{ij}表示第i个样本的第j项指标标准化后的值，X_{ij}表示第i个样本第j项指标的变量值，$\max(X_j)$表示第j项指标中的最大值，$\max(X_j)$表示第j项指标中的最小值。

然后计算各指标信息熵，公式为

$$E_j = -\frac{1}{\ln n} \sum_{i=1}^{n} P_{ij} \ln P_{ij} \tag{6-7}$$

式中，n为农户样本总数，P_{ij}为规范化矩阵，$P_{ij} = \dfrac{X'_{ij}}{\sum_{i=1}^{n} X'_{ij}}$。

确定各指标权重：通过式（6-7）计算出各个指标熵值（$E_1, E_2, \cdots, E_m$），由熵值法计算各个指标的权重，公式为

$$W_j = \frac{1 - E_j}{\sum_{j=1}^{m}(1 - E_j)} \tag{6-8}$$

式中，m为指标个数。

最后，根据计算出的权重，测算生计稳定性指数 LSI，公式为

$$LSI_i = \sum_{j=1}^{m} X'_{ij} \times W_j \qquad (6-9)$$

三、农户生计稳定性的测算结果

表 6-2 展示了农户生计稳定性指数的测算结果。生计稳定性指数的平均值为 0.517 7，标准差为 0.205 3，最小值和最大值分别为 0.100 1 和 0.890 5。由此可见，乌蒙山区农户的生计稳定性存在较大的差异，且生计稳定性的平均水平处于中等水平。生计多样性指数、收入多样性指数、收入依赖性指数和自然资源依赖性指数的权重分别为 0.127 2、0.295 8、0.431 4 和 0.145 6。收入依赖性指数的权重最高，其次为收入多样性指数，生计多样性指数的权重最低且与自然资源依赖性指数权重相差不大。从生计稳定性的各个二级指标来看，生计多样性指数的平均值为 0.059 4，标准差为 0.018 2，最大值为 0.127 2，这表明乌蒙山区农户生计多样性差距较小，但生计多样性水平较低；收入多样性指数的平均值为 0.149 7，标准差为 0.065 5，最大值为 0.295 8，与生计多样性指数相似，乌蒙山区农户的收入多样性水平较低，且存在较小差距；收入依赖性指数和自然资源依赖性指数的平均值分别为 0.229 9 和 0.078 8，标准差分别为 0.115 6 和 0.024 5，最大值分别为 0.431 4 和 0.145 6。由此可见，乌蒙山区农户对收入的依赖性相对较高，对自然资源的依赖性相对较低，且存在的差距均较小。农户的生计多样性水平较低以及对收入依赖性程度较高是乌蒙山区农户生计稳定性不高的主要不利因素。

表 6-2　农户生计稳定性测度结果

项目	权重	平均值	标准差	最小值	最大值
生计稳定性指数	—	0.517 7	0.205 3	0.100 1	0.890 5
生计多样性指数	0.127 2	0.059 4	0.018 2	0.000 0	0.127 2
收入多样性指数	0.295 8	0.149 7	0.065 5	0.000 0	0.295 8
收入依赖性指数	0.431 4	0.229 9	0.115 6	0.000 0	0.431 4
自然资源依赖性指数	0.145 6	0.078 8	0.024 5	0.000 0	0.145 6

第二节 农户生计稳定性的特征分析

一、不同户主特征农户的生计稳定性

户主是农户家庭生计策略的主要决策者和执行者，其决策直接关系到农户的生计选择和稳定性。户主往往根据自身的经验和受教育水平等因素选择适合的生计策略。本研究针对户主特征进行分组分析。第一，根据户主年龄分为青年农户（户主年龄小于等于40岁）、中年农户（户主年龄介于40至60岁之间）和老年农户（户主年龄为60岁及以上）。其中，青年农户有126户、中年农户888户、老年农户337户，可以看到，农户多为中年农户。第二，按照户主受教育程度分为较高学历农户（户主受教育年限为9年以上）和较低学历农户（户主受教育年限等于或低于9年）。其中，较高学历农户有373户、较低学历农户有978户，可以看到，农户以较低学历农户为主。不同户主年龄和受教育程度特征下农户的生计稳定性特征见表6-3。

表6-3 不同户主特征农户的生计稳定性特征

农户类型	户数	生计多样性指数	收入多样性指数	收入依赖性指数	自然资源依赖性指数	生计稳定性指数
青年	126	0.057 6	0.156 6	0.235 6	0.086 1	0.535 8
中年	888	0.057 3	0.148 3	0.227 9	0.079 3	0.512 8
老年	337	0.065 6	0.150 8	0.233 1	0.074 7	0.524 2
较高学历	373	0.056 7	0.146 6	0.227 0	0.079 4	0.509 7
较低学历	978	0.060 4	0.150 8	0.231 0	0.078 6	0.520 8

从不同户主年龄特征来看，青年农户的生计稳定性指数和收入多样性指数均最高，其次为老年农户，中年农户的生计稳定性指数和收入多样性指数均最低；老年农户的生计多样性指数最高，其次为青年农户，中年农户的生计多样性指数仍然最低；青年农户的收入依赖性指数和自然资源依赖性指数均最高，中年农户的收入依赖性指数最低，老年农户的自然资源

依赖性指数最低。总体上看,青年农户的收入来源丰富,生计稳定性最高,但也伴随着高收入依赖性和高自然资源依赖性;中年农户的生计多样性和收入多样性均最低,生计稳定性最低;老年农户生计较为丰富多样,在长期农业生计活动中积累了丰富的经验,对自然资源依赖性较低,生计稳定性处于中间水平。

从不同户主受教育程度特征来看,较低学历农户和较高学历农户的生计稳定性相差不大,较低学历农户的生计稳定性指数总体高于较高学历农户的生计稳定性指数,较低学历农户的生计多样性指数、收入多样性指数和收入依赖性指数均高于较高学历农户,但其自然资源依赖性指数低于较高学历农户。由此可见,较低学历农户由于其生计活动丰富多样,有多种收入来源,且对自然资源的依赖性较低,从而其生计稳定性更高。

二、不同收入水平农户的生计稳定性

为了便于分析农户生计稳定性,根据人均纯收入将农户分为五组:低收入农户(收入最低的20%)、中低收入农户(收入介于20分位点到40分位点)、中收入农户(收入介于40分位点到60分位点)、中高收入农户(收入介于60分位点到80分位点)和高收入农户(收入最高的20%)。

表6-4报告了不同收入分组农户的生计稳定性特征。第一,从生计稳定性来看,高收入农户的生计稳定性指数最高,低收入农户的生计稳定性指数最低,且高收入农户的生计稳定性指数超出低收入农户的生计稳定性指数达36.89%。由此可见,不同收入类型农户的生计稳定性存在较大差距,且农户的收入水平越高,其生计稳定性越高。第二,从生计多样性和收入多样性来看,仍是高收入农户的生计多样性指数和收入多样性指数最高,其次为中高收入农户,低收入农户的生计多样性指数和收入多样性指数最低,且高收入农户的生计多样性指数和收入多样性指数分别高出低收入农户33%和41%。因此,不同收入类型农户的生计多样性和收入多样性也存在一定差距,收入水平越高,其生计活动越丰富,收入来源越多。第三,

从收入依赖性来看，与收入多样性和生计多样性相类似，仍是低收入农户的收入依赖性指数最低，高收入农户的收入依赖性指数最高，农户的收入水平越高，其收入依赖性指数越大，其对单一收入的依赖程度也越高。第四，从自然资源依赖性来看，高收入农户的自然资源依赖性指数最高，其次为低收入农户，中低收入农户的自然资源依赖性指数最低。由此可见，低收入农户难以实现多样化生计活动、收入来源相对单一，且对自然资源的依赖性程度较高，因此生计稳定性最差。高收入农户的生计活动多样、收入来源丰富，生计稳定性最高，但也伴随着高收入依赖性和高自然资源依赖性。

表6-4 不同收入水平农户的生计稳定性特征

农户类型	户数	生计多样性指数	收入多样性指数	收入依赖性指数	自然资源依赖性指数	生计稳定性指数
低收入农户	282	0.051 5	0.126 9	0.189 3	0.081 5	0.449 2
中低收入农户	266	0.056 9	0.136 6	0.209 5	0.068 6	0.471 6
中收入农户	263	0.057 2	0.142 7	0.222 8	0.073 9	0.496 7
中高收入农户	270	0.062 9	0.163 0	0.253 0	0.079 2	0.558 1
高收入农户	270	0.068 6	0.179 8	0.276 2	0.090 2	0.614 9

三、不同生计资本禀赋农户的生计稳定性

在可持续生计框架中，生计资本禀赋对农户生计稳定性发挥至关重要的作用，生计资本禀赋的高低直接影响生计稳定性的高低。根据前文测算出的农户生计资本，将农户分为低生计资本禀赋组、中生计资本禀赋组和高生计资本禀赋组，分析不同生计禀赋农户的生计稳定性特征。表6-5报告了不同生计资本禀赋分组农户的生计稳定性特征。低生计资本禀赋农户的生计稳定性指数的平均值为0.476 3，中生计资本禀赋农户的生计稳定性指数的平均值为0.514 5，高生计资本禀赋农户的生计稳定性指数的平均值为0.562 6。由此可见，不同生计资本禀赋分组农户的生计稳定性差异较大，农户的生计资本禀赋越高，其生计稳定性也越高。高生计资本禀赋农户的

生计多样性指数、收入多样性指数、收入依赖性指数和自然资源依赖性指数均最高；低生计资本禀赋农户的生计多样性指数、收入多样性指数、收入依赖性指数和自然资源依赖性指数均最低，这表明高生计资本禀赋农户不仅生计多样，收入来源丰富，同时其对自然资源和收入的依赖性程度也越高，而低生计资本禀赋组农户则相反。

表6-5 不同生计资本禀赋农户的生计稳定性特征

农户类型	户数	生计多样性指数	收入多样性指数	收入依赖性指数	自然资源依赖性指数	生计稳定性指数
低生计资本禀赋	451	0.053 3	0.137 3	0.209 6	0.076 1	0.476 3
中生计资本禀赋	450	0.060 5	0.148 1	0.228 9	0.077 0	0.514 5
高生计资本禀赋	450	0.064 4	0.163 7	0.251 2	0.083 3	0.562 6

四、不同自然资本禀赋农户的生计稳定性

根据自然资本禀赋高低将农户分组：低自然资本禀赋组、中自然资本禀赋组和高自然资本禀赋组。表6-6展示了不同自然资本禀赋分组农户的生计稳定性特征。不同自然资本禀赋农户的生计稳定性差异较小。中自然资本禀赋农户的生计稳定性指数最高，其次为低自然资本禀赋农户，高自然资本禀赋农户的生计稳定性指数反而最低。从多样性来看，低自然资本禀赋农户的生计多样性指数最高，其次为中自然资本禀赋农户，高自然资本禀赋农户的生计多样性指数最低；中自然资本禀赋农户的收入多样性指数最高，其次为低自然资本禀赋农户，高自然资本禀赋农户的收入多样性指数最低。从依赖性来看，中自然资本禀赋农户的收入依赖性指数最高，低自然资本禀赋农户自然资源依赖性指数最高，高自然资本禀赋农户的自然资源依赖性指数最低，但其收入依赖性处于中间水平。由此可见，高自然资本禀赋农户的生计多样性和收入多样性最低，其自然资源依赖性也最低，但其收入依赖性处于中间水平，由此其生计稳定性较低。而中自然资本禀赋农户虽然对收入依赖性和自然资源依赖性均较高，但其生计多样丰富，收入来源较多，因此生计稳定性更高。

表 6-6 不同自然资本禀赋农户的生计稳定性特征

农户类型	户数	生计多样性指数	收入多样性指数	收入依赖性指数	自然资源依赖性指数	生计稳定性指数
低自然资本禀赋	457	0.061 4	0.148 8	0.226 1	0.080 7	0.517 1
中自然资本禀赋	453	0.058 8	0.152 4	0.235 4	0.078 3	0.524 9
高自然资本禀赋	441	0.057 9	0.147 7	0.228 2	0.077 3	0.511 1

除了考虑整体自然禀赋外，基于遥感大数据，在村级层面从地形条件、森林覆盖情况和道路情况3个层面分析不同农村自然资本禀赋农户的生计稳定性特征。第一，根据遥感大数据获取的村级地形条件数据，将农户分为平坡村农户、缓坡村农户和斜坡村农户；第二，根据遥感大数据获取的森林覆盖率，将农户分为低森林覆盖区农户、中森林覆盖区农户和高森林覆盖区农户；第三，根据遥感大数据获取的道路交通覆盖面积占比，将农户分为交通条件较差农户、交通条件一般农户、交通条件较好农户。表6-7、表6-8和表6-9分别汇报了不同地形、森林覆盖情况和道路交通情况农户的生计稳定性特征。

表6-7展示了平坡村农户的生计稳定性指数的平均值为0.583 5，缓坡村农户的生计稳定性指数的平均值为0.510 2，斜坡村农户的生计稳定性指数的平均值为0.522 3。不同地形条件农户的生计稳定性存在差异较小，平坡村农户的生计稳定性最高，其次为斜坡村农户，缓坡村农户的生计稳定性最低，且平坡村农户的生计稳定性指数高出缓坡村农户14.37%。从生计多样性和收入多样性来看，平坡村农户的生计多样性指数和收入多样性指数均最高，其次为斜坡村农户，缓坡村农户的生计多样性指数和收入多样性指数均最低，这与生计稳定性指数的情况相似。从收入依赖性和自然资源依赖性来看，仍是平坡村农户的收入依赖性指数和自然资源依赖性指数高，缓坡村农户的收入依赖性指数和自然资源依赖性指数最低。这表明平坡村农户的生计活动丰富多样、收入多样性高，生计稳定性最高，但也伴随着较高收入依赖性和较高自然资源依赖性。

表 6-7 不同地形条件农户的生计稳定性特征

农户类型	户数	生计多样性指数	收入多样性指数	收入依赖性指数	自然资源依赖性指数	生计稳定性指数
平坡村农户	59	0.062 7	0.172 1	0.262 2	0.086 5	0.583 5
缓坡村农户	811	0.058 2	0.146 6	0.228 5	0.076 9	0.510 2
斜坡村农户	481	0.060 9	0.152 1	0.228 3	0.081 0	0.522 3

表 6-8 展示了不同森林覆盖区农户的生计稳定性特征。高森林覆盖区农户的生计稳定性指数的平均值为 0.521 7，中森林覆盖区农户的生计稳定性指数的平均值为 0.504 0，低森林覆盖区农户的生计稳定性指数的平均值为 0.527 2。这表明不同森林覆盖区农户的生计稳定性差异较小，中森林覆盖区农户的生计稳定性最低，低森林覆盖区农户的生计稳定性最高。从生计多样性来看，高森林覆盖区农户的生计多样性指数最高，低森林覆盖区农户的生计多样性指数最低。从收入多样性来看，低森林覆盖区农户的收入多样性指数最高，其次为高森林覆盖区农户，中森林覆盖区农户的收入多样性指数最低。从收入依赖性和自然资源依赖性来看，低森林覆盖区农户的收入依赖性指数最高，高森林覆盖区农户的自然资源依赖性指数最高，中森林覆盖区农户的收入依赖性指数和自然资源依赖性指数均最低。中森林覆盖区农户收入依赖性和自然资源依赖性程度即使较低，但其生计多样性和收入多样性程度均较低，因此其生计稳定性较低。高森林覆盖区更利于农户发展多样化生计，但对自然资源的依赖程度较高，而低森林覆盖区更利于农户的收入多样化，同时对收入依赖性也较高。

表 6-8 不同森林覆盖区农户的生计稳定性特征

农户类型	户数	生计多样性指数	收入多样性指数	收入依赖性指数	自然资源依赖性指数	生计稳定性指数
低森林覆盖区	459	0.057 9	0.152 3	0.238 1	0.078 8	0.527 2
中森林覆盖区	444	0.058 0	0.145 0	0.225 4	0.075 6	0.504 0
高森林覆盖区	489	0.062 2	0.151 6	0.226 0	0.082 0	0.521 7

表 6-9 展示了不同道路交通情况农户的生计稳定性特征。道路交通条件较差农户的生计稳定性指数的平均值为 0.509 3，道路交通条件一般农户

的生计稳定性指数的平均值为 0.514 4，道路交通条件较好农户的生计稳定性指数的平均值为 0.529 9。不同道路交通情况农户的生计稳定性存在一定差异，且道路交通条件越好，农户的生计稳定性指数越高。从生计多样性来看，三类农户的生计多样性差异很小，道路交通条件不是影响农户生计多样化的主要因素。从收入多样性来看，道路交通条件越好，农户的收入多样性程度越高，道路交通条件是农户实现收入多样化的重要影响因素。从收入依赖性和自然资源依赖性来看，道路交通条件较好农户的收入依赖性指数和自然资源依赖性指数均最高；道路交通条件较差农户收入依赖性指数最低，但自然资源依赖性指数较高；道路交通条件一般农户的收入依赖性指数居于中间水平，但自然资源依赖性指数最低。

表 6-9　不同道路交通情况农户的生计稳定性特征

农户类型	户数	生计多样性指数	收入多样性指数	收入依赖性指数	自然资源依赖性指数	生计稳定性指数
道路交通条件较差	455	0.059 3	0.144 5	0.226 3	0.079 2	0.509 3
道路交通条件一般	456	0.059 5	0.149 5	0.227 5	0.077 9	0.514 4
道路交通条件较好	440	0.059 3	0.155 2	0.236 1	0.079 2	0.529 9

五、不同生计类型农户的生计稳定性

根据前文关于农户生计类型划分标准，将农户分组为纯农户、农兼户、兼农户和非农户进行比较分析。表 6-10 汇报了不同生计类型农户的生计稳定性特征，农兼户的生计稳定性指数的平均值为 0.213 0，兼农户的生计稳定性指数的平均值为 0.596 0，非农户的生计稳定性指数的平均值为 0.283 6。这表明不同生计类型农户的生计稳定性差异较大，农兼户的生计稳定性最低，兼农户的生计稳定性最高。从生计多样性来看，兼农户的生计多样性指数最高，非农户的生计多样性指数最低。从收入多样性来看，仍是兼农户的收入多样性指数最高，其次为非农户，农兼户的收入多样性指数最低。从收入依赖性来看，兼农户的收入依赖性指数最高，非农户的收入依赖性指数最低。从自然资源依赖性来看，非农户的自然资源依赖

指数最高，其次为兼农户，农兼户的自然资源依赖性指数最低。兼农户的多样性丰富程度高于非农户和农兼户，生计稳定性高，但也伴有较高收入依赖性，一定程度上限制其生计稳定发展。农兼户的生计多样性高于非农户，但其收入多样性低于非农户且对收入的依赖性更高，不利于其生计稳定发展。非农户的生计多样化程度较低且对自然资源依赖性高，表现出较差的生计稳定性。

表6-10 不同生计类型农户的生计稳定性特征

农户类型	户数	生计多样性指数	收入多样性指数	收入依赖性指数	自然资源依赖性指数	生计稳定性指数
农兼户	205	0.049 0	0.057 4	0.070 0	0.036 6	0.213 0
兼农户	1059	0.064 0	0.173 9	0.274 4	0.083 6	0.596 0
非农户	87	0.027 6	0.071 8	0.064 6	0.119 6	0.283 6

第三节 农户生计资本与生计稳定性耦合协调度分析

一、生计资本与生计稳定性的耦合协调模型

耦合是一个源自物理学的术语，描述的是两个或多个系统或运动形式之间因相互作用而产生的相互影响现象。耦合度量化地反映了这些系统或系统内部各要素间相互作用的紧密程度。耦合协调度则进一步展现出不同系统在发展演变过程中如何达到和谐统一的状态，揭示了这一过程中系统从潜在的不协调状态向更加协调发展的转变规律[①]。耦合协调度越高，说明两个系统的整体发展水平越高，更能共同协调发展。为分析乌蒙山区农户生计可持续概况，根据农户生计资本和生计稳定性的耦合协调度来分析

---

① 张中浩，聂甜甜，高阳，等. 长江经济带生态系统服务与经济社会发展耦合协调关联时空特征研究[J]. 长江流域资源与环境，2022，31（5）：1086-1100.

农户生计资本和生计稳定性两个系统之间相互作用、相互影响以及协调发展程度。构建耦合协调度模型如下：

$$C = \left[\frac{LCI \times LSI}{\left(\frac{LCI + LSI}{2}\right)^2} \right]^{\frac{1}{2}} \quad (6-10)$$

$$D = \sqrt{C \times T} = \sqrt{C \times (\beta_1 \times LCI + \beta_2 \times LSI)} \quad (6-11)$$

式中，C代表耦合度；LCI为生计资本，是前文基于遥感大数据的村级自然资源计算的改良生计资本；LSI为生计稳定性；D代表耦合协调度；T代表两系统的综合评价得分。由于生计资本与生计稳定性均比较重要，因此令$\beta_1=\beta_2=0.5$。

借鉴冯雨雪等[①]以及张家硕等[②]的研究，结合乌蒙山区农户生计资本和生计稳定性的差异和实际情况，将耦合协调度分五级[③]，并进一步对耦合差异（表示系统之间或系统内部各部分之间在相互作用过程中存在的

[①] 冯雨雪，李广东. 青藏高原城镇化与生态环境交互影响关系分析［J］. 地理学报，2020，75（7）：1386–1405.

[②] 张家硕，周忠发，陈全，等. 典型喀斯特山区农户生计多样性与多维相对贫困的耦合关系［J］. 山地学报，2022，40（3）：450–461.

[③] 耦合协调类型分五级：i.衰退失调指的是生计资本与生计稳定性之间的耦合关系逐渐减弱，协调度显著降低，导致生计资本与生计稳定性的整体功能出现衰退和失调的状态。ii.轻度失调指的是生计资本与生计稳定性之间的耦合关系尚存，但协调度较低，导致生计资本与生计稳定性在某些方面出现不协调或冲突的状态。iii.磨合协调指的是生计资本与生计稳定性之间正在经历磨合过程，通过不断地调整和优化，逐渐建立起相对稳定的协调关系。iv.中度协调指的是生计资本与生计稳定性之间已经建立了相对稳定的协调关系，生计资本与生计稳定性的整体功能得到较好实现。v.优质协调指的是生计资本与生计稳定性之间建立了高度优化的协调关系，生计资本与生计稳定性整体功能得到高效和稳定的发挥，生计能够实现可持续发展。

差异性和不平衡性）类型①进行细分，具体耦合差异类型划分标准详见表6-11。

表6-11 生计资本和生计稳定性耦合协调与耦合差异类型划分标准

耦合协调类型	耦合协调区间	划分依据	耦合差异类型
衰退失调型	$0 < D \leq 0.2$	|LCI−LSI| ≤ 0.1	同步受阻型
		LCI−LSI>0.1	生计稳定性滞后型
		LSI−LCI>0.1	生计资本滞后型
轻度失调型	$0.2 < D \leq 0.4$	|LCI−LSI| ≤ 0.1	同步受阻型
		LCI−LSI>0.1	生计稳定性滞后型
		LSI−LCI>0.1	生计资本滞后型
磨合协调型	$0.4 < D \leq 0.6$	|LCI−LSI| ≤ 0.1	同步受阻型
		LCI−LSI>0.1	生计稳定性滞后型
		LSI−LCI>0.1	生计资本滞后型
中度协调型	$0.6 < D \leq 0.8$	|LCI−LSI| ≤ 0.1	共同发展型
		LCI−LSI>0.1	生计稳定性滞后型
		LSI−LCI>0.1	生计资本滞后型
优质协调型	$0.8 < D \leq 1$	|LCI−LSI| ≤ 0.1	共同发展型
		LCI−LSI>0.1	生计稳定性滞后型
		LSI−LCI>0.1	生计资本滞后型

二、生计资本与生计稳定性耦合协调的测度结果分析

表6-12报告了乌蒙山区农户生计资本与生计稳定性耦合协调的测度结果。乌蒙山区农户生计资本与生计稳定性耦合度的均值为0.669 0，耦合

---

① 耦合差异类型分四类：i.同步受阻是指家庭所拥有的生计资本禀赋少且不能很好地积累，生计稳定性低，生计资本与生计稳定性之间未能实现同步增长或提升，导致两者均受到不同程度的阻碍，无法顺利实现预期的协调状态。ii.生计稳定性滞后型是指生计资本能够均衡积累，但生计的稳定性却滞后于生计资本的发展水平，导致生计的脆弱性增加。iii.生计资本滞后型是指生计资本不能很好地积累，生计资本的积存速度明显滞后于生计稳定性的提升速度，导致生计的稳定性和可持续性受到威胁。iv.共同发展型是指生计资本能够均衡积累，生计稳定性不断提升，并且生计资本与生计稳定性之间通过协同发展，促进生计可持续性不断提升的状态。

协调度的均值为0.4320。可以看出，乌蒙山区农户生计资本与生计稳定性耦合度较高，生计资本与生计稳定性的协同发展对乌蒙山区农户生计可持续作用较为显著；但生计资本和生计稳定性的平均耦合协调度较低，耦合协调类型为"磨合协调型"，耦合差异类型为"生计资本滞后型"。这表明当乌蒙山区农户的生计资本禀赋和存量均相等时，单一的生计方式转向多样化生计策略对其生计可持续性有一定程度的正向影响，并且生计资本的积存速度明显滞后于生计稳定性的提升速度，因此，生计资本内部五种资本没有实现均衡积累，可能阻碍农户生计的可持续发展。此外，乌蒙山区农户生计资本与生计稳定性耦合度的最小值为0.2944，耦合协调度的最小值为0.2177。因此，从生计资本和生计稳定性耦合协调类型来看，乌蒙山区农户最差的耦合协调类型为"轻度失调型"，此时的耦合差异类型为"同步受阻型"。乌蒙山区农户生计资本与生计稳定性耦合度的最大值为0.9999，耦合协调度的最大值为0.7829。因此，乌蒙山区农户生计资本和生计稳定性耦合协调类型最好为"中度协调型"，此时的耦合差异类型为"生计资本滞后型"。

表6-12 生计资本与生计稳定性耦合协调的测度结果

项目	生计资本	生计稳定性	耦合度	耦合协调度	耦合协调类型	耦合差异类型
均值	0.0852	0.5177	0.6690	0.4320	磨合协调型	生计资本滞后型
标准差	0.0576	0.2053	0.1759	0.0993	—	—
最小值	0.0116	0.1001	0.2944	0.2177	轻度失调型	同步受阻型
最大值	0.4774	0.8905	0.9999	0.7829	中度协调型	生计资本滞后型

图6-1展示了乌蒙山区农户生计资本与生计稳定性耦合协调类型的分布情况，"磨合协调型"农户占比最高，达52.85%；其次为"轻度失调型"农户，占比为43.45%；"中度协调型"农户占比最少，仅占3.7%；没有"衰退失调型"农户和"优质协调型"农户。由此可见，乌蒙山区农户的生计资本和生计资本的耦合协调大部分为"磨合协调型"，但仍有相当一部分农户较难实现生计资本与生计稳定性的协同发展，且生计资本积累速度滞后在一定程度上影响生计稳定性的提升，进而不利于农户生计的可持续发展。

图 6-1　农户生计资本与生计稳定性耦合协调类型分布图

三、不同类型农户生计资本与生计稳定性耦合协调特征分析

乌蒙山区不同户主特征农户的耦合度均较高，生计资本和生计稳定性协同发展对各个类别农户的生计可持续发展均有较为显著的促进作用，见表 6-13。不同户主年龄农户耦合协调度大小为青年农户＞老年＞中年农户，大小情况与生计稳定性相同且差异很小，青年农户、中年农户和老年农户均处于"磨合协调型"且"生计资本滞后型"水平；不同户主受教育程度农户耦合协调度大小为较低学历农户＞较高学历农户，较高学历农户和较低学历农户均处于"磨合协调型"且"生计资本滞后型"水平。这表明乌蒙山区农户生计资本禀赋较差、积累速度滞后，限制了其生计的可持续发展。

表 6-13　不同户主特征农户的生计资本与生计稳定性耦合协调度

农户类型	生计资本	生计稳定性	耦合度	耦合协调度	耦合协调类型	耦合差异类型
青年	0.084 5	0.535 8	0.649 4	0.434 7	磨合协调型	生计资本滞后型
中年	0.085 0	0.512 8	0.674 1	0.431 3	磨合协调型	生计资本滞后型
老年	0.085 9	0.524 2	0.663 0	0.432 7	磨合协调型	生计资本滞后型
较高学历	0.081 1	0.509 7	0.663 3	0.424 6	磨合协调型	生计资本滞后型
较低学历	0.086 7	0.520 8	0.671 2	0.434 8	磨合协调型	生计资本滞后型

图 6-2 为不同户主年龄分组农户生计资本与生计稳定性耦合协调类型分布图。在青年农户中，"磨合协调型"农户占比最多，为 50%；其次为"轻度失调型"农户，占比为 45.24%；"中度协调型"农户占比较少，为 4.76%。青年农户中有 45% 较难实现生计资本与生计稳定性的协调发展。在中年农户中，"磨合协调型"农户同样占比最多，为 53.04%；其次为"轻度失调型"农户，占比为 43.36%，这类农户占比少于青年农户；"中度协调型"农户占比最少，仅占 3.6%。中年农户中有约 43% 农户同样较难实现生计资本与生计稳定性的协调发展。在老年农户中，"磨合协调型"农户占比同样最多，为 53.41%；其次为"轻度失调型"农户，占比为 43.03%；"中度协调型"农户的占比很少，仅为 3.56%。从耦合协调类型分布情况来看，青年农户中"轻度失调型"农户和"中度失调型"农户占比略高于其他两类农户，"磨合协调型"农户略少于其他两类农户，三类农户的耦合协调分布情况整体差异较小。

	轻度失调型	磨合协调型	中度协调型
青年	45.24%	50.00%	4.76%
中年	43.36%	53.04%	3.60%
老年	43.03%	53.41%	3.56%

图 6-2 不同户主年龄农户生计资本与生计稳定性耦合协调类型分布图

图 6-3 展示了不同户主受教育程度农户耦合协调类型分布情况。较高学历农户中，"磨合协调型"农户占比最高，为 52.82%；"轻度失调型"农户占比为 45.04%；"中度协调型"农户占比仅为 2.14%。有约 45% 农

户生计资本与生计稳定性处于失调状态。较低学历农户中，仍是"磨合协调型"农户占比最多，为52.86%；其次为"轻度失调型"农户，占比为42.84%；中度协调型农户的占比为4.29%。生计资本与生计稳定性耦合协调度处于失调状态型的农户约43%。由此可见，较高学历农户的生计资本与生计稳定性处于失调状态农户的比例多于较低学历农户，因此其耦合协调度小于较低学历农户。

	轻度失调型	磨合协调型	中度协调型
较高学历	45.04%	52.82%	2.14%
较低学历	42.84%	52.86%	4.29%

图6-3 不同户主受教育程度农户生计资本与生计稳定性耦合协调类型分布图

表6-14展示了不同收入分组农户的生计资本与生计稳定性的耦合协调情况。各类农户的平均耦合度均超过0.65。耦合协调度大小为高收入农户＞中高收入农户＞低收入农户＞中收入农户＞中低收入农户，大小情况与生计稳定性和生计资本相似。高收入农户、中高收入农户、中收入农户和中低收入农户均处于"磨合协调型"且"生计资本滞后型"，低收入农户处于"轻度失调型"且"生计资本滞后型"水平。对于不同收入分组农户来说，生计资本禀赋不足和积累速度滞后仍是限制其生计可持续发展的主要因素，农户的收入水平越高，越有利于其生计资本积累，从而促进生计资本与生计稳定性协调发展。

表 6-14 不同收入水平农户的生计资本与生计稳定性耦合协调度

农户类型	生计资本	生计稳定性	耦合度	耦合协调度	耦合协调类型	耦合差异类型
低收入农户	0.071 0	0.449 2	0.667 2	0.395 6	轻度失调型	生计资本滞后型
中低收入农户	0.077 5	0.471 6	0.676 4	0.409 5	磨合协调型	生计资本滞后型
中收入农户	0.079 1	0.496 7	0.668 8	0.419 1	磨合协调型	生计资本滞后型
中高收入农户	0.091 0	0.558 1	0.660 0	0.450 1	磨合协调型	生计资本滞后型
高收入农户	0.107 7	0.614 9	0.672 8	0.486 4	磨合协调型	生计资本滞后型

图 6-4 展示了不同收入分组农户耦合协调类型的分布情况。在低收入农户中，"轻度失调型"农户占比为 57.09%，对比其他耦合协调类型以及同类型的其他收入分组农户占比均最多；其次为"磨合协调型"农户，占比为 42.2%；"中度协调型"农户很少，生计资本与生计稳定性没有失调的农户占比在 40% 左右。在中低收入农户中，"轻度失调型"农户占比为 53.01%；"磨合协调型"农户占比为 45.49%；"中度协调型"农户占比仅为 0.71%。有 53.01% 农户的生计资本与生计稳定性出现失调状态。在中收入农户中，"轻度失调型"农户与"磨合协调型"农户占比差异不大，分别为 49.05% 和 48.29%；"中度协调型"农户占比为 2.66%。在中高收入农户中，"磨合协调型"农户占比最多，达 61.11%；"轻度失调型"农户占比为 34.44%；"中度协调型"农户占比为 4.44%。在高收入农户中，"磨合协调型"农户占比为 67.78%，对比其他耦合协调类型农户以及同协调类型的其他收入分组农户比例均最高；"轻度失调型"农户的占比为 23.33%，远远少于同协调类型的其他收入分组农户；"中度协调型"农户占比为 8.89%。所以，高收入农户中生计资本与生计稳定性处于失调状态的农户不到 25%，表现出较好的协调发展水平。

	轻度失调型	磨合协调型	中度协调型
低收入	57.09%	42.20%	0.71%
中低收入	53.01%	45.49%	1.88%
中收入	49.05%	48.29%	2.66%
中高收入	34.44%	61.11%	4.44%
高收入	23.33%	67.78%	8.89%

图 6-4　不同收入水平农户生计资本与生计稳定性耦合协调类型分布图

表 6-15 展示了不同自然资本禀赋分组农户的生计资本与生计稳定性的耦合协调情况。各类农户的平均耦合度均超过 0.6。耦合协调度大小为中自然资本禀赋农户＞高自然资本禀赋农户＞低自然资本禀赋农户，大小情况与生计稳定性和生计资本相似，呈倒"U"形。三类农户均处于"磨合协调型"且"生计资本滞后型"水平。因此，对于不同自然资本禀赋农户来说，生计资本禀赋不足和积累速度滞后仍是限制其生计资本与生计稳定性协调发展、生计可持续发展的主要因素。

表 6-15　不同自然资本禀赋农户的生计资本与生计稳定性耦合协调度

农户类型	生计资本	生计稳定性	耦合度	耦合协调度	耦合协调类型	耦合差异类型
低自然资本禀赋	0.078 9	0.517 1	0.647 8	0.421 7	磨合协调型	生计资本滞后型
中自然资本禀赋	0.092 3	0.524 9	0.689 7	0.444 7	磨合协调型	生计资本滞后型
高自然资本禀赋	0.084 3	0.511 1	0.669 7	0.429 6	磨合协调型	生计资本滞后型

图 6-5 展示了不同自然资本禀赋分组农户耦合协调类型的分布情况。在低自然资本禀赋农户中，"磨合协调型"和"轻度失调型"农户的占比差异不大，分别为 49.23% 和 48.36%；"中度协调型"农户占比很少。在中自然资本禀赋农户中，"磨合协调型"农户占比最多，为 60.26%，对比其他耦合协调类型农户以及同协调类型的其他自然资本禀赋农户占比均最

高；"轻度失调型"农户占比为 35.54%；"中度协调型"农户占比为 4.19%。在高自然资本禀赋农户耦合协调类型的分布情况与低自然资本禀赋农户的分布情况相近，"磨合协调型"农户和"轻度失调型"农户占比相差不大，分别为 48.98% 和 46.49%；"中度协调型"农户占比为 4.54%。由此可见，中自然资本禀赋农户生计资本与生计稳定性耦合协调类型的分布最为均衡，表现出较好的耦合协调发展水平。

	轻度失调型	磨合协调型	中度协调型
低自然资本禀赋	48.36%	49.23%	2.41%
中自然资本禀赋	35.54%	60.26%	4.19%
高自然资本禀赋	46.49%	48.98%	4.54%

图 6-5 不同自然资本禀赋农户生计资本与生计稳定性耦合协调类型分布图

表 6-16 展示了不同地形条件分组农户的生计资本与生计稳定性的耦合协调情况。平坡村农户的平均耦合度较低，低于 0.6，其余两类农户的平均耦合度均超过 0.65。三类农户耦合协调度差异很小，总体大小为平坡村农户 > 斜坡村农户 > 缓坡村农户，大小情况与生计稳定性相似，呈正"U"形。三类农户均处于"磨合协调型"且"生计资本滞后型"水平。因此，对于不同地形条件分组农户来说，生计资本禀赋不足和积累速度滞后仍是限制其生计资本与生计稳定性协调发展、生计可持续发展的主要因素。

表 6-16 不同地形条件农户的生计资本与生计稳定性耦合协调度

农户类型	生计资本	生计稳定性	耦合度	耦合协调度	耦合协调类型	耦合差异类型
平坡村	0.080 8	0.583 5	0.595 2	0.436 5	磨合协调型	生计资本滞后型
缓坡村	0.084 2	0.510 2	0.674 4	0.430 2	磨合协调型	生计资本滞后型
斜坡村	0.087 4	0.522 3	0.669 0	0.434 3	磨合协调型	生计资本滞后型

图 6-6 展示了不同地形条件分组农户耦合协调类型的分布情况。在平坡村农户中，"轻度失调型"农户的占比为 54.24%，占比远多于其他耦合协调类型农户以及同协调类型的其他地形条件农户；"磨合协调型"农户占比为 37.29%；"中度协调型"农户相比其他地形条件农户的占比较多，有 8.47%。在缓坡村农户中，"磨合协调型"农户的占比＞"轻度失调型"农户，占比分别为 55.86% 和 41.80%；"中度协调型"农户占比最少。在斜坡村中，"磨合协调型"农户占比最高，有 49.69%；其次为"轻度失调型"农户，占比为 44.91%；"中度协调型"占比为 5.41%。由此可见，平坡村农户耦合协调类型的分布较不均衡，"轻度失调型"农户占比接近 55%。

	轻度失调型	磨合协调型	中度协调型
平坡村	54.24%	37.29%	8.47%
缓坡村	41.80%	55.86%	2.34%
斜坡村	44.91%	49.69%	5.41%

图 6-6 不同地形条件农户生计资本与生计稳定性耦合协调类型分布图

表 6-17 展示了不同森林覆盖情况分组农户的生计资本与生计稳定性的耦合协调情况。三类农户的平均耦合度均超过 0.65，耦合协调度差异较小。耦合协调度大小为低森林覆盖区农户＞高森林覆盖区农户＞中森林覆盖区农户，大小情况与生计稳定性相似，呈正"U"形。三类农户均处于"磨合协调型"且"生计资本滞后型"水平。因此，对于不同森林覆盖情况农户来说，生计资本禀赋不足和积累速度滞后同样是限制其生计资本与生计稳定性协调发展、生计可持续发展的主要因素。

第六章 农户生计资本与生计稳定性耦合协调分析

表 6-17 不同森林覆盖情况农户的生计资本与生计稳定性耦合协调度

农户类型	生计资本	生计稳定性	耦合度	耦合协调度	耦合协调类型	耦合差异类型
低森林覆盖区	0.089 7	0.527 2	0.679 6	0.441 6	磨合协调型	生计资本滞后型
中森林覆盖区	0.076 6	0.504 0	0.657 9	0.417 9	磨合协调型	生计资本滞后型
高森林覆盖区	0.089 1	0.521 7	0.669 1	0.436 0	磨合协调型	生计资本滞后型

图 6-7 展示了不同森林覆盖情况分组农户耦合协调类型的分布情况。低森林覆盖区农户中,"磨合协调型"农户的占比最多,为 58.39%,多于其他协调类型农户以及同协调类型的其他森林覆盖条件农户;"轻度失调型"农户占比为 38.78%;"中度协调型"农户占比很少。在中森林覆盖区农户中,"磨合协调型"农户和"轻度失调型"农户的占比相差不大,分别为 49.1% 和 48.87%,"轻度失调型"农户的占比多于同协调类型的其他森林覆盖情况农户;"中度协调型"农户占比很少。高森林覆盖区农户中,"磨合协调型"农户占比最多,达 50.89%;"轻度失调型"农户的占比为 42.86%;"中度协调型"农户的占比相较其他两类农户较高,有 6.25%。可以看到,低森林覆盖区农户耦合协调类型分布比较均衡,生计资本和生计稳定性失调农户占比较少,表现出更好的协调发展状况。

	轻度失调型	磨合协调型	中度协调型
低森林覆盖区	38.78%	58.39%	2.83%
中森林覆盖区	48.87%	49.10%	2.03%
高森林覆盖区	42.86%	50.89%	6.25%

图 6-7 不同森林覆盖情况农户生计资本与生计稳定性耦合协调类型分布图

表 6-18 展示了不同道路交通情况分组农户的生计资本与生计稳定性

的耦合协调情况。三类农户的平均耦合度均超过 0.65，耦合协调度差异较小。耦合协调度大小为道路交通条件较好农户＞道路交通条件较差农户＞道路交通条件一般农户，大小情况与生计稳定性和生计资本情况相似，呈正"U"形。三类农户均处于"磨合协调型"且"生计资本滞后型"水平。因此，对于不同道路交通情况分组农户来说，生计资本禀赋不足和积累速度滞后同样是限制其生计资本与生计稳定性协调发展、生计可持续发展的主要因素。此外，并不是道路交通条件越好，生计资本和生计稳定性的耦合协调发展状况越好。

表 6-18　不同道路交通情况农户的生计资本与生计稳定性耦合协调度

农户类型	生计资本	生计稳定性	耦合度	耦合协调度	耦合协调类型	耦合差异类型
道路交通较差	0.085 0	0.509 3	0.675 7	0.431 7	磨合协调型	生计资本滞后型
道路交通一般	0.081 1	0.514 4	0.653 2	0.422 8	磨合协调型	生计资本滞后型
道路交通较好	0.089 6	0.529 9	0.678 4	0.441 7	磨合协调型	生计资本滞后型

图 6-8 展示了不同道路交通情况分组农户耦合协调类型的分布情况。在道路条件较差农户中，"磨合协调型"农户占比为 57.8%，多于其他协调类型农户以及同协调类型的其他道路情况农户；"轻度失调型"农户占比为 38.68%，占比远少于其他道路情况农户；"中度协调"农户占比为 3.52%，这类农户的耦合协调类型分布较为均衡。在道路条件一般农户中，"磨合协调型"农户和"轻度失调型"农户的占比差异较小，分别为48.9% 和 47.81%，"轻度失调型"农户占比远多于其他同协调类型的其他道路情况农户；"中度协调型"农户占比为 3.29%。在道路条件较好农户中，"磨合协调型"农户占比最多，为 51.82%；其次为"轻度失调型"农户，占比为 43.86%；"中度失调型"农户占比为 4.32%。由此可见，交通道路条件一般农户由于"轻度失调型"农户较多，而表现出更差的协调发展状况。

第六章　农户生计资本与生计稳定性耦合协调分析

	轻度失调型	磨合协调型	中度协调型
交通条件较差	38.68%	57.80%	3.52%
交通条件一般	47.81%	48.90%	3.29%
交通条件较好	43.86%	51.82%	4.32%

图 6-8　不同道路交通条件农户生计资本与生计稳定性耦合协调类型分布图

表 6-19 展示了不同生计类型分组农户的生计资本与生计稳定性的耦合协调情况。农兼户和非农户的平均耦合度均超过 0.75，兼农户的耦合度仅为 0.63。三类农户耦合协调度差异较大，总体大小为兼农户＞非农户＞农兼户，大小情况与生计稳定性相似。农兼户和非农户均处于"轻度失调型"且"生计资本滞后型"水平，兼农户处于"磨合协调型"且"生计资本滞后型"水平。因此，对于不同生计类型农户来说，生计资本禀赋不足和积累速度滞后同样是限制其生计资本与生计稳定性协调发展、生计可持续发展的主要因素。此外，兼农户更容易实现生计资本与生计稳定性的协调发展。

表 6-19　不同生计类型农户的生计资本与生计稳定性耦合协调度

农户类型	生计资本	生计稳定性	耦合度	耦合协调度	耦合协调类型	耦合差异类型
农兼户	0.074 6	0.213 0	0.819 1	0.337 6	轻度失调型	生计资本滞后型
兼农户	0.086 9	0.596 0	0.630 9	0.455 1	磨合协调型	生计资本滞后型
非农户	0.088 7	0.283 6	0.779 3	0.372 2	轻度失调型	生计资本滞后型

图 6-9 展示了不同生计类型分组农户耦合协调类型的分布情况。在农兼户中，"轻度失调型"农户占比较多，达到 79.02%，远多于其他协调类型农户以及其他两类收入占比分组农户；"磨合协调型"农户的占比为

20.98%；没有"中度协调型"农户。农兼户的耦合协调类型分布较不均衡。兼农户中，"磨合协调型"农户的占比为60.72%，占比远多于其他协调类型农户以及同协调类型的农兼型和非农户；"轻度失调型"农户占比为34.75%，占比远少于农兼户和非农户；"中度协调型"农户占比为4.53%。兼农户的耦合协调类型分布比较均衡，仅有34.75%的农户较难实现生计资本与生计稳定性的协调发展。在非农户中，仍是"轻度失调型"农户占比最多，为65.52%；其次为"磨合协调型"农户，占比为32.18%；"中度失调型"农户占比仅为2.3%。非农户的耦合协调类型分布较不均衡。由此可见，兼农户由于"轻度失调型"农户较少，耦合协调类型分布比较均衡，而表现出更好的协调发展状况。

	轻度失调型	磨合协调型	中度协调型
农兼	79.02%	20.98%	0.00%
兼农	34.75%	60.72%	4.53%
非农	65.52%	32.18%	2.30%

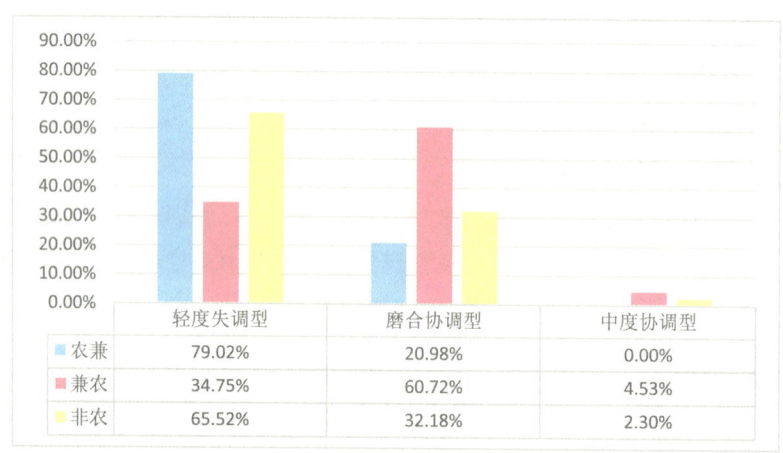

图6-9　不同生计类型农户生计资本与生计稳定性耦合协调类型分布图

第四节　生计资本与生计稳定性耦合协调度的影响因素分析

一、模型构建

（一）相关系数模型

Pearson相关系数用于度量两个变量之间的线性相关程度。为更好地识别分析乌蒙山区农户生计资本与生计稳定性耦合协调发展的影响因素，本研究用 Pearson 相关系数来测算农户生计资本与生计稳定性两个系统下各个因素分别与耦合协调度的相关性。计算公式如下：

$$r = \frac{\sum_{i=1}^{n}(x_i - \dot{X})(y_i - \dot{Y})}{\sqrt{\sum_{i=1}^{n}(x_i - \dot{X})^2}\sqrt{\sum_{i=1}^{n}(y_i - \dot{Y})^2}} \quad (6-12)$$

式中，r 表示相关系数，其值介于 –1 到 1 之间。当值为 1 时，表示两个变量之间存在完全正线性关系；当值为 –1 时，表示两个变量之间存在完全负线性关系；当值为 0 时，表示两个变量之间没有线性关系。$\dot{X}$ 和 $\dot{Y}$ 分别表示 x_i 和 y_i 的样本均值。

（二）Tobit 回归分析模型

为更好地识别影响乌蒙山区农户生计资本与生计稳定性耦合协调发展的相关因素，选用 Tobit 回归分析模型进行分析。生计资本与生计稳定性的耦合协调度介于 0 至 1 之间，属于受限因变量，选用 Tobit 回归分析模型可以有效解决受限因变量的回归问题。回归模型如下：

$$Y_i = \alpha + \beta X_i + u_i + \varepsilon_i \quad (6-13)$$

式中，Y_i 表示生计资本与生计稳定性耦合协调度，X_i 表示系列影响因素，α 表示常数项，β 为回归参数值，u_i 为个体效应，ε_i 为随机扰动项、独立且服从正态分布。

二、影响因素设定

生计资本与生计稳定性耦合协调发展受多种因素限制。借鉴王小兰等[①] 研究并结合乌蒙山区实际情况，将生计资本与生计稳定性耦合协调度

---

① 王小兰，余珂，侯兰功. 岷江上游农户生计资本与生计稳定性耦合协调分析［J/OL］. 西安理工大学学报，1-13［2024-06-25］. http://kns.cnki.net/kcms/detail/61.1294.N.20240110.1055.003.html.

作为被解释变量，从农户户主层面、家庭层面和所在村层面选取一系列因素作为解释变量，运用 Tobit 模型解释各因素对于两系统耦合协调发展的影响。解释变量主要包括户主层面、家庭层面和村级层面。其中，户主层面包括户主的年龄和受教育程度；家庭层面包括健康风险、收入、家庭规模、人口负担系数和非农务工；村级层面包括村是否通客运班车、合作社数量、森林覆盖率、交通情况和地形。变量的具体定义详见表 6-20。

表 6-20　生计资本与生计稳定性耦合协调发展影响因素变量定义表

变量类型	变量名称	变量定义
被解释变量	耦合协调度	生计资本与生计稳定性的耦合协调度
户主层面	户主年龄	户主的年龄（岁）
	户主受教育程度	户主的受教育年限（年）
家庭层面	健康风险	疾病人数占家庭总人数的比值
	收入	2021 年家庭人均纯收入（元，对数处理）
	家庭规模	家庭人口总数（个）
	人口负担系数	家庭中老龄人口和儿童人口占比
	非农务工	家庭中务工时长 6 个月以上人数
村级层面	客运班车	是否通客运班车（是 =1；否 =0）
	合作社	所在村农民专业合作社数量（个）
	森林覆盖率	所在村森林覆盖率
	交通情况	所在村道路覆盖率
	地形	所在村地形条件（1= 平坡；2= 缓坡；3= 斜坡）

三、结果分析

（一）相关性分析

根据前文生计资本与生计稳定性耦合协调性测度结果的特征分析，不同生计类型分组农户和不同收入水平分组农户的耦合协调发展情况差异较大，其余特征分组农户差异较小。因此，在对全样本农户进行相关分析的基础上，仅对不同生计类型分组农户和不同收入水平分组农户进行相关分析。表 6-21 为乌蒙山区全样本农户以及不同生计类型分组农户生计资本与生计稳定性耦合协调度与两个系统下各个影响因素的相关性分析结果。

第（1）列为全样本农户的结果，农户的耦合协调度与耕地面积、耕地坡度、林地面积、劳动力人数、劳动力平均受教育程度、劳动力平均健康状况、家庭现役军人人数、家庭党员人数、加入合作社、军烈属、村大学生村官人数、生产通电、卫生厕所、入户路类型、储蓄、生计多样性指数和收入多样性指数呈正相关关系。农户的耦合协调度与人均住房面积、收入依赖性指数和自然资源依赖性指数呈负相关关系。收入多样性的系数为0.657（对农户影响最大），收入依赖性的系数为0.644，这与农户生计策略的选择紧密相关，这表明农户的收入来源多样丰富，同时对单一收入的依赖性也较高。

第（2）列至第（4）列为不同生计类型分组农户的相关分析结果，林地面积、家庭党员人数、加入合作社、生产通电、卫生厕所、入户路类型、生计多样性指数和收入多样性指数对各生计类型农户的耦合协调度均有正向影响；收入依赖性指数对各类型农户的耦合协调度均有负向影响。乌蒙山区不同生计类型农户生计资本与生计稳定性耦合协调度的影响因素对农户产生的影响也存在一定差异。除上述因素外，劳动力平均受教育程度、劳动力平均健康状况、家庭现役军人人数、村大学生村官人数与农兼户的耦合协调度正相关；耕地完整度、人均住房面积、生活通电和自然资源依赖性指数与农兼户的耦合协调度负相关。耕地面积、耕地坡度、耕地完整度、水面面积、劳动力人数、家庭现役军人人数、军烈属、村大学生村官人数和储蓄与兼农户的耦合协调度正相关；自然资源依赖性指数与兼农户的耦合协调度负相关。军烈属、燃料类型和储蓄与非农户的耦合协调度正相关。

表6-21 不同生计类型分组农户生计资本与生计稳定性耦合协调度影响因素相关分析

影响因素	（1）全样本	（2）农兼户	（3）兼农户	（4）非农户
耕地面积	0.049*	−0.05	0.075**	0.056
耕地坡度	0.049*	−0.108	0.071**	0.001
耕地完整度	0.044	−0.158**	0.063**	0.1
林地面积	0.192***	0.254***	0.179***	0.328***
水面面积	0.027	−0.015	0.057*	−0.104
村自然资源	0.005	−0.052	0.019	0.035

续表

影响因素	（1）全样本	（2）农兼户	（3）兼农户	（4）非农户
劳动力人数	0.056**	−0.042	0.091***	−0.014
劳动力平均受教育程度	0.053*	0.178**	0.047	−0.032
劳动力平均健康状况	0.069**	0.205***	0.042	0.067
家庭现役军人人数	0.145***	0.267***	0.151***	—
家庭党员人数	0.206***	0.367***	0.242***	0.202*
加入合作社	0.480***	0.317***	0.504***	0.756***
军烈属	0.203***	—	0.223***	0.256***
村中共党员数	0.029	−0.097	0.044	0.153
村大学生村官人数	0.180***	0.185***	0.202***	0.093
人均住房面积	−0.066**	−0.122*	−0.033	−0.177
生产通电	0.559***	0.588***	0.585***	0.667***
广播电视	−0.009	0.032	−0.025	0.072
卫生厕所	0.401***	0.615***	0.428***	0.279***
燃料类型	0.007	−0.085	0.022	0.262**
入户路类型	0.510***	0.491***	0.529***	0.610***
生活通电	0.01	−0.126*	0.005	0.112
储蓄	0.273***	0.095	0.253***	0.507***
生计多样性指数	0.523***	0.439***	0.424***	0.592***
收入多样性指数	0.657***	0.568***	0.532***	0.654***
收入依赖性指数	−0.644***	−0.550***	−0.514***	−0.651***
自然资源依赖性指数	−0.415***	−0.179**	−0.420***	0.058

注：***、**、*分别表示在1%、5%、10%的水平上显著，下同。

表6-22为不同收入水平分组农户的分析结果。家庭党员人数、加入合作社、军烈属、村大学生村官人数、生产通电、卫生厕所、入户路类型、储蓄、生计多样性指数和收入多样性指数对各类型农户的耦合协调度均有正向影响，收入依赖性指数和自然资源依赖性指数对各类型农户的耦合协调度均有负向影响。乌蒙山区不同收入水平农户生计资本与生计稳定性耦合协调度的影响因素对农户产生的影响也存在一定差异。除上述因素外，林地面积、水面面积、劳动力平均受教育程度和人均住房面积还与低收入农户的耦合协调度相关；中低收入农户的耦合度则与耕地完整度、劳动力

平均受教育程度和人均住房面积相关；耕地面积、林地面积、劳动力平均受教育程度、家庭现役军人人数与中收入农户的耦合协调度正相关；耕地面积、耕地坡度、耕地完整度、林地面积、劳动力人数、家庭现役军人人数、生活通电均与中高收入农户的耦合协调度正相关；林地面积、家庭现役军人人数、人均住房面积与高收入农户的耦合协调度相关。

表 6-22 不同收入水平分组农户耦合协调度影响因素相关分析

影响因素	低收入组	中低收入组	中收入组	中高收入组	高收入组
耕地面积	0.073	−0.057	0.119*	0.111*	−0.06
耕地坡度	0.078	−0.091	0.071	0.114*	−0.093
耕地完整度	−0.002	−0.147**	−0.067	0.112*	0.045
林地面积	0.193***	0.1	0.189***	0.165***	0.246***
水面面积	0.168***	0.029	0.058	0.047	−0.04
村自然资源	0.002	0.076	0.064	0.048	−0.047
劳动力人数	0.09	0.044	0.057	0.104*	0.053
劳动力平均受教育程度	0.137**	0.103*	0.152**	−0.003	−0.054
劳动力平均健康状况	0.074	0.043	0.044	−0.029	0.086
家庭现役军人人数	0.073	0.074	0.179***	0.154**	0.173***
家庭党员人数	0.263***	0.272***	0.233***	0.198***	0.126**
加入合作社	0.290***	0.291***	0.385***	0.524***	0.581***
军烈属	0.101*	0.242***	0.125**	0.248***	0.255***
村中共党员数	−0.048	0.017	0.035	0.035	0.032
村大学生村官人数	0.225***	0.237***	0.218***	0.184***	0.199***
人均住房面积	−0.100*	−0.112*	−0.037	−0.036	−0.159***
生产通电	0.478***	0.526***	0.596***	0.563***	0.510***
广播电视	0.065	0.017	−0.006	−0.002	0.046
卫生厕所	0.416***	0.500***	0.401***	0.411***	0.340***
燃料类型	0.029	0.076	0.034	−0.003	−0.001
入户路类型	0.451***	0.473***	0.534***	0.468***	0.392***
生活通电	−0.048	—	−0.051	0.127**	−0.009
储蓄	0.325***	0.115*	0.185***	0.233***	0.150**
生计多样性指数	0.512***	0.407***	0.512***	0.486***	0.437***
收入多样性指数	0.657***	0.662***	0.650***	0.610***	0.518***
收入依赖性指数	−0.642***	−0.664***	−0.668***	−0.601***	−0.465***
自然资源依赖性指数	−0.171***	−0.589***	−0.550***	−0.489***	−0.143**

（二）回归结果分析

表 6-23 为各影响因素对农户生计资本与生计稳定性耦合协调度的回归结果。

第（1）列为全样本农户回归结果。户主受教育程度在 10% 的统计水平上对耦合协调度产生显著的负向影响，这表明户主的受教育程度越高，越不利于农户生计资本与生计稳定性的耦合协调发展。一般而言，户主的受教育程度较高，意味着其拥有更多的知识和技能，这有助于增加农户的物质资本、金融资本和人力资本，但是更高教育程度的户主也可能选择更高风险或回报周期更长的生计方式，这可能增加生计策略的不稳定性和生计资本的波动性，从而降低了生计稳定性。

收入在 1% 的统计水平上对耦合协调度产生显著的正向影响。由此可见，农户的家庭人均收入水平越高，其生计资本与生计稳定性的耦合协调发展状况越好；收入水平提升能够加快农户生计资本累计速度，帮助农户增加生计活动的类型，实现生计可持续发展。

家庭规模和人口负担系数均在 1% 的统计水平上对耦合协调度产生显著的正向作用，这表明农户的家庭规模越大和人口负担系数越大，农户生计的耦合协调发展水平越高。家庭人口规模越大，越利于人力资本的积累。家庭拥有合理的少儿和老人比例可能促使家庭劳动成员更加努力地工作，积累更多的人力资本和金融资本，以支持少儿的抚养和老人的赡养需求；少儿和老年人口的存在也可能促使劳动力更加注重长期规划和风险管理，以增强生计稳定性；由此实现生计资本与生计稳定性的良性互动，这种正向作用有助于农户生计实现更加稳定和可持续的发展。

非农务工在 1% 的统计水平上对耦合协调度产生显著的正向作用，这说明农户中非农务工就业的人数越多，越有利于生计的可持续性发展。家庭中的劳动力实现稳定务工，其收入来源稳定，有利于家庭金融资本和物质资本的积累，增加了收入稳定性，由此促进了生计资本与生计稳定性的协调发展，推动农户生计实现可持续发展。

合作社在5%的统计水平上对耦合协调度产生显著的正向作用。由此可见，当所在村农民专业合作社数量越多时，农户越能实现生计资本与生计稳定性的耦合协调发展。农民专业合作社可以通过与成员农户签订销售合约，降低农户面临的交易成本和个体风险，增加农户生计的稳定性；提供技术培训和生产要素支持，增强农户的市场竞争力；优化农户的销售渠道，由此帮助农户增加收入，累积更多生计资本。长期来看，生计资本的累积为农户提供了更多的生计选择和保障，生计稳定性的提升又进一步促进了生计资本的累积，由此帮助农户实现生计资本与生计稳定性之间的良性互动。

森林覆盖率在10%的统计水平上对耦合协调度产生显著的负向作用，这表明农户所在村的森林覆盖率越高，其生计资本与生计稳定性的耦合协调度越低，原因可能是在森林覆盖率较高的地区，存在严格的资源保护政策，限制了农户对森林资源的利用。另外，农户可能过度依赖森林资源作为其主要生计来源，当森林覆盖率提高导致森林资源采集和利用受限时，这些农户会面临生计困境，从而降低生计稳定性。户主年龄与健康风险对耦合协调度的负向作用，以及客运班车、交通情况和地形对耦合协调度的正向作用均没有通过显著性检验。

第（2）列至第（4）列可知，乌蒙山区各生计类型分组农户生计资本与生计稳定性耦合协调度的影响因素对农户产生的影响存在差异，仅家庭规模这一因素对各生计类型农户均有显著的正向影响。在农兼户的回归结果中，道路交通对耦合协调度产生的负向影响通过了1%的统计检验，其余变量的影响未通过显著性检验。在兼农户的回归结果中，户主受教育程度在10%的统计水平上对耦合协调度产生显著的负向影响，收入在1%的统计水平上对耦合协调度产生显著的正向影响，合作社在5%的统计水平上对耦合协调度产生显著的正向作用，其余变量的影响未通过显著性检验。在非农户的回归结果中，收入、人口负担系数和地形对耦合协调度产生的正向作用均通过了1%显著性水平的检验，森林覆盖率在10%的统计水平上对耦合协调度产生显著的负向作用，其余变量的影响未通过显著性检验。

表 6-23 各影响因素对耦合协调度的回归结果

影响因素	（1）全样本	（2）农兼户	（3）兼农户	（4）非农户
户主年龄	−0.000 2	−0.000 0	−0.000 1	−0.000 0
	（0.000 3）	（0.000 5）	（0.000 3）	（0.000 8）
户主受教育程度	−0.002 5*	0.003 6	−0.002 6*	−0.006 7
	（0.001 3）	（0.002 6）	（0.001 4）	（0.004 4）
健康风险	−0.003 0	−0.062 6	−0.015 4	0.165 4
	（0.032 3）	（0.067 0）	（0.034 0）	（0.117 8）
收入	0.190 8***	0.109 4	0.152 6***	0.163 7***
	（0.016 7）	（0.071 5）	（0.021 1）	（0.029 3）
家庭规模	0.011 1***	0.007 2*	0.011 3***	0.018 2***
	（0.001 8）	（0.003 7）	（0.001 9）	（0.005 7）
人口负担系数	0.027 3***	0.025 9	0.013 4	0.124 6***
	（0.009 7）	（0.018 5）	（0.010 3）	（0.032 9）
非农务工	0.010 1***	−0.003 0	0.002 1	−0.004 0
	（0.002 8）	（0.011 0）	（0.003 0）	（0.006 6）
客运班车	−0.000 3	−0.014 3	0.006 8	0.023 8
	（0.005 5）	（0.012 2）	（0.005 8）	（0.017 9）
合作社	0.005 3**	−0.003 5	0.006 1**	0.007 3
	（0.002 6）	（0.005 4）	（0.002 6）	（0.011 5）
森林覆盖率	−0.042 1*	−0.058 2	−0.012 2	−0.124 6*
	（0.025 1）	（0.048 1）	（0.027 2）	（0.072 3）
道路交通	−0.112 1	−3.482 4***	0.279 4	−1.030 5
	（0.561 3）	（1.256 2）	（0.585 4）	（1.911 4）
地形	0.004 8	−0.014 5	−0.003 9	0.068 8***
	（0.005 1）	（0.012 6）	（0.005 4）	（0.015 3）
常数项	−1.381 9***	−0.639 3	−1.007 6***	−1.267 2***
	（0.161 2）	（0.682 6）	（0.202 6）	（0.299 4）
户数	1 351	205	1 059	87

注：括号内数值为标准误；***、**、* 分别表示在1%、5%、10%的水平上显著。

表 6-24 为各影响因素对不同收入水平分组农户耦合协调度的回归结果。

第（1）列为低收入农户的回归结果，收入和家庭规模仍在1%的统计水平上对耦合协调度产生显著的正向影响；非农务工在5%的统计水平上对耦合协调度产生显著的正向作用；地形在1%的统计水平上对耦合协调度产生显著的正向作用；其余变量未通过显著性检验。

第（2）列为中低收入农户的回归结果，健康风险在10%的统计水平上对耦合协调度产生显著的正向作用；非农务工在1%的统计水平上对耦合协调度产生显著的正向作用；地形在1%的统计水平上对耦合协调度产生显著的负向作用，这与低收入农户的情况相反；其余变量未通过显著性检验。

第（3）列为中收入农户的回归结果，健康风险仍在10%的统计水平上对其耦合协调度产生显著的正向作用；非农务工在1%的统计水平上对耦合协调度产生显著的正向作用；地形在1%的统计水平上对耦合协调度产生显著的负向作用；其余变量未通过显著性检验。中低收入农户与中收入农户生计资本与生计稳定性耦合协调度的影响因素对农户产生的影响比较相同。

第（4）列为中高收入农户的回归结果，收入和家庭规模均在1%的统计水平上对耦合协调度产生显著的正向影响；森林覆盖率在1%的统计水平上对耦合协调度产生显著的负向作用；地形条件在5%的统计水平上对耦合协调度产生显著的正向作用；其余变量未通过显著性检验。

第（5）列为高收入农户的回归结果，户主受教育程度在10%的统计水平上对耦合协调度产生显著的负向影响；健康风险在5%的统计水平上对耦合协调度产生显著的负向作用；家庭规模和人口负担系数均在10%的统计水平上对耦合协调度产生显著的正向作用；客运班车和森林覆盖率均在5%的统计水平上对耦合协调度产生显著的正向作用；其余变量未通过显著性检验。

上述回归结果表明，乌蒙山区不同收入水平农户生计资本与生计稳定性耦合协调度的影响因素对农户产生的影响存在很大差异，因此在制定相关策略和政策时，应根据不同类型农户制定适宜发展策略。

表 6-24　各影响因素对不同收入水平农户耦合协调度的回归结果

影响因素	（1）低收入农户	（2）中低收入农户	（3）中收入农户	（4）中高收入农户	（5）高收入农户
户主年龄	0.000 1	−0.000 4	−0.000 4	0.000 5	−0.000 3
	（0.000 5）	（0.000 6）	（0.000 6）	（0.000 6）	（0.000 5）
户主受教育程度	−0.000 1	0.003 7	0.003 7	−0.003 6	−0.004 6*
	（0.002 7）	（0.002 9）	（0.002 9）	（0.002 8）	（0.002 6）
健康风险	0.103 1	0.168 2*	0.168 2*	−0.033 8	−0.116 4**
	（0.067 2）	（0.094 0）	（0.094 0）	（0.066 9）	（0.050 3）
收入	0.159 3***	−0.336 3	−0.336 3	0.910 5***	−0.031 9
	（0.031 5）	（0.842 3）	（0.842 3）	（0.244 6）	（0.036 1）
家庭规模	0.013 2***	0.002 4	0.002 4	0.015 8***	0.006 2*
	（0.003 2）	（0.003 8）	（0.003 8）	（0.004 1）	（0.003 5）
人口负担系数	0.019 4	0.031 5	0.031 5	0.018 8	0.036 9*
	（0.018 7）	（0.020 3）	（0.020 3）	（0.020 3）	（0.019 5）
非农务工	0.010 9**	0.028 5***	0.028 5***	−0.001 0	0.000 2
	（0.004 9）	（0.006 1）	（0.006 1）	（0.006 6）	（0.005 6）
客运班车	−0.013 6	−0.000 5	−0.000 5	−0.000 7	0.026 5**
	（0.010 3）	（0.012 1）	（0.012 1）	（0.012 0）	（0.011 6）
合作社	−0.001 6	0.006 3	0.006 3	0.008 1	0.002 8
	（0.006 5）	（0.005 4）	（0.005 4）	（0.005 3）	（0.005 0）
森林覆盖率	−0.037 3	−0.029 4	−0.029 4	−0.154 4***	0.137 6**
	（0.050 8）	（0.056 0）	（0.056 0）	（0.054 3）	（0.055 3）
道路交通	−1.066 2	−0.394 4	−0.394 4	−1.525 7	1.945 5
	（1.094 6）	（1.178 9）	（1.178 9）	（1.293 2）	（1.258 3）
地形	0.035 8***	−0.050 0***	−0.050 0***	0.025 1**	0.015 6
	（0.010 6）	（0.010 9）	（0.010 9）	（0.011 8）	（0.010 1）
常数项	−1.200 4***	3.629 9	3.629 9	−8.151 0***	0.655 3*
	（0.305 5）	（7.870 9）	（7.870 9）	（2.297 8）	（0.352 8）
户数	282	266	263	270	270

第七章　生计资本与农户收入分析

第一节　农户收入现状分析

一、农户收入总体水平描述

农户收入水平能够反映农业和农村经济发展水平。表7-1展示了乌蒙山区农户2021年总收入、纯收入和人均纯收入各指标的统计特征。国家统计局将农户收入分为经营性收入、工资性收入、财产性收入和转移性收入4个方面，农户年收入为上述4个方面的总和。2021年乌蒙山区农户平均收入为55 865.16元，总收入最高达到152 650元，最低仅为3 595元，标准差为20 022.43。农户总收入呈现出较大不均衡性与差异性，而且农户年总收入处于较低水平。农户纯收入使用总收入与生产经营性支出的差值表征。农户纯收入平均值为54 125.47元，最大值为151 316.70元，最小值为3 595元，标准差为19 526.60，与农户总收入相比变化不大，从侧面说明受访农户2021年生产经营性支出处于较低水平。国家统计局公布2021年农村居民人均可支配收入为18 931元。乌蒙山区样本农户人均纯收入平均值为12 191.46元，最大值为26 372.50元，最小值为1 797.50元，标准差为1 929.48。由此可见，与全国农户人均收入情况相比，乌蒙山区农户人均纯收入水平仍有较大差距且离散程度较高，农户经济状况相差较大。

表 7-1　农户收入总体水平统计分析

项目	单位	样本数	平均值	标准差	最小值	最大值
总收入	元	1 351	55 865.16	20 022.43	3 595	152 650
纯收入	元	1 351	54 125.47	19 526.60	3 595	151 316.70
人均纯收入	元	1 351	12 191.46	1 929.48	1 797.50	26 372.50

二、农户收入结构特征分析

收入水平是农村经济繁荣与农民生活福祉的直接反映，其衡量标准不仅局限于总收入范畴，更深刻地体现在收入结构变动与变化方面。农户收入结构的差距体现在各项收入来源的差异，具体来说，为了综合评价乌蒙山区农户收入情况，本章一是从经营性收入、工资性收入、财产性收入和转移性收入 4 个方面来分析农户收入结构，二是从经营性收入中的农业经营收入、非农经营收入两个方面来描述农户收入结构。

表 7-2 展示了农户收入结构的描述性统计。总体而言，经营性收入和工资性收入为农户收入的两大主要来源，其中经营性收入占比更高为 51.13%，两项收入总和在农户收入中占比超过 96%，而占比最低的收入类型为财产性收入，占比仅为 1.54%。

表 7-2　农户收入结构描述性统计

收入类型	样本数	平均值	标准差	最小值	最大值	占比
经营性收入	1 351	27 268.47	16 463.50	0	104 514	51.13%
工资性收入	1 351	26 596.88	20 044.22	0	105 200	45.29%
财产性收入	1 351	833.06	2 374.44	−115	38 000	1.54%
转移性收入	1 351	1 166.75	3 498.77	0	41 109.62	2.04%
农业经营收入	1 351	16 221.47	10 516.89	0	83 500	29.67%
非农经营收入	1 351	11 047.01	7 310.58	0	42 201.50	21.47%

经营性收入反映了农户从事农业生产活动及其他生产经营性活动所获得的直接经济回报。农户经营性收入平均为 27 268.47 元，最大值为 104 514 元，最小值为 0 元，标准差为 16 463.50，表明农户经营性收入水平存在较大差异，有的农户并没有从事农业生产及其他经营活动。

工资性收入是农户外出务工或参与非农产业劳动所获得的收入。随着城镇化进程的加快和农村剩余劳动力的转移，工资性收入在农户收入中的比重逐渐增加，成为农民增收的重要渠道。2021年，乌蒙山区农户工资性收入平均为26 596.88元，最高收入为105 200元，最低收入为0，标准差为20 044.22。作为农户第二大收入来源，工资性收入占比略低于工资性收入，为45.29%。

财产性收入是指农户通过拥有或管理财产所获得的收入，如土地流转租金、房屋出租收入、金融投资收益等。农户财产性收入平均为833.06元，最大值为38 000元，最小值为−115元，标准差为2 374.44。财产性收入出现负数有可能是因为农户出现了投资亏损、资产贬值以及土地流转风险等情况。财产性收入在农户收入中的占比仅1.54%，乌蒙山区农户财产性收入来源单一，拥有资产总量少，同时缺乏充足的资金获取财产性收入，进而导致财产性收入所占比重较低。

转移性收入主要包括政府补贴、养老金等。农户转移性收入平均为1 166.75元，略高于财产性收入平均值，最高转移性收入达到41 109.62元，最低为0元，标准差为3 498.77，其在家庭总收入中的比重为2.04%。总体而言，农户转移性收入仍然处于较低水平且农户间转移性收入分布不均。随着国家财政对"三农"投入的不断增加，转移性收入在农民收入中的比重将逐步提高。

农业经营收入和非农业经营收入情况如下：农户农业经营收入平均为16 221.47元，最高收入83 500元，最低为0元，标准差为10 516.89，占家庭总收入29.67%；非农经营收入由第二产业收入与第三产业收入加总得出，非农经营平均收入11 047.01元，最高收入42 201.50元，最低为0元，标准差为7 310.58，占家庭总收入21.47%。从农业经营收入与非农经营收入对比来看，乌蒙山区农户更注重于农业经营活动，非农经营收入不高且占总收入比重较低；相对于非农经营收入，农业经营收入对气候、地形等自然资源禀赋依赖度更强，更易造成农户收入不稳定且分布不均衡的情况。

三、不同收入水平特征描述

将农户按照收入水平分组可以更直观地分析农村社会内部收入分配状况。根据人均纯收入将农户分为五类进行深入分析，分别是低收入农户（收入最低的 20%）、中低收入农户（收入介于 20 分位点到 40 分位点）、中收入农户（收入介于 40 分位点到 60 分位点）、中高收入农户（收入介于 60 分位点到 80 分位点）和高收入农户（收入最高的 20%）。

表 7-3 报告了不同收入分组农户收入水平的描述性统计。低收入农户人均纯收入均值为 10 648.62 元，最大值为 11 300 元，最小值仅为 1 797.50 元，标准差为 1 179.31，低收入农户人均纯收入不高且分布不均衡，农户内部收入差异相对较大。中低收入农户人均纯收入平均为 11 435.56 元，最大值为 11 550 元，最小值为 11 306 元，标准差为 73.00，这类农户收入分布较为集中，大多数农户收入达到平均值水平。中收入农户平均人均收入为 11 693.77 元，最高收入 11 864 元，最低收入 11 551.67 元，标准差为 94.20。中高收入农户人均纯收入均值为 12 251.76 元，最大值为 12 847.60 元，最小值为 11 866.67 元，标准差为 283.50。高收入农户人均纯收入平均为 14 972.05 元，最高为 26 372.50 元，最低为 12 850 元，标准差为 2 463.73。

低收入组、中低收入组、中收入组以及中高收入组农户的人均纯收入均值比较接近，反映了这四组农户的收入水平差距不太大。高收入组农户人均纯收入均值显著高出其他各组农户，形成较为突出的高点。从标准差的角度观察，低收入组农户与高收入组农户之间的人均纯收入显示出较高的离散程度，意味着这两组农户内部收入差异相对较大；而中低收入组、中收入组以及中高收入组农户的收入分布较为均衡，内部收入差异相对较小。由此可见，乌蒙山区农户基于不同的自然资源与生计资本禀赋，选择多样化的生计策略，得到差异化的生计结果，进而导致农户收入水平差距较大。

表 7-3　不同收入水平农户收入描述性统计

农户类型	样本数	平均值	标准差	最小值	最大值
低收入农户	282	10 648.62	1 179.31	1 797.50	11 300
中低收入农户	266	11 435.56	73.00	11 306	11 550
中收入农户	263	11 693.77	94.20	11 551.67	11 864
中高收入农户	270	12 251.76	283.50	11 866.67	12 847.60
高收入农户	270	14 972.05	2 463.73	12 850	26 372.50

为进一步综合探析农户收入情况，按照不同收入分组描述农户收入结构，见表 7-4，其中，农业经营收入占比、非农经营收入占比及工资性收入占比均为其收入占农户总收入比重。

表 7-4　不同收入水平农户收入结构占比描述性统计

项目	低收入农户	中低收入农户	中收入农户	中高收入农户	高收入农户
农业经营收入	14 586.52	18 709.77	17 133.84	16 298.15	14 512.22
非农经营收入	9 008.24	12 598.04	12 615.72	11 122.03	10 045.28
工资性收入	25 743.33	19 370.06	21 675.88	27 097.5	38 900.93
农业经营收入占比	28.76%	36.10%	32.35%	28.81%	21.56%
非农经营收入占比	17.76%	24.31%	23.82%	19.66%	14.92%
工资性收入占比	50.76%	37.38%	40.92%	47.90%	57.79%

首先，从收入来源来看，中低收入组农户的农业经营收入最高，为 18 709.77 元，占总收入的 36.10%；其次为中收入组农户，占总收入的 32.35%；高收入组农户最低，占总收入 21.56%。由此可见，不同收入水平组农户的农业经营收入及其占比存在较大差距，收入较低组的农户农业经营收入反而高于高收入组农户。从非农经营收入来看，中收入组农户和中低收入组农户的非农经营性收入最高且相差不大，分别占其总收入的 24.31% 和 23.82%，低收入组农户的非农经营性收入最低，为 9 008.24 元，占比 17.76%。高收入组农户的工资性收入最高，达到 38 900.93 元，在总收入中占比 57.79%；其次为中高收入组农户，工资性收入为 27 097.50 元；

中低收入组农户的工资性收入最低。总体而言，收入越高的农户，其工资性收入不一定越高。

其次，从不同收入水平分组来看，低收入组农户内部收入结构为工资性收入占比一半以上，平均收入为 25 743.33 元；其次为农业经营收入；非农经营收入占比最低，占总收入的 17.76%。中低收入组农户收入以工资性收入和农业经营收入为主，良好的农业资源禀赋以及外出务工机会增加了其收入总量。中收入组农户收入来源主要为工资性收入，占比为 40.92%，农业经营收入与非农经营收入相差不大，分别占总收入的 32.35% 和 23.82%，外出务工增加了这类农户的工资性收入及其占比。工资性收入仍然为中高收入组农户最主要的收入来源，工资收入相比中收入组农户有所增加，占总收入的 47.90%；其次为农业经营收入和非农经营收入，分别占比 28.81% 和 19.66%。高收入组农户的收入结构在 5 类农户中最为不均衡，57.79% 的收入来自工资性收入，农业经营收入和非农经营收入仅占比 21.56% 和 14.92%。在中、高收入群体中，工资性收入呈现出递增的趋势，城镇就业机会为农民提供了更多就业选择和工资收入。

总体而言，低收入组农户由于资源禀赋难以实现多样化生计活动，收入水平较低且来源相对单一；高收入组农户具备更为丰富的劳动技能，从而获得更高的工资水平。习近平总书记强调，"低收入群体是促进共同富裕的重点帮扶保障人群"，"促进共同富裕，最艰巨最繁重的任务仍然在农村"[1]。合理的收入分配结构是经济稳定发展的重要基础。分类分析不同收入群体的收入情况，发现收入分配失衡问题，通过政策调整生计策略多样化，促进中低收入农户增收，增强中高收入农户生计稳定性，能够为农村经济发展注入更多动力。

---

[1] 习近平. 扎实推动共同富裕［J］. 求是，2021（20）.

第二节 生计资本对农户收入影响的模型设定与变量选取

一、模型设定

（一）基准模型

本章讨论乌蒙山区农户生计资本对农户收入的影响，采用OLS基准模型，模型如式（7-1）所示。

$$\text{inc}_i = \alpha_1 + \beta_1 \text{LCI}_i + \sum \gamma_k X_{ki} + \mu_j + \varepsilon_i \tag{7-1}$$

式中，inc_i 代表农户 i 的人均纯收入，LCI_i 为农户 i 拥有的生计资本水平，X_{ki} 为户主年龄等控制变量，β_1 表示生计资本对农户人均纯收入的系数估计值，γ_k 则为各控制变量的系数估计值，α_1 为常数，ε_i 表示误差项。此外，为了减少因村庄差异而未观察到的因素对研究结果的影响，本研究在基准模型中加入 μ_j 村庄固定效应，以此更准确地估计生计资本对农户收入的影响。

由第一节乌蒙山区农户收入描述性分析中可知，当地农户主要收入来源为经营收入。为了深入分析乌蒙山区生计资本对农户收入来源的影响，本研究进一步地将其分为农业经营收入和非农经营收入，具体研究模型如式（7-2）和式（7-3）所示。

$$\text{ainc}_i = \alpha_2 + \beta_2 \text{LCI}_i + \sum \gamma_k X_{ki} + \mu_j + \varepsilon_i \tag{7-2}$$

$$\text{nainc}_i = \alpha_3 + \beta_3 \text{LCI}_i + \sum \gamma_k X_{ki} + \mu_j + \varepsilon_i \tag{7-3}$$

式中，ainc_i 为农业经营收入，nainc_i 为非农经营收入，其余符号含义同上，在此不过多赘述。

（二）分位数回归模型

相较于OLS回归模型，分位数回归能观察到不同分位点时的回归系数，从而揭示在特定分位点处乌蒙山区生计资本对农户人均纯收入影响的变动情况，进而全面揭示农户人均纯收入在整体分布的回归关系，其具体模型如式（7-4）所示。

$$Q_{\text{inc}_i}(T|\text{LCI}_i) = \alpha_4 + \text{LCI}_i\beta_4(T) + \sum_k \gamma_k X_{ki} + \varepsilon_i \qquad (7-4)$$

式中，Q_{inc_i} 为农户人均纯收入的条件分位函数，T 为设定的分位点，$\beta_4(T)$ 为 T 分位点下的影响系数，其余符号含义同上，在此不过多赘述。

二、变量选取

被解释变量为农户人均纯收入，其衡量方式是用 2021 年农户纯收入除以农户人口总数。其中，农户纯收入为农户年收入（经营性收入、工资性收入、转移性收入和财产性收入之和）减去当年生产经营性支出。相较于年收入和纯收入，人均纯收入更能反映农户的实际经济状况，且在消除了人口规模差异后，便于横向比较不同村庄或家庭的收入状况。以第一产业收入表征乌蒙山区农户农业经营收入；以第二产业收入和第三产业收入之和表征非农经营收入。本章第一节中已将乌蒙山区 1 351 户人均纯收入水平分为五组，然而考虑到相较于分组回归，分位数回归可以减少信息损失且稳健性更好，因此本研究将农户人均纯收入按 20%、40%、60% 和 80% 设定 4 个分位点进行分析，以此观测不同收入水平农户的生计资本对其收入的影响。此外，为了消除异方差影响，对所有收入指标均进行取对数处理。

核心解释变量为生计资本，主要采用熵值法从自然资本、人力资本、社会资本、物质资本和金融资本等 5 个维度共 22 个指标进行测算，其具体测算过程在第五章已详细介绍，这里不再赘述。需要指出的是，在基准回归中，主要探讨实地农户社会经济调查数据测算出的生计资本对农户收入的影响。在异质性分析中，讨论基于遥感大数据测算的村级自然资源水平的差异而造成对收入影响的异同，深入分析基于遥感大数据测算的村庄层面自然资源在农户生计资本对其收入影响中的作用。

为了减少遗漏变量可能导致的偏误,确保研究结果的准确性,从个体特征和家庭特征两个方面选取可能对农户人均纯收入产生影响的因素作为控制变量。其中,个体特征为户主年龄;家庭特征为家庭总人数、非农务工、健康风险、是否危房户、有效灌溉面积和与村主干路距离等。

户主年龄是影响农户人均纯收入的重要因素之一。户主通常是农户家庭重要的决策者之一。随着年龄的增长,户主的体力、精力和学习能力会发生变化,从而影响家庭收入水平。一般而言,年轻户主的学习能力更强、体力更充沛,更容易学习新知识、掌握新技术,有利于提高农户收入水平;而年长的户主由于体力下降、学习能力减弱,可能会面临更多的生产困难,导致收入下降。但是年长户主往往农业生产经验更加丰富,一定程度上有利于规避农业生产中的不确定风险,提高农业生产效率并减少不必要支出,从而提高农户收入。因此,户主年龄对农户人均纯收入会产生的影响是不确定的。

农户家庭总人口数多,一方面可以提供更多的劳动力从事农业生产或非农就业,扩大农户家庭收入来源,从而增加农户收入;但另一方面,也会增加家庭的消费支出,如食品、医疗、教育等,进而影响农户人均纯收入。因此,农户家庭总人口数对农户人均纯收入的影响是不确定的。

非农务工则以农户家庭成员务工时长6个月以上人数占家庭总人数之比表征,以此反映农户劳动力外出务工情况。一般来说,非农务工劳动力占比越高,越有利于增加农户工资性收入,但也可能带来一定的负面影响,如家庭农业生产劳动力减少,不利于农户农业收入增加。因此,非农务工对农户人均纯收入的影响是不确定的。

健康风险以疾病人数占农户家庭总人数的比值表征。农户疾病人数越多意味着劳动力越少,不仅会减少农户收入,还会增加家庭医疗支出,从而导致农户人均纯收入下降。因此,健康风险对农户人均纯收入会产生消极影响。

危房户是指居住在存在安全隐患的房屋中的农户。长期居住在危房中,会影响农户家庭成员的健康、学习和劳动能力等,从而影响农业生产效率,不利于农户收入增加；同时，由于年久失修、结构不安全等因素，危房改造也会产生一定的家庭支出，这些额外的支出会直接影响到农户人均纯收入。因此，住在危房的农户对人均纯收入会产生消极影响。

有效灌溉面积是指具有一定的水源、灌溉工程或设备已配套的耕地面积。有效灌溉面积的增加可以提高农户农业生产效率和产量。对于以农业生产为主的村庄，有效灌溉面积越多，意味着农户农业收入越高。因此，有效灌溉面积对农户人均纯收入会产生积极影响。

与村主干路距离则是通过农户住宅距离村庄主干路的距离来衡量。与村主干路距离反映了农户的交通便利程度，一般认为与村主干路距离较近的农户可以更方便地获取市场信息、销售农产品、购买生产资料等，从而提高农业生产效率和农户收入水平。反之，与村主干路距离较远的农户则面临着交通不便、信息闭塞等问题，以致农业生产效率和收入水平下降。因此，与村主干路距离对农户人均纯收入会产生消极影响，即距离越小，农户人均纯收入水平可能会越高。

上述各类变量的定义及描述性统计见表7-5。乌蒙山区农户的人均纯收入为12 191.457 2元，这表明当地农户收入水平相较于全国平均水平而言处于中等偏低水平。从农户收入来源来看，其农业经营收入和非农经营收入平均值分别为16 221.465 6元和11 047.009 3元，表明当地整体以农业经营收入为主。经过熵值法测算的生计资本为0.055 9，意味着当地农户拥有的生计资本较为匮乏。

农户个体特征和家庭特征方面，户主年龄平均值为53.427 8岁，年龄偏大，普遍为中老年户主；农户总人口数平均值为4.498 2人，家庭规模处于中等水平，人口偏少。但是农户非农务工仅0.199 3（指家庭非农务工时长6个月以上人数占总人数比值），结合第一节农户收入描述性分析中当地农户工资收入占比高达45.29%可知，被调查农户非农务工稳定性较弱，虽然以务工收入为主，但长期外出务工人数较少、连续性较差。同时，家庭健康风险仅0.019 5，虽然表明被调查农户健康风险较弱，但这也可能与农户总人口数基数较小有关。在小规模家庭中，即使疾病人数为一人，也会对整个家庭的健康劳动力产生较大影响，不利于农户农业生产效率，进而影响农户收入。结合非农务工指标可进一步推测，由于农户家庭存在疾病人口，需要人照顾，其余健康劳动力可能也难以长时间外出务工，进而导致务工稳定性较弱。从危房户数据来看，被调查农户大多数经过危房改造，其居住环境已经无安全隐患了，仅少数农户仍居住于危房之中，还面临着不安全因素，需要进行危房改造。被调查农户有效灌溉面积平均值仅0.221 0亩，结合第五章的分析可知，农户平均耕地面积拥有量为3.465 6亩，意味着当地农户本身拥有耕地面积较少，其中具有一定水源、地块比较平整、灌溉工程或设备已经配套的耕地面积更少，加剧农户农业生产难度，影响农业生产效率和生产成本。被调查农户居住地与村主干路距离平均值为0.983 7 km，表明当地农户住宅距离村主干路有一定距离，交通较为不便，在获取信息及外出务工等方面需消耗一定时间成本，从而影响收入提高。

表 7-5　各变量描述性统计结果

变量	指标	定义	平均值	标准差
被解释变量	农户人均纯收入	［年收入（元）－生产经营支出（元）］/农户人口数（人）	12 191.457 2	1 929.479 0
	农业经营收入	第一产业收入（元）	16 221.465 6	10 516.890 0
	非农经营收入	第二产业收入（元）＋第三产业收入（元）	11 047.009 3	7 310.579 0
核心解释变量	生计资本	熵值法测算	0.055 9	0.040 4
控制变量	户主年龄	被调查者2021年的周岁（岁）	53.427 8	10.855 1
	家庭总人数	农户人口数（人）	4.498 2	1.536 2
	非农务工	家庭务工时长6个月以上人数（人）/家庭总人数（人）	0.199 3	0.229 8
	健康风险	疾病人数（人）/家庭总人数（人）	0.019 5	0.078 8
	是否危房户	是危房户为1，否则为0	0.046 6	0.210 9
	有效灌溉面积	具有一定水源、地块比较平整、灌溉工程或设备已经配套的耕地面积（亩）	0.221 0	0.829 0
	与村主干路距离	农户住宅距离村庄主干路的距离（km）	0.983 7	3.229 5

注：观测值均为1 351户。

第三节 实证结果分析

一、生计资本对农户人均纯收入的影响

本节首先使用 OLS 模型实证检验乌蒙山区生计资本对农户人均纯收入的影响,相关结果见表 7-6。

表 7-6 生计资本对农户人均纯收入的影响

项目	农户人均纯收入 列（1）	农户人均纯收入 列（2）
生计资本	0.774 2*** （6.440 3）	0.784 1*** （6.504 3）
户主年龄		0.000 2（0.577 2）
家庭总人数		−0.007 3***（−2.666 5）
非农务工		−0.005 3（−0.282 3）
健康风险		0.021 7（0.415 7）
是否危房户		0.022 2（1.136 3）
有效灌溉面积		0.004 7（0.836 6）
与村主干路距离		0.000 6（0.453 9）
常数	9.353 9***（1 210.245 2）	9.372 0***（346.793 5）
观测值	1 351	1 351
R^2	0.137 9	0.140 8

从表 7-6 中可以发现,无论是否加入控制变量,生计资本始终在 1% 的显著性水平上对农户人均纯收入产生积极影响,即农户拥有的生计资本越丰富,其人均纯收入也越高。以列（2）为例,在加入控制变量后,生计资本对农户人均纯收入的系数估计值为 0.784 1,即农户拥有的生计资本每提高 1%,农户人均纯收入会提高 0.784 1%。具体而言,农户生计资本的丰富程度可以直接影响农户生产效率。例如,拥有足够金融资本的农户可以购买更多的生产资料并扩大生产规模,也能更好地应对自然灾害和市场风险等危机,从而有利于提高农户收入。

农户拥有的生计资本总体水平越高,意味着其收入来源也愈发广泛。例如,拥有丰富自然资本的农户可以通过发展特色农业、生态旅游等方式增加

收入；拥有丰富人力资本的农户可以通过外出务工、创业等方式增加收入；拥有良好社会资本的农户可以通过参与农业合作社等途径获取更多市场信息和销售渠道，以此提高农产品市场竞争力来增加收入。此外，生计资本的投入也有利于降低农户生产成本。例如，农户拥有先进的物质资本，就可以借助现代化生产工具控制生产成本，从而大大增加农户人均纯收入。因此，乌蒙山区农户生计资本拥有量会对其人均纯收入产生显著的积极作用。

就控制变量而言，农户总人数在1%的显著性水平上对其人均纯收入产生的负向影响，表明农户总人数越多，越不利于其家庭人均纯收入的增长，这可能与农户劳动力数量有关。结合第二节各变量描述性统计分析可知，农户规模通常偏小，往往是四口或五口之家，其劳动力以青年人或中年人为主，劳动力能为农户带来农业生产收入或务工收入。而总人数的增加虽然意味着农户收入来源的扩充，但由于当地农户非农务工就业的不稳定性抑制了农户家庭人均纯收入增长。

二、生计资本对农户不同收入来源的影响

上述的分析证明，乌蒙山区生计资本对农户具有显著的增收效应，但其对农户各类不同收入来源的影响如何尚不得知。本部分根据式（7-2）和式（7-3）分别检验乌蒙山区农村生计资本对农户农业经营收入和非农经营收入的影响，相关结果见表7-7。

表7-7　生计资本对农户不同收入来源的影响

项目	农业经营收入	非农经营收入
生计资本	0.2248（0.1178）	0.4146（0.2238）
户主年龄	0.0255***（4.0708）	0.0211***（3.4787）
家庭总人数	0.2361***（5.4480）	0.1081***（2.5681）
非农务工	−2.6366***（−8.9154）	−2.7429***（−9.5515）
健康风险	−0.8282（−1.0015）	−0.6739（−0.8392）
是否危房户	−0.7257**（−2.3452）	−0.6978**（−2.3223）
有效灌溉面积	0.1252（1.4000）	0.0605（0.6964）
与村主干路距离	0.0362*（1.8140）	0.0361*（1.8651）
常数	7.0809***（16.5521）	7.5330***（18.1341）

续表

项目	农业经营收入	非农经营收入
观测值	1 351	1 351
R^2	0.151 7	0.139 1

从表 7-7 中可知，生计资本对农户农业经营收入和非农经营收入的影响系数值分别为 0.224 8 和 0.414 6，即相较于农业经营收入，生计资本对农户非农经营收入的积极影响更强。具体而言，生计资本影响农业经营收入主要体现在自然资本和物质资本两个维度：一是自然资本是农业经营的基础，土地、水源等自然资源的丰富程度和质量直接影响农业生产的潜力和农产品品质；二是物质资本是农业经营的重要支撑，农村公路、电力等基础设施的建设与完善，为农业生产提供了一定的保障。人力资本、金融资本、社会资本等其他生计资本维度虽然对农户农业经营收入亦有积极影响，但相比之下，这些资本对农户非农经营收入影响的关联性更强。首先，农户的知识结构、技能水平和健康状况等人力资本因素直接影响着非农经营活动的选择和收益，通过提升自身技能，农户能获得更高的工资或更好的工作机会，显著地提高了农户参与非农就业或创业的可能性，从而增加非农经营收入。其次，农户金融资本的积累为其投资创业提供资金支持，不仅能使农户从事非农经营活动，还可以帮助农户抓住投资机会，从而实现非农经营收入的增加。最后，农户社会资本的积累不仅有利于农户获取更多的市场信息、就业信息，还帮助农户建立互助合作关系，共同应对市场风险和非农经营中的挑战。

因此，农户拥有的生计资本越丰富，越有利于其提高农业经营收入和非农经营收入。然而，从前文分析中可知，乌蒙山区自然资源较为匮乏，即使物质资本相对丰富，但由于缺乏农业生产的自然资源，如水资源等，以致生计资本对农业经营收入的积极作用弱于其对非农经营收入的积极作用。需要注意的是，从统计结果来看，生计资本对农户农业经营收入和非农经营收入的积极影响均不显著，这可能与乌蒙山区农户生计资本结构相关。结合第五章生计资本分析可知，不同农户间生计资本分配存在差异，如农兼户和兼农户均以物质资本为主，而非农户以社会资本为主，农户间生计资本各维度的分配不均使其在农业经营或非农经营收入获取方面存在差异，这种差异可能导致生计资本对农业经营收入和非农经营收入的影响不显著。

就控制变量而言，户主年龄在1%的显著性水平上对农户农业经营收入和非农经营收入产生的正向影响，表明户主年龄越大，越有利于农户农业经营收入和非农经营收入的增长。其中，户主年龄每增长1%，农户农业经营收入会提高0.025 5%，非农经营收入会提高0.021 1%，户主年龄对农业经营收入的积极作用略强于非农经营收入。随着年龄增长，一方面，户主可能积累了丰富的农业生产经验，这有助于更有效地管理农田，提高农业生产效率，从而增加农业经营收入；另一方面，户主也会积累更多社会资源、人际关系等，帮助其在非农经营领域获取更多机会来增加非农经营收入。但由于乌蒙山区户主年龄普遍高于50岁，处于中老年阶段，受生活习惯和思维定式影响，其更依赖于农业生产，愿意投入更多时间和精力来经营农田；相比之下，年轻户主可能更倾向于从事非农经营以此获取更多收入。因此，户主年龄对农业经营收入的积极作用强于非农经营收入。

家庭总人数在1%的显著性水平上对农户农业经营收入和非农经营收入产生正向影响，表明家庭总人数越多，越有利于农户农业经营收入和非农经营收入的增长。其中，家庭总人数每增加1%，农户农业经营收入会提高0.236 1%，非农经营收入会提高0.108 1%，家庭总人数对农业经营收入的积极作用明显强于非农经营收入。农户家庭总人数的增加意味着有更多的劳动力资源可以投入农业生产，通过家庭成员分工合作，共同承担农业生产各项任务，以此减少农业生产劳动成本并提高农业生产效率，增加家庭农业经营收入。同样地，家庭总人数的增加可能意味着家庭成员具备不同的技能、知识和经验，可以从事不同类型的经营活动来扩大家庭收入来源，为家庭带来更多的经济收益。但由于地域限制以及农户人力资本自身约束，当地农户仍以从事农业经营为主，因此家庭总人数对农户农业经营收入的积极作用强于非农经营收入。

非农务工在1%的显著性水平上对农户农业经营收入和非农经营收入产

生负向影响，表明农户外出务工时间越长，越不利于农户农业经营收入和非农经营收入增长。其中，务工时长6个月以上占比每增加1%，农户农业经营收入会减少2.636 6%，非农经营收入会减少2.742 9%，农户非农务工对非农经营收入的消极作用强于农业经营收入。乌蒙山区外出务工较稳定的农户多从事长期固定打工工作，为家庭带来大量的工资收入，其外出务工时间越长，意味着投入农业生产中的劳动力相对减少，一定程度上会影响农业生产质量和产量，从而降低农业生产经营收入。同时，农村地区非农就业机会本身相对较少且竞争激烈，农户长期外出务工也限制了其在本地从事非农经营的机会，一定程度上也制约了农户非农经营收入的进一步提高。由于农户外出务工的资金大部分用于家庭生活与生产，较少投入非农经营领域，因此，农户非农务工对非农经营收入的消极作用强于农业经营收入。

是否危房户在5%的显著性水平上对农户经营收入和非农经营收入产生负向影响，表明居住在危房的农户不利于农业经营收入和非农经营收入的增长。其中，若农户居住在危房中，其农业经营收入可能减少0.725 7个单位，非农经营收入可能减少0.697 8个单位，危房户对农业经营收入的负向冲击强于非农经营收入。对于危房户来说，农户生活环境及安全条件较差，影响了其在农业生产上的投入精力，从而影响农业经营收入稳定性。虽然非农经营也受危房居住环境影响，但相对农业经营，非农经营较为灵活和多样化，一定程度上会降低危房带来的负向冲击。

与村主干路距离在10%的显著性水平上对农户经营收入和非农经营收入产生正向影响，表明农户住宅距离村主干路越远，越有利于农户经营收入和非农经营收入的增长。其中，农户住宅距离村主干路每远离1%，农户农业经营收入和非农经营收入分别提高0.036 2%和0.036 1%，与村主干路距离对农业经营收入和非农经营收入的积极作用几乎一致。一般认为，农户住宅靠近村主干路，意味着其拥有更好的交通条件，不仅有利于降低农户的运输成本和时间成本，还有助于农户接触外部信息，促进农产品市场销售。但是，结合第四章乌蒙山区自然资源状况分析可知，当地地形起伏较大，村庄内交通普遍不便，农户住宅往往集中连片，远离主干道。一方面，受当地自然环境影响，远离主干道可能使农户更接近耕地资源、水资源，从而便利农业生产；另一方面，当地农户可能从事手工艺品制作等非农经营活动，相较便捷的交通，其更需要安静的环境进行工作，此时，远离主干道反而提高农户工作效率。加之村庄内具有统一的交通班车，远离主干道所产生的时间成本和运输成本便可忽略不计。因此，农户住宅距离村主干路越远，越有利于农户经营收入的非农经营收入的增长。

三、生计资本对农户收入分位数的影响

为了进一步揭示乌蒙山区农户生计资本对人均纯收入影响的变动情况，根据式（7-4），采用分位数模型分析在特定分位点处生计资本对农户人均纯收入的影响。本节选取农户人均纯收入的 20%、40%、60% 和 80% 分位点处，分别分析农户生计资本对高中低收入水平分组农户收入的影响，相关结果见表 7-8。

项目	农户收入 20%	农户收入 40%	农户收入 60%	农户收入 80%
生计资本	0.171 8***	0.308 3***	0.693 3***	1.064 6***
	（3.221 9）	（4.403 4）	（9.998 1）	（8.971 9）
户主年龄	0.000 0	0.000 0	−0.000 1	−0.000 2
	（0.257 8）	（0.285 4）	（−0.612 1）	（−0.346 0）
家庭总人数	−0.000 8	−0.001 8*	−0.003 2**	−0.003 5
	（−0.811 7）	（−1.792 4）	（−1.987 0）	（−0.943 5）
非农务工	−0.006 3	0.004 1	0.013 6	0.059 6*
	（−1.320 2）	（0.636 0）	（1.010 0）	（1.734 2）
健康风险	−0.007 2	0.034 5	0.095 1*	0.279 4***
	（−0.268 6）	（1.157 5）	（1.595 2）	（2.736 9）
是否危房户	0.004 8	0.005 6	0.013 5	0.052 2
	（0.748 8）	（0.491 6）	（0.644 6）	（0.853 6）
有效灌溉面积	0.002 2*	0.001 6	0.003 8	0.001 7
	（1.808 1）	（0.826 6）	（0.888 3）	（0.495 8）
与村主干路距离	0.001 0	0.001 2	0.001 1	0.000 6
	（1.357 4）	（1.103 4）	（0.550 5）	（0.249 5）
常数	9.325 8***	9.343 4***	9.366 0***	9.403 7***
	（1 043.948 0）	（1 483.293 4）	（550.025 8）	（222.575 1）
R^2	0.008 1	0.013 6	0.036 1	0.059 7

从表7-8中可知，生计资本的影响系数在各分位点处均显著，通过了1%的显著性检验。生计资本在农户人均纯收入20%、40%、60%和80%分位点处的影响系数分别为0.171 8、0.308 3、0.693 3和1.064 6，表明乌蒙山区农户生计资本对人均纯收入始终具有较强的促进作用，且在各分位点上的影响系数整体呈上升趋势。其中，在20%分位点上影响系数最小，仅0.171 8；在80%分位点上影响系数最大，高达1.064 6，表明农户生计资本对中高收入水平农户具有较大的促进作用。可能的原因是，对于20%分位点的低收入水平农户来说，其更多地依赖自然资本和物质资本来进行农业生产，但囿于这些资源的有限性和不确定性以及乌蒙山区自然资源的匮乏，极大地限制了低收入水平农户收入的增长。同样地，低收入水平的农户受教育或培训机会较少，其人力资本投资回报率相对较低，且质量较差的人力资本和相对狭窄的社会关系网络限制其获取资源和机会的能力，使其难以从事其他行业，以致当地农户家庭收入更多依赖基于自然资源的农业生产；加上金融资本的制约，低收入水平农户缺乏投资机会与素养，导致家庭财产收入也有所受限。因此，生计资本对乌蒙山区低收入农户的增收效应较弱。

与之相反，虽然乌蒙山区自然资源较为匮乏，但中高收入组农户则可以通过充足的物质资本，采用现代技术来提高农业生产效率与产值，从而增加农业收入；且其获取高质量教育和培育资源的机会更多，质量较高的人力资本使中高收入农户可以获取更多就业机会，扩大家庭收入来源；良好的社会资本为农户提供了更多的机会和平台，使其获取更多增收机会。此外，中高收入组农户往往也拥有一定的金融资本，为其提供更多参与金融服务的机会，农户既可以通过购买农业保险等金融产品降低农业生产风险，提高生产效益，也能通过信贷投资进行储蓄理财，显著地提高了农户家庭收入。因此，生计资本对中高收入组农户的增长作用更强。

四、异质性分析

(一) 不同户主学历分组的农户生计资本对人均纯收入的影响

户主是农户家庭生计策略的主要决策者和实行者，户主受教育水平会影响其对家庭生计资本的组合和生计策略的选择，他们的决策直接关系到农户的生计结果。本部分按照户主受教育程度将样本分为较高学历农户（户主受教育年限为9年以上）和较低学历农户（户主受教育年限等于或低于9年），比较和分析不同户主学历农户的生计资本对人均纯收入的影响。

表7-9汇报了不同户主学历农户生计资本对人均纯收入的回归结果。第（1）列为户主较低学历农户的回归结果，生计资本在1%的统计水平上对农户的人均纯收入产生显著的正向影响，这表明农户生计资本对户主较低学历农户的人均纯收入会产生正向作用，生计资本提升有利于其提高收入水平。第（2）列为户主较高学历农户的回归结果，农户生计资本在5%的统计水平上对人均纯收入产生显著的正向影响，表明农户生计资本仍会对户主较高学历农户的收入产生显著的正向影响。上述研究结果表明，不同户主学历农户的生计资本对农户人均纯收入的影响存在一定差异，户主较低学历农户生计资本的系数大于户主较高学历农户生计资本的系数，且显著性程度更高。

表7-9 不同户主学历农户生计资本对农户人均纯收入的回归结果

项目	户主较低学历 列（1）	户主较高学历 列（2）
生计资本	0.706 7***	0.448 9**
	（0.117 7）	（0.197 2）
户主年龄	0.000 2	−0.000 9
	（0.000 4）	（0.000 9）
家庭总人数	−0.006 6**	−0.008 6
	（0.003 1）	（0.005 7）
非农务工	0.025 9*	−0.005 2
	（0.013 5）	（0.025 1）

续表

项目	户主较低学历 列（1）	户主较高学历 列（2）
健康风险	0.111 1*	−0.228 3*
	（0.057 5）	（0.121 1）
是否危房户	0.044 7**	0.005 7
	（0.020 9）	（0.049 3）
有效灌溉面积	0.003 3	0.005 1
	（0.005 4）	（0.011 1）
与村主干路距离	0.000 5	0.001 2
	（0.001 3）	（0.006 1）
常数	9.369 4***	9.445 3***
	（0.030 7）	（0.055 0）
观测值	978	373
R^2	0.052 1	0.032 4

（二）不同生计类型分组农户生计资本对人均纯收入的影响

农户生计类型不同，其生计资本禀赋和积累对其家庭收入的影响也不同，为了比较不同生计类型农户生计资本对农村家庭人均纯收入的影响差异，本部分按照第五章农户生计类型划分标准将农户划分为纯农户、农兼户、兼农户和非农户，样本农户中没有纯农户。表7–10汇报了不同生计类型农户生计资本对人均纯收入的回归结果，第（1）列为农兼户的回归结果，生计资本对兼农户人均纯收入有正向作用但未通过显著性检验。上述结果表明，不同生计类型农户的生计资本对人均纯收入的影响存在显著差异，生计资本仅对非农户和兼农户有显著的正向影响，且对非农户的影响系数更大。第（2）列为兼农户的回归结果，农户生计资本仍在1%的统计水平上对人均纯收入产生显著的正向影响，表明生计资本会对兼农户的收入产生显著的正向影响。第（3）列为非农户的回归结果，农户生计资本在1%的统计水平上对人均纯收入产生显著的正向影响，这表明农户生计资本对非农户的人均纯收入产生正向作用，生计资本提升有利于非农户优化生计策略，提高收入水平。

表 7-10　不同生计类型分组农户生计资本对人均纯收入的回归结果

项目	农兼户（1）	兼农户（2）	非农户（3）
生计资本	0.198 8	0.518 6***	2.058 3***
	(0.130 6)	(0.095 3)	(0.632 2)
户主年龄	−0.001 5***	−0.000 1	−0.003 9
	(0.000 5)	(0.000 4)	(0.002 7)
家庭总人数	−0.007 0*	−0.007 2***	−0.036 1*
	(0.003 6)	(0.002 5)	(0.021 4)
非农务工	0.040 9	0.035 5***	−0.057 0
	(0.040 1)	(0.011 3)	(0.062 7)
健康风险	0.160 7**	0.154 3***	−1.440 3***
	(0.064 0)	(0.048 9)	(0.381 2)
是否危房户	−0.023 8	0.061 9***	0.042 7
	(0.021 2)	(0.019 3)	(0.108 4)
有效灌溉面积	−0.001 0	−0.000 6	0.128 7*
	(0.005 1)	(0.004 6)	(0.070 4)
与村主干路距离	0.000 3	0.000 4	−0.005 2
	(0.002 7)	(0.001 1)	(0.025 2)
常数	9.468 1***	9.414 4***	9.450 1***
	(0.032 2)	(0.025 2)	(0.165 5)
观测值	205	1059	87
R^2	0.110 8	0.062 4	0.352 9

（三）不同自然资本分组农户生计资本对人均纯收入的影响

农户自然资本禀赋状况不同，其生计资本禀赋和积累对其家庭收入的影响也不同。为了比较分析不同自然资本禀赋下，农户生计资本对人均纯收入的影响差异，本部分根据农户自然资本禀赋大小，将农户分为低自然资本禀赋组、中自然资本禀赋组和高自然资本禀赋组。除了考虑整体自然资本禀赋外，从地形条件和耕地地块破碎度两个层面，分析不同自然资本农户的生计资本对其人均纯收入的影响。第一，根据前文通过遥感大数据获取的村级自然资源数据中的地形条件数据，将农户分为平坡村农户、缓坡村农户和斜坡村农户。第二，根据前文通过遥感大数据获取的村级自然资源数据中的土地地块数据，将农户分为较高破碎度村农户、中破碎度村农户和较低破碎度村农户。

表 7-11 汇报了不同自然资本禀赋分组农户的生计资本对人均纯收入的回归结果。第（1）列为低自然资本禀赋农户的回归结果，农户生计资本在 1% 的统计水平上对人均纯收入产生显著的正向影响，这表明农户生计资本对低自然资本禀赋农户的收入会产生正向作用，生计资本提升有利于低自然资本禀赋农户优化生计策略，提高收入水平。第（2）列为中自然资本禀赋农户的回归结果，农户生计资本在 5% 的统计水平上对人均纯收入产生显著的正向影响，表明生计资本会对中自然资本禀赋农户的收入产生显著的正向影响。第（3）列为高自然资本禀赋农户的回归结果，农户生计资本在 1% 的统计水平上对人均纯收入产生显著的正向影响，生计资本对高自然资本禀赋农户的收入积极作用得到验证。上述结果表明，不同农村自然资本禀赋农户的生计资本对人均纯收入的影响存在一定差异，生计资本对低自然资本禀赋农户的影响系数更大，对自然资本禀赋农户的影响系数最小且显著性低于其他两类农户，这说明生计资本对低自然资本禀赋农户人均纯收入的影响程度大于其他两类农户。

表 7-11 不同自然资本禀赋农户生计资本对农户人均纯收入的回归结果

项目	低自然资本禀赋户（1）	中自然资本禀赋户（2）	高自然资本禀赋户（3）
生计资本	1.280 6***	0.434 9**	0.574 4***
	（0.248 0）	（0.180 1）	（0.193 1）
户主年龄	0.000 2	0.000 5	−0.000 4
	（0.000 8）	（0.000 6）	（0.000 7）
家庭总人数	−0.009 3*	−0.004 1	−0.011 2**
	（0.005 6）	（0.003 9）	（0.004 8）
非农务工	−0.033 6	0.027 7	0.003 1
	（0.024 7）	（0.017 9）	（0.020 4）
健康风险	−0.009 7	0.350 1***	−0.219 3***
	（0.105 0）	（0.080 8）	（0.082 7）

续表

项目	低自然资本禀赋户（1）	中自然资本禀赋户（2）	高自然资本禀赋户（3）
是否危房户	−0.002 2	0.041 9*	0.021 2
	（0.037 9）	（0.025 3）	（0.040 1）
有效灌溉面积	0.005 0	0.010 9	−0.018 1
	（0.009 0）	（0.007 6）	（0.018 5）
与村主干路距离	0.000 4	0.004 1	−0.003 1
	（0.001 5）	（0.004 8）	（0.006 5）
常数	9.364 3***	9.346 2***	9.435 7***
	（0.055 1）	（0.038 3）	（0.045 7）
观测值	457	453	441
R^2	0.237 9	0.334 8	0.143 9

表 7-12 汇报了不同耕地破碎度村农户的生计资本对人均纯收入的回归结果。第（1）列为较高破碎度村农户的回归结果，农户生计资本在 5% 的统计水平上对人均纯收入产生显著的正向影响。第（2）列为中破碎度村农户的回归结果，农户生计资本在 1% 的统计水平上对人均纯收入产生显著的正向影响。第（3）列为较低破碎度村农户的回归结果，农户生计资本仍在 1% 的统计水平上对人均纯收入产生显著的正向影响。较低破碎度村农户的生计资本系数最大，较高破碎度村农户的生计资本的系数最小且显著性程度更低，这说明农户的耕地破碎度越低，生计资本对其收入的正向影响程度越高。

表 7-12　不同耕地破碎度农户生计资本对农户人均纯收入的回归结果

项目	较高破碎地区（1）	中破碎地区（3）	较低破碎地区（4）
生计资本	0.493 1**	0.667 8***	1.124 0***
	（0.209 0）	（0.154 4）	（0.243 1）
户主年龄	−0.000 4	0.000 2	0.000 8
	（0.000 6）	（0.000 5）	（0.000 9）
家庭总人数	−0.013 8***	0.001 4	−0.009 2
	（0.004 4）	（0.003 5）	（0.006 0）

续表

项目	较高破碎地区（1）	中破碎地区（3）	较低破碎地区（4）
非农务工	0.021 9	−0.026 1	0.016 3
	(0.018 4)	(0.016 0)	(0.027 4)
健康风险	0.140 0*	0.270 3***	−0.381 2***
	(0.081 9)	(0.066 1)	(0.115 0)
是否危房户	−0.003 4	−0.021 2	0.114 6**
	(0.026 1)	(0.026 4)	(0.050 3)
有效灌溉面积	−0.007 3	0.004 9	0.013 0
	(0.009 9)	(0.006 2)	(0.013 6)
与村主干路距离	0.001 3	−0.001 2	−0.012 5
	(0.001 2)	(0.004 8)	(0.008 8)
常数	9.454 3***	9.332 7***	9.338 2***
	(0.043 5)	(0.033 5)	(0.059 5)
观测值	459	443	449
R^2	0.319 1	0.231 5	0.211 7

表7-13汇报了不同地形坡度分组农户的生计资本对人均纯收入的回归结果。第（1）列为平坡村农户的回归结果，生计资本对平坡村农户的人均纯收入具有正向影响，但是未通过显著性检验。第（2）列为缓坡村农户的回归结果，生计资本在1%的统计水平上对缓坡村农户的人均纯收入产生显著的正向影响。第（3）列为斜坡村农户的回归结果，生计资本仍在1%的统计水平上对人均纯收入产生显著的正向影响。上述结果表明，不同地形坡度条件农户的生计资本对人均纯收入的影响存在显著差异，生计资本仅对缓坡村和斜坡村农户的人均纯收入有显著的正向影响，且对斜坡村农户人均纯收入的影响系数更大。由此可见，农户所在村地形坡度越大，生计资本对其人均纯收入的正向影响程度越高。

表 7-13　不同地形坡度农户生计资本对农户人均纯收入的回归结果

项目	平坡村农户（1）	缓坡村农户（2）	斜坡村农户（3）
生计资本	0.302 0	0.542 3***	1.197 9***
	（0.628 9）	（0.153 1）	（0.208 4）
户主年龄	−0.000 9	0.000 1	0.000 6
	（0.001 2）	（0.000 5）	（0.000 7）
家庭总人数	−0.004 8	−0.008 0**	−0.006 2
	（0.010 1）	（0.003 4）	（0.005 0）
非农务工	−0.005 8	0.006 7	0.011 2
	（0.051 1）	（0.014 5）	（0.024 8）
健康风险	0.062 1	0.087 2	−0.124 2
	（0.258 8）	（0.063 0）	（0.097 3）
是否危房户	0.001 0	−0.017 2	0.119 1***
	（0.064 7）	（0.024 1）	（0.037 3）
有效灌溉面积	−0.023 5	0.003 6	0.010 1
	（0.019 3）	（0.007 8）	（0.008 9）
与村主干路距离	0.001 0	0.001 9	−0.015 2**
	（0.001 1）	（0.004 2）	（0.007 2）
常数	9.481 5***	9.391 9***	9.329 9***
	（0.093 5）	（0.033 9）	（0.049 0）
观测值	59	811	481
R^2	0.199 2	0.211 3	0.269 0

第八章 提升农村自然资源利用效率和改善农户生计的路径与政策建议

"靠山吃山,靠水吃水"是中国百姓祖祖辈辈信守的生存方式。自然资源是农户生计可持续的基础,政府和学者长期以来都保持着对乌蒙山区农户生计资本的测度和研究,并期望以此探索出改善低收入人口福利水平的有效路径。同时,政府在生态修复、基础设施完善、特色产业发展、就业创业促进、自然资源综合开发利用等方面进行了大量的投入。但是从提升村级自然资源利用效率的视角,探索通过科学评估、完善基础设施、促进生计多样化、提升人力资本、完善金融服务、发展特色优势产业、构建利益共享机制以及加强政策引导与支持等方面,构建推动乌蒙山区乡村振兴的政策支撑体系,对实现乌蒙山区高质量发展至关重要。

第一节 村级自然资源对农户生计影响的路径

从现有研究来看,尽管农户对自然资源的生计依赖程度有所下降,但农户从事农业生产经营获得收入依然是乌蒙山区农村居民主要收入来源。随着农村乌蒙山区农村劳动力不断向城市或二三产业转移,继续留在农村从事农业产业的农户除了对家庭的初始自然资本依赖外,还对农户生产空间周边的自然资源具有依赖。

一、农作物播种面积对农户生计的影响

农作物播种面积是指实际播种或移植有农作物的面积,它是农业生产的基础。在众多自然资本中,耕地是度量自然资本最重要的要素,是乌蒙山区农村居民农业经营的主要生产空间。近年来乌蒙山区的地方政府大力发展林下经济、渔业经济等产业,逐渐实现了农户生计来源的多元化,但是从本书的研究分析来看,农作物播种面积对农户生计的影响都是最直接的。

通常来说,在其他生产条件保持不变的情况下,农作物播种面积越大,意味着农户能够生产农产品的总量越大。播种面积的大小直接决定了农户能够种植多少农作物,从而有机会生长出更多的农作物,进而影响到农户生产的最终农产品的产量。从理性农户的视角看,随着农业生产市场化进程的加快推进,农户在农业生产过程中除了种植某种主要作物外,还会选择林业、果业、养殖等作为农户生计来源的补充,挖掘农业生产经营的潜力。

由于地形坡度大、水土流失严重等原因,乌蒙山区耕地质量等级普遍较低,土壤肥力不足。但是样本区的实证研究表明,随着农户种植规模的扩大,获得了更多农产品可以出售的份额,从而获得更多的销售收入,直接促进了农户收入的增加。在传统的农业生产社会中,农民在农业生产中长期处于弱势地位,但生产规模的扩大,可能会使得农户在特定作物或地区市场的交易中具备更强的议价能力。同时,大面积种植能够更有效地利用机械设备、水资源和肥料,降低单位面积的生产成本,促进单位生产要素的生产效率,进而提高农户从事农业生产的利润水平。在长期规模种植的过程中,农户作为理性的经营决策者,播种规模扩张的同时往往会伴随着种植结构的优化和调整。农户会根据市场需求、价格变化和政策导向等因素,选择种植更高收益的农作物,这种种植结构的变化也有助于提高农户收入。

二、水资源对农户生计的影响

乌蒙山区森林植被茂盛、雨量丰沛、水系较多,降水量总体来说十分丰富。但乌蒙山区地形复杂,多为山地丘陵,地势垂直差异显著。受雨水径流的影响,往往出现坡地缺水、坝田渍水的现象,导致水资源在空间上分布不均。同时,乌蒙山区大部分地区处于亚热带气候区,干湿季分明,夏秋季多雨,冬春季干旱。这种气候特点导致水资源在时间上分布不均,雨季水资源相对丰富,但旱季则水资源短缺,降水量年内、年际变化很大。在本书抽样的112个村级样本中,水资源的充沛程度也表现出显著的差异化。

水资源是农业生产的基础,充足的水资源能够保障农作物的正常生长,提高农作物的产量和质量,从而直接增加农户的农业收入。从实地调研的情况来看,乌蒙山区在时空上的水资源分布特征,是农户农业生计多元化的决定性因素。在水资源相对充沛的地区,农户对农作物的选择具有更大的主动性,也更容易获得农业生产的丰收。相反,在水资源匮乏的地区,农业生产则受到限制,农民在生产过程中很难根据市场变化选择不同作物,产品产量相对也会下降。从本书研究的情况来看,水体的产权通常都属于国家或集体,很少分配到个人,这也使得目前很多研究农户生计资本的成果,忽略了水资源对农户生计资本影响的刻画和解析。本书在将行政村范围内的水资源作为改良农户生计资本的要素后,恰好弥补了这一缺陷。

从分析的结论看,水资源的丰沛程度对农户生计资本的影响显著,虽然村级水资源的数量多少没有通过渔业收入来显著影响农户的收入,但是水资源越丰富的区域,农户收入平均水平越高,也证明了水资源在农业生产过程中的决定性因素。在水资源相对丰沛的地区,农业生产保障水平会更高,农户往往能够种植更多高产作物并利用灌溉设施提高农作物产量和质量从而增加收入。

三、生态环境对农户生计的影响

习近平总书记提出,环境就是民生,青山就是美丽,蓝天也是幸福,绿水青山就是金山银山。现有的大量研究表明，良好的生态环境通过提升土壤质量、保护水资源、促进生物多样性、调节气候等多种方式提高农业生产效率和产量，为农业生产创造了更加有利的条件和环境。由于地形地貌的限制和人类活动的影响，乌蒙山区水土流失问题较为突出。这不仅影响了当地农业生产和生态环境质量，还可能对长江流域的生态安全造成威胁。近年来，国家在乌蒙山区实施了山水林田湖草生态保护修复试点工程等项目，通过综合治理、生态修复等措施提高乌蒙山区的生态环境质量，在森林覆盖率提升、水土流失治理、生物多样性保护等方面成效显著，切实做好了金山银山理念的积极传播者和模范践行者。

生态环境是为全人类提供公共服务的一种特殊资产，良好的生态环境是自然资源可持续的基础。从区域来看，生态环境较好的地区通常拥有丰富的自然资源，如肥沃的土地、充足的水源、多样的生物资源等，这些为农户提供了生计的基础条件。良好的生态环境更有利于农业生产，提高土地的生产力和农产品的品质，从而增加农户的收入来源。生态环境脆弱的地区往往面临着水土流失、荒漠化等生态问题，这限制了农户的生计活动范围和生产方式。同时，本书中以森林覆盖率刻画生态环境指标的研究也表明，生态环境与农户生计的影响并不是一成不变的线性关系，在森林覆盖率最高的区域，生态环境也相对最好，但是其承担着维护生态安全的重任而受到开发限制，在一定程度上影响了农户的生产经营和收入增长，也对农户生产决策产生限制。

生态环境和农户生计活动之间的良性循环是可持续发展的关键。良好的生态环境，能够为农户生计提供更好的自然资源，而农户的生计活动，如农业生产、林业经营、畜牧业养殖等，都会对生态环境产生压力。过度开垦、乱砍滥伐、过度放牧等行为会破坏植被覆盖，导致水土流失和生物多样性丧失。为了追求更高的产量和经济效益，农户可能会过量使用化肥和农药，这不仅污染了土壤和水体，还威胁到农产品的质量和安全。随着经济社会的发展和农户生计水平的提高，越来越多的农户开始意识到生态保护的重要性，并主动寻求生计转型。例如，发展绿色农业、生态农业和有机农业等可持续生产方式，减少化肥和农药的使用量；或者通过发展乡村旅游、生态农业观光等产业，实现经济收益与生态保护的双重目标。

四、自然灾害对农户生计的影响

乌蒙山区自然灾害频发且类型多样，对当地人民生命财产安全和经济社会发展构成严重威胁。而自然灾害与自然资源之间的密切关系，导致自然灾害对农户生计可持续产生显著影响。从地质灾害看，乌蒙山区位于板块交界处，地质构造复杂，地震活动频繁。加之山地和高原面积广阔，地势起伏大，岩石破碎，容易引发滑坡、泥石流等地质灾害。近年来该地区发生了多次地震，并伴随有滑坡、泥石流等次生灾害，给当地人民生命财产安全带来威胁。除地质灾害外，乌蒙山区主要面临旱灾、洪涝、风雹、凝冻等灾害。乌蒙山区气候多变，降水分布不均，导致干旱与洪涝灾害时有发生。干旱季节，水资源短缺，影响农业生产；而雨季时，强降水又容易引发山洪暴发，造成洪涝灾害。该地区还时常受到风雹和凝冻等气象灾害的影响。风雹灾害会破坏农作物和基础设施，而凝冻则可能导致交通中断和电力供应受阻。此外，乌蒙山区海拔较高，气温较低，低温冷害也是该地区常见的自然灾害之一。低温冷害会影响农作物的生长和发育，导致减产甚至绝收。

自然灾害的发生往往对农户的生计产生深远的影响，不仅直接损害农户的生计资产，还可能破坏农业生产基础，影响农产品的产量和市场价格，进而威胁到农户的收入和生活水平。首先是自然灾害对农户生计资产的破坏。从物质资产来看，自然灾害（如地震、洪涝、泥石流等）直接破坏农户的房屋、农田、牲畜等物质资产，导致农户的生产资料和生活设施受损。从金融资产看，灾害发生后，农户可能需要投入大量资金进行灾后重建和恢复生产，导致金融资产减少，甚至陷入负债状态。从社会资产看，灾害还可能破坏农户的社会关系网络，影响农户获取外部资源和支持的能力。其次是自然灾害对农户农业生产造成的直接损失。自然灾害（如干旱、洪涝、低温等）直接影响农作物的生长和产量，导致农户农业收入减少。

灾害还可能破坏农业基础设施（如灌溉系统、道路等），进一步影响农业生产的效率和稳定性。最后是自然灾害迫使农户生计方式的转变。灾害导致的农产品减产和市场供需失衡可能引发市场价格波动，影响农户的销售收入和种植积极性。灾害发生后，部分农户可能因生计资产受损而被迫转变生计方式，如从农业生产转向非农就业或外出打工。

第二节 基于区域视角优化乌蒙山区村庄自然资源利用效率的政策建议

优化乌蒙山区村庄自然资源利用效率需要从土地利用结构优化、生态环境监测与评估、生态保护与修复工程、生态产业发展、政策扶持与保障等多个方面入手，形成合力推动区域可持续发展。

一、优化土地资源管理和分配

（一）优化山区开发利用保护边界

按照"多规合一"的要求，以第三次土地调查、县级国土空间规划为基础，因地制宜科学编制村级国土空间规划，细化三区三线具体范围，优化村级土地利用空间布局，确保村级土地资源开发与生态保护相协调，消除因规划不足给乡村发展带来的限制。严守生态保护红线，确保重要生态功能区域得到有效保护的同时，避免保护盲目一刀切，影响村级土地资源开发利用，为山区乡村振兴预留充足发展空间。进一步细化乌蒙山区自然保护区、风景名胜区、水源涵养区等限制开发区域的边界，合理划分保护区、保留区、控制利用区和开发利用区，严格管控开发利用强度和方式。

（二）推进山区土地节约集约利用

加强对各类建设项目用地标准的审核把关，严格执行国家、地方和行业用地标准，确保项目用地规模合理、节约集约。鼓励乌蒙山区建设项目节约用地，提高土地利用效率。支持农户、村集体、企业等主体实施增减挂钩、工矿废弃地复垦利用等项目，盘活存量土地资源，增加可经营土地的供给。以村级为单元探索建立闲置土地动态监测系统，全面清理闲置土地并根据实际分析原因，根据闲置原因分类施策，通过依法收回、协议置换、督促开工等方式，促进闲置土地的有效利用。

（三）促进土地资源合理流转

依托新媒体平台，搭建乡村土地流转信息服务平台，为土地流转双方提供信息服务、政策咨询、合同指导等服务，降低土地流转成本，提高土地流转效率。鼓励村集体经济组织开展土地流转中介服务经营活动，为流转双方提供土地评估、法律咨询、合同签订等专业化服务，保障流转双方的合法权益。县级政府通过给予土地流转补贴、提供生产贷款支持等方式，支持和鼓励农民将闲置土地流转出去，提高土地利用效率。

二、加强水资源保护和利用

（一）全面开展村级水资源评估和监测

依托村两委开展水资源信息调查，通过实地考察、监测等方式获取准确的水资源基础信息，为后续的规划和管理提供科学依据。以村级为基本单元开展水资源全面评估，对地表水、地下水的储量、分布、水质状况等信息进行动态监测。根据水资源评估结果和社会经济需求分析，合理确定不同领域的水量分配比例和调度方案。确保农业灌溉、工业生产、居民生活等各方面的用水需求得到满足，同时预留一定的生态用水，维护水生态系统的平衡。建立完善的山区水质监测网络，定期对山区水源进行水质监测，确保水质安全。

（二）加强水资源综合管理与调度

依托村两委和村集体经济组织，建立山区水资源调度系统，合理分配水资源，确保乌蒙山区各地区的用水需求得到满足。探索构建跨区域合作与资源共享机制，促进水资源的合理利用。鼓励支持乌蒙山区以村级行政区为单位，建立联合水资源管理社会服务组织或机构，共同制定水资源利用计划以及解决水资源分配不均的问题，并构建起公益性水利设施维修和养护的长效机制。

（三）充分利用自然降水资源

优化山塘、引水沟渠等小微水利设施布局，减小乌蒙山区水资源时空分布不均匀带来的影响，增加水资源的有效供应。选择有一定产流能力的坡面、路面、屋顶等雨水汇集区，布局小微型水利设施，增加水资源匮乏区域人畜饮水和农作物灌溉用水供给。

（四）推广节水灌溉与水资源高效利用技术

因地制宜推广防渗明渠、喷灌、滴灌等节水灌溉技术，减少灌溉过程中的水资源浪费。采用小畦灌溉、地膜覆盖、秸秆覆盖等技术措施，提高灌溉效率。鼓励支持规模农业生产经营主体提升节水灌溉设施农业水平，开展集成节水农业技术示范推广。施用保水抗旱剂，使有限的水源得到充分与有效利用，提高作物的抗旱能力。以县级为基本单元，推广耐旱农作物新品种。

三、加快农业产业结构优化调整

（一）大力发展特色优势种植业

结合乌蒙山区特殊的气候、土壤和环境条件，积极推广"山地优质冬小麦－夏鲜食玉米一年两熟高效栽培模式"和"山地春糯玉米－秋洋芋一年两熟高效栽培模式",提高农户种植综合效益。因地制宜调减低效作物种植面积,发展中药材、茶叶、水果等高效经济作物。

(二)积极推进畜牧业转型升级

结合乌蒙山区的自然条件和市场需求,发展牛、羊、猪、鸡等地方特色畜禽养殖品种,提高养殖效益和市场竞争力。鼓励适度规模养殖,避免过度分散导致的资源浪费和环境污染。通过政策引导和技术支持,帮助小散养殖户向规模化、标准化方向发展,提高养殖效率和产品质量。加强畜牧业科技创新和成果转化,推广先进的养殖技术和管理模式。探索"生猪粪污-有机肥-绿色种植(茶、烟)"等生态种养模式,实现种养结合、循环利用,提升农业综合效益。

(三)加强品牌建设和市场营销

积极开拓农产品市场,拓宽销售渠道。通过建立农产品电商平台、参加农产品展销会等方式,将乌蒙山区特色优势农产品推向更广阔的市场。注重农产品品牌建设,提升产品附加值和市场竞争力。通过注册商标、申请地理标志保护等方式,打造具有地方特色的农产品品牌,提高产品知名度和美誉度。

(四)发展乡村旅游和生态农业

1. 夯实三产融合产业基础

依托乌蒙山区山水风光、田园景观、特色农产品等资源优势,开发徒步旅行、山地骑行、野营、观鸟等户外活动,让游客亲身体验大自然的魅力。利用农村的农耕文化和传统农事活动,开发农耕体验游,让游客感受乡村生活的乐趣。在保护农村生态环境的基础上,推广生态农业模式。减少化肥和农药的使用,采用生物防治和有机耕作技术,提高农产品的品质和安全性。利用当地的自然条件和资源优势,开发有机蔬菜、绿色水果、特色畜禽等特色农产品。

2. 完善乡村旅游交通网络

以"四好农村路"建设为重点,对通往乡村旅游点的道路进行升级改造,提高道路的通行能力和安全性。确保游客能够顺畅到达旅游目的地,减少因道路状况不佳而影响旅游体验的情况。在乡村旅游区域增设停车场、公交站点等交通设施,方便游客停车和换乘。在乡村旅游区域建设游客服务中心,为游客提供咨询、导览、投诉处理等服务。对乡村旅游区域的住宿设施进行改造升级,提高住宿条件和服务水平。可以鼓励和支持当地农户发展民宿、农家乐等住宿形式,同时加强监管和指导,确保住宿设施的安全卫生和服务质量。提升乡村旅游区域的餐饮设施水平,推广地方特色菜品和农家菜,鼓励当地农户提供特色餐饮服务。

3. 推动乡村产业融合发展

鼓励和支持农民组建专业合作社,提高农民的组织化程度和市场竞争力,实现小农户和现代农业发展的有机衔接。引进和培育一批具有市场竞争力的龙头企业,发挥其在资金、技术、市场等方面的优势,带动乡村产业发展。通过发展农产品加工业、农村电商等,延长农业产业链,提高农产品附加值。鼓励农民和企业开展农产品初加工和精深加工,开发高附加值产品,满足市场多元化需求。依托山区乡村的自然风光、民俗文化和生态环境等资源,发展乡村旅游、休闲农业等新业态,推动农业与旅游业的深度融合。

四、加强乡村生态环境建设与保护

(一)持续实施生态修复工程

围绕"湖、山、河"等生态保护修复单元,部署矿山、水环境、山林、湖泊、草地等五大类工程,全面提升区域生态环境质量。实施系统治理和生态修复,提高区域内水体质量、提升植被覆盖度,增强土壤保持能力。加大生态系统保护力度,提升生态系统整体稳定性和可持续性,构建稳定的生态系统。加强水土保持工作,通过建设水土保持林、梯田等措施,提高土壤保持能力，防止水土流失。

（二）乡村生态环境保护长效机制

制定和完善农村环境监测和监管的相关制度，明确监测和监管的流程、标准和要求。确保监测和监管工作能够持续、有效地进行。利用现代信息技术手段提升农村环境监测和监管的效率和水平。建立农村环境监测数据库和信息平台，实现监测数据的实时共享和分析利用。明确各级政府和相关部门在农村环境保护中的责任和义务，建立责任追究机制。对未履行职责或履行职责不力的单位和个人进行问责和处罚。

（三）加强农村环境监测和监管

以行政村为基本单元，对农村环境质量进行全面调查了解，确保监测数据的代表性和准确性。加强农村环境监测机构的能力建设，提高监测人员的综合素质，确保监测工作能够按照科学、规范、及时、全面的原则进行。

五、落实政策和资金支持

（一）稳定财政资金投入

加大对高标准农田建设、农村水利设施、农业科技创新、农村生态环境保护等重点领域的财政投入。根据不同地区的自然条件、经济基础和农业特色，对生态环境脆弱、农业生产条件较差的地区，给予更多的财政倾斜和扶持。在加大政府财政投入的同时，积极引导社会资本、金融资本参与农业和农村建设。加强各类涉农资金的整合与统筹使用，避免资金分散和重复投入。通过设立涉农资金整合平台或项目库，将相关资金集中用于支持重点区域、重点项目和关键环节。

（二）加强农村金融服务供给

鼓励和支持各类金融机构在农村地区设立服务网点，特别是加大对偏远地区、贫困地区金融服务的支持力度，扩大金融服务覆盖面。积极拓展农业保险、期货期权、融资租赁等新型金融服务，满足农村多元化金融需求，推动农村金融服务向多元化、综合化发展。加大农业保险推广力度，扩大保险覆盖面和保障范围。支持保险公司开发适合当地农业生产特点的保险产品，提高农户抵御自然灾害和市场风险的能力。加快推进农村土地承包经营权、宅基地使用权等农村产权的确权登记颁证工作，探索开展农村产权抵押贷款业务。通过盘活农村资产资源，拓宽农户融资渠道。

（三）提升资金使用效益

建立健全财政资金监管机制，确保资金使用的合规性、安全性和有效性。加强对项目实施过程的跟踪检查和绩效评估，及时发现和纠正问题，提高资金使用效益。鼓励和支持农业科技创新和模式创新，推广节水灌溉、生态养殖、有机耕作等先进技术和模式。通过科技引领和模式创新提升农业生产效率和自然资源质量。简化贷款审批流程，缩短审批时间，提高服务效率。

六、构建村级技术推广体系

（一）完善村级农技服务组织体系

以村集体经济组织为载体，因地制宜设立技术推广服务站或相应机构，负责技术推广的组织、协调和实施工作，确保技术推广活动有序开展。建立健全农技服务组织的管理制度。选拔和培养一支懂技术、会管理、善服务的村级农技推广队伍，确保他们有足够的专业知识和实践经验来指导农民。建立科学的考核激励机制，对农技人员的工作绩效进行定期考核和评估，根据考核结果给予相应的奖励或惩罚，激发农技人员的工作积极性和创造力。根据当地农业产业发展和农民需求，合理确定农技人员的数量和结构，积极引进和培养高素质农技人才，充实村级农技服务队伍。

（二）创新村级农技服务模式

利用互联网、手机 APP 等信息化手段，开展线上农技咨询、技术培训等服务，同时结合线下实地指导、现场观摩等方式，提高农技服务的便捷性和实效性。通过建设农业科技示范园、示范基地等方式，展示先进农业技术的增产增效效果，为农民提供直观的学习样板，促进新技术的推广应用。建立农技服务交流平台，鼓励农民之间、农民与农技人员之间的交流互动，分享经验、解决问题，形成良好的农技服务氛围。

（三）多元村级农技供给渠道

结合当地实际，筛选出一批先进适用、易于推广的农业新技术、新品种和新机具，确保技术推广的针对性和有效性。鼓励农业企业和合作社等市场主体根据市场需求和自身发展需要，研发和推广适合当地农业生产的先进技术。支持新型农业经营主体开展技术培训、农资供应、产品收购等一体化服务。

七、强化遥感大数据技术应用提高决策的科学性

（一）建立村级自然资源动态监测信息库

将遥感大数据技术与人工智能、云计算、物联网等现代信息技术进行深度融合，构建更为智能、高效的遥感大数据处理与分析平台，为决策部门提供更精准、更全面的资源与环境信息，为政策制定与实施提供更加详细的数据支撑。持续推动遥感大数据技术的创新，研发更高效的数据采集、处理、分析算法，提高遥感数据的分辨率和时效性。构建村级自然资源动态监测数据管理平台，并加快推动村级自然资源监测异变信息在农户生计资本测算、评估等领域的转化应用。

（二）完善遥感大数据的决策支持体系

基于遥感大数据的时效性，构建适用于不同领域的决策模型，为决

策者提供科学的预测和判断。运用遥感大数据技术构建"快速识别问题、评估影响、制定方案"为一体的智能化和自动化决策流程，提高决策的效率和准确性。引入机器学习、人工智能等先进技术，开发针对特定决策问题的智能算法，从海量遥感数据中提取有用信息，为决策者提供精准的建议和预测。建立村级自然资源变化预警机制，对异常变化进行及时预警和响应。

（三）强化遥感大数据技术在农业农村现代化中的应用

以农村信息化建设为基础，因地制宜梯次推进遥感大数据技术在农业农村现代化中的运用，支持开发农田监测、资源管理和环境保护等通用惠民平台，探索信息化推动乡村振兴的新路径。着力推动遥感大数据技术的便民化基础设施建设，为农户及时调整农作物管理策略提供支撑，提高农业生产效率和质量。

第三节 基于农户视角改善乌蒙山区农户生计资本促进乡村振兴的政策建议

提升乌蒙山区农户的综合素质和发展能力，是全面实施乡村振兴战略的关键举措。农户作为乡村振兴的主体，其素质和能力直接关系到乡村经济的发展和社会的进步。通过完善产业基础设施、推动区域农业产业化发展、完善差异化生态补偿机制等方式，激发农户内生动力，从而更好地适应市场需求，推动乡村产业的升级和转型，实现乡村的全面振兴。

一、加强基础设施建设

（一）提升农户出行便捷性与安全性

加大对乌蒙山区农村公路的升级改造力度，提高公路等级，减少坑洼不平、狭窄难行的路段。推进农村公路向更偏远的山区延伸，实现更多村组的通达，提高公路的覆盖率和通达深度。实施农村公路安全生命防护工程，增设交通安全设施，如护栏、标志标线等，降低交通事故风险。

（二）补齐农业发展基础设施短板

科学规划农村公路网络布局，加强与国省干道的连接，形成便捷高效的公路运输网络。在乌蒙山区合理规划布局农产品批发市场，完善市场功能布局和配套设施建设，提升市场服务能力和水平。同时加强市场监管和信息服务工作，促进农产品流通顺畅有序。加强农产品冷链物流体系建设，提升农产品保鲜能力和市场竞争力。通过建设冷链仓储设施、购置冷链运输车辆等措施，完善冷链物流网络布局。

（三）加快农业信息化建设

推动移动互联网、物联网等技术在农业生产中的应用，为农业信息化提供坚实的网络基础。建设集农业信息发布、农产品交易、农业技术咨询等功能于一体的农业信息服务平台，为乌蒙山区农户提供实时、准确的农业气象、病虫害预警、市场价格等信息，帮助农民科学决策、合理安排生产。推动信息技术与农业生产经营深度融合。通过建设农业信息服务平台、推广智能农业装备等措施，提高农业生产管理的精准度和效率。同时加强农产品质量安全追溯体系建设，保障农产品质量安全。

二、推动农业产业化发展

（一）利用自然资源优势发展特色农业

鼓励和支持农户发展中药材规模化种植，通过土地流转、合作社等形式实现连片种植，提高种植效益。加强中药材品牌建设，提高乌蒙山区中药材的市场知名度和美誉度。引进和培育适合高山种植的优良蔬菜品种，提高蔬菜的产量和品质。利用高山地区的气候特点，发展错季蔬菜种植。

鼓励农户采用林下养殖、稻田养鱼等生态养殖模式，减少养殖过程中的环境污染，提高养殖效益。鼓励和支持农户发展有机农业，通过有机认证提高农产品的附加值和市场竞争力。推广有机肥料的使用，减少化肥和农药的使用量，保护生态环境和农产品安全。

（二）提高农业科技创新效率

通过举办培训班、现场示范、技术指导等方式，将先进农业技术普及到广大农户手中，提高农户的科技素质和应用能力。整合区域内的农业科研资源，加强产学研合作，推动农业科技成果的转化和应用。在乌蒙山区建立农业科技园区、创新中心等平台，吸引高层次农业科技人才入驻，开展农业科技创新活动。制定优惠政策吸引农业科技人才到乌蒙山区工作，为当地农业发展提供智力支持。在乌蒙山区建立农业科技示范基地，展示先进农业技术和装备的应用效果，引导农户积极采用新技术和新装备。

（三）推动农业产业化经营

鼓励和支持农户成立农民合作社、家庭农场等新型农业经营主体，实现规模化经营和标准化生产。引进和培育农产品加工企业，延长农业产业链，提高农产品附加值。支持农户和农业企业采用先进技术和设备，提升农产品加工水平，开发具有地方特色的农产品加工品。建立和完善"公司+合作社+农户"的利益联结机制，确保农户在农业产业化经营中分享到更多的增值收益。通过订单农业、股份合作等方式，加强农户与加工企业之间的合作，形成紧密的利益共同体。

三、完善生态保护和补偿机制

（一）持续推广绿色生产方式

政府应加大对生态保护政策的宣传力度，确保农户充分了解退耕还林、水土保持等生态保护工程的重要性和相关政策措施，激发乌蒙山区农户的参与热情。引导农户采用生态农业技术，如有机种植、生物防治等，减少化肥和农药的使用量，降低对生态环境的污染。推广循环农业模式，如"猪-沼-果""稻-鱼-鸭"等，实现农业废弃物的资源化利用，减少环境污染，提高资源利用效率。

（二）建立健全生态补偿机制

加大中央和地方财政对乌蒙山区生态补偿的投入力度，确保生态补偿资金的稳定来源。根据乌蒙山区不同区域的生态环境特点和保护需求，实施分类补偿。根据经济社会发展水平和生态保护成效等因素，适时动态调整补偿标准，确保补偿水平与社会经济发展相适应。探索建立市场化运作的生态补偿机制，鼓励企业、公益组织等社会力量通过购买生态产品和服务等方式参与生态补偿。

（三）推动实现生态保护和经济发展双赢

利用乌蒙山区丰富的自然资源和人文景观，发展乡村旅游产业，鼓励农户参与农家乐、民宿等旅游服务项目的经营，实现生态与经济的双赢。支持农户发展生态产品加工业，如利用当地特色资源加工成绿色食品、手工艺品等生态产品，增加农户收入，同时提升生态环境的附加值。

四、提升农户素质和发展能力

（一）促进农户的文化素质和技能水平提升

加大对乌蒙山区教育的投入，确保教育经费的稳步增长，为改善教育基础设施、提高教师待遇、丰富教学资源等提供有力保障。合理配置教育资源，确保山区学校的教学设施、图书资料等达到基本标准，缩小城乡教育差距。建立职业教育体系，为农户提供多样化的职业技能培训机会。加强农业科技的推广和应用，组织专家和技术人员深入田间地头，为农户提供技术指导和咨询服务。针对有意愿从事非农产业的农户，提供机械加工、建筑施工、电子商务等方面的技能培训，拓宽他们的就业渠道和增收途径。鼓励和支持农户参与传统文化的传承和保护工作，如民族服饰制作、民间工艺传承等，增强他们的文化认同感和自豪感。

（二）促进农户经营管理能力提升

组织经营管理知识培训班，邀请农业经济管理专家、成功企业家等为农户授课，传授现代经营管理理念、市场营销策略、财务管理知识等，提高农户的经营管理能力。结合乌蒙山区实际，开展种植、养殖、农产品加工等技能培训，提升农户的生产技能，为经营管理提供技术支撑。为农户提供电子商务培训，教授他们如何利用互联网销售农产品，拓宽销售渠道，提高经营效益。

（三）促进农民组织化程度提升

加大对家庭农场、专业大户、农业企业等新型农业经营主体的培育力度。加强对农民专业合作社的规范管理和指导服务，建立健全合作社内部管理制度和运行机制。培育一批运作规范、效益良好的农民专业合作社示范社，发挥其在产业发展、市场开拓、品牌打造等方面的示范引领作用。鼓励和支持农民根据当地产业特色和市场需求，成立各类合作经济组织。加强农民合作经济组织的服务功能建设，为成员提供技术培训、信息咨询、市场营销等方面的服务。

五、促进乡村金融服务创新

（一）创新金融产品和服务

进一步推广线上化农户信贷产品，通过简化贷款流程、降低贷款门槛，提高农户贷款的便捷性和可得性。鼓励金融机构创新抵押担保方式，允许农户以农村土地承包经营权、林权、农业设施等作为抵押物，扩大抵押担保范围。研发"智慧畜牧贷"等产品，利用金融科技手段解决活畜资产无法抵押、贷后监管难等问题，为农户提供更加灵活的融资方案。推广支付结算、投资理财、保险等综合金融服务，满足农户多样化的金融需求。

（二）加强金融基础设施建设

推动农村支付服务基础设施建设，提高支付结算系统的覆盖率和便利性。在乡村地区增设ATM机、POS机等支付结算工具，方便农户进行存取款、转账等操作。支持金融机构在乡村地区合理布局金融网点，特别是要加强在偏远地区和空白乡镇的金融服务覆盖。同时，鼓励金融机构通过流动服务车等方式，为农户提供上门金融服务。

（三）提升农户金融素养

政府和金融机构合作开展金融知识普及教育活动，增强农户的金融素养和风险意识。通过举办培训班、发放宣传资料等方式，向农户传授金融基础知识、信用管理技巧等实用信息。加大金融消费者保护政策宣传和推广力度，确保农户在享受金融服务的同时能够充分维护自身权益。建立健全金融消费者投诉处理机制，及时解决农户在金融服务过程中遇到的问题和纠纷。

六、探索遥感数据信息便民化应用路径

（一）探索数据运用新模式

建立土壤墒情与肥力评估信息应用试点，利用土地调查信息数据和遥感数据，为农户或相关经营主体提供土地利用信息，引导农户科学施肥和灌溉，提高土壤资源的利用效率。开发便民的遥感数据信息应用服务，如天气预报、环境监测、农业指导等，让民众能够直接感受到遥感数据信息带来的便利。加强对民众的宣传和教育，提高他们对遥感数据信息的认识和利用能力。

（二）确保数据信息安全可靠

在推动遥感数据信息便民化应用的过程中，要注重数据安全和隐私保护。建立健全数据安全管理制度和技术防范措施，确保遥感数据信息的安全性和可靠性。加强政府、企业、高校和研究机构之间的合作与交流，共同推动遥感数据信息的技术创新和应用拓展。

（三）推动技术服务创新

加大对遥感数据信息处理技术的研发力度，提高遥感数据信息的处理效率和质量。利用先进的人工智能、大数据等技术手段，对遥感数据信息进行深度挖掘和分析，为民众提供更加精准、个性化的服务。

参考文献

AGNEW J, GILLESPIE T W, GONZALEZ J. Baghdad nights: evaluating the US military 'surge' using nighttime light signatures [J]. Environment and Planning A, 2008, 40 (10): 2285-2295.

艾利思. 农民经济学: 农民家庭农业和农业发展 [M]. 上海: 格致出版社, 2019.

巴德汉, 尤迪. 发展微观经济学 [M]. 陶然, 等, 译. 北京: 北京大学出版社, 2002.

BAUER S E, WAGNER S E, BURCH J, et al. A case-referent study: Light at night and breast cancer risk in Georgia [J]. International Journal of Health Geographics, 2013, 12 (1): 23.

本书编写组. 《中共中央关于全面深化改革若干重大问题的决定》辅导读本 [M]. 北京: 人民出版社, 2013.

BENNIE J, DAVIES T W, DUFFY J P, et al. Contrasting trends in light pollution across Europe based on satellite obser ved night time lights [J]. Scientific Reports, 2014, 4 (3): 3789-3789.

蔡洁, 夏显力, 王婷. 农户农地转出行为诱因及对其生计能力的影响研究 [J]. 南京农业大学学报 (社会科学版), 2018, 18 (4): 98-108, 159.

蔡明娟，包卫星. 基于遥感技术的农村公路电子地图制作研究［J］. 交通运输研究，2010（11）：6-9.

CHAMBERS R. Sustainable livelihoods, environment and development: putting poor rural people first［J］. IDS Discussion Paper 240, Brighton: IDS, 1987.

CHAMBERS R, CONWAY G. Sustainable rural livelihoods: practical concepts for the 21st century［J］. IDS Discussion Paper 296, Brighton: IDS, 1992.

陈爱莲，赵思健，朱玉霞，等. 遥感技术在种植收入保险中的应用场景及研究进展［J］. 智慧农业（中英文），2022，4（1）：57-70.

陈才明. 基于土地调查的农村居民点数据提取方法［J］. 浙江国土资源，2015（6）：44-46.

陈晨. 农村土地利用现状数据库的建设研究［D］. 西安：长安大学，2014.

陈凯，朱伟丽. 农户绿色生产驱动机制构建研究：基于TAM-SLA理论框架［J］. 中国特色社会主义研究，2023（3）：71-79.

陈坤. 基于Web GIS的贵州省农村公路遥感核查管理系统关键技术研究［D］. 淄博：山东理工大学，2021.

ELVIDGE C D, SUTTON P C, TILOTTAMA G, et al. A global poverty map derived from satellite data［J］. Computers and Geosciences, 2009（8）: 1652-1660.

FILHO R C S D, ZULLO J, ELVIDGE C. Brazil's 2001 energy crisis monitored from space［J］. International Journal of Remote Sensing, 2004, 25（12）: 2457-2482.

丁士军，张银银，马志雄. 被征地农户生计能力变化研究：基于可持续生计框架的改进［J］. 农业经济问题，2016，37（6）：25-34，110-111.

JENDOUBI D, HOSSAIN M S, GIGER M, et al. Local livelihoods and land users' perceptions of land degradation in northwest Tunisia[J]. Environmental Development, 2020(33): 100507.

杜瑞麒, 陈俊英, 张智韬, 等. Sentinel-2多光谱卫星遥感反演植被覆盖下的土壤盐分变化[J]. 农业工程学报, 2021, 37(17): 107-115.

CARR E R. From description to explanation: Using the Livelihoods as Intimate Government (LIG) approach[J]. Applied Geography, 2014, 52: 110-122.

ELLIS F. Rural Livelihoods and Diversity in Developing Countries[M]. Oxford: Oxford University Press, 2000.

ELVIDGE C D, BAUGH K E, KIHN E A, et al. Mapping city lights with nighttime data from the DMSP Operational Line scan System[J]. Photogrammetric Engineering and Remote Sensing, 1997, 63(6): 724-734.

ELVIDGE C D, HOBSON V R, BAUGH K E, et al. DMSP/OLS estimation of tropical forest area impacted by surface fires in Roraima, Brazil: 1995 versus 1998[J]. International Journal of Remote Sensing, 2001, 22(14): 2661-2673.

ERENSTEIN O, THORPE W. Livelihoods and agro-ecological gradients: A meso-level analysis in the Indo-Gangetic Plains, India[J]. Agricultural Systems, 2011, 104(1): 42-53.

冯雨雪, 李广东. 青藏高原城镇化与生态环境交互影响关系分析[J], 地理学报, 2020, 75(7): 1386-1405.

高帅, 程炜, 唐建军. 风险冲击视角下革命老区农户生计韧性研究: 以太行革命老区为例[J]. 中国农村经济, 2024(3): 107-125.

高天志, 陆迁. 风险管理可以提高农户生计策略适应性吗: 基于时间配置中介效应和收入水平调节效应的分析[J]. 农业技术经济, 2021(5): 48-62.

GHOSH M, GHOSAL S. Determinants of household livelihood vulnerabilities to climate change in the himalayan foothills of West Bengal, India [J]. International Journal of Disaster Risk Reduction, 2020, 50: 101706.

郭鹏程, 周志易. 面向对象方法支持下的土地利用分类 [J]. 北京测绘, 2021, 35(5): 616-621.

郭秀丽, 李旺平, 孙国军, 等. 高寒生态脆弱区农户生计资本及其耦合协调度分析: 以甘南州夏河县为例 [J]. 水土保持研究, 2022, 29(6): 330-335, 343.

何仁伟, 刘邵权, 刘运伟, 等. 典型山区农户生计资本评价及其空间格局: 以四川省凉山彝族自治州为例 [J]. 山地学报, 2014, 32(6): 641-651.

何植民, 蓝玉娇. 脱贫"脆弱户"的可持续生计: 一个新的理论分析框架 [J]. 农村经济, 2022(9): 52-58.

贺志武, 胡伦. 社会资本异质性与农村家庭多维贫困 [J]. 华南农业大学学报(社会科学版), 2018, 17(3): 20-31.

胡江霞, 于永娟. 人力资本、生计风险管理与贫困农民的可持续生计 [J]. 公共管理与政策评论, 2021, 10(2): 80-90.

黄杰, 闫庆武, 刘永伟. 基于DMSP/OLS与土地利用的江苏省人口数据空间化研究 [J]. 长江流域资源与环境, 2015, 24(5): 735-741.

黄显培, 孟庆祥. 基于多特征卷积神经网络的哨兵二号影像地物分类 [J]. 应用科学学报, 2023, 41(5): 766-776.

黄宗智. 中国农村的过密化与现代化 [M]. 上海: 上海社会科学院出版社, 1992.

黄宗智. 华北的小农经济与社会变迁(中译本) [M]. 北京: 中华书局, 2004: 152-154.

金梅, 申云. 易地扶贫搬迁模式与农户生计资本变动: 基于准实验的政策评估 [J]. 广东财经大学学报, 2017, 32(5): 70-81.

康晓虹, 陶娅, 盖志毅. 草原生态系统服务价值补偿对牧民可持续生计影响的研究述评 [J]. 中国农业大学学报, 2018, 23(5): 200-207.

孔令英，李媛彤，王明月，等．项目制扶贫下农户生计资本与生计策略研究：基于新疆疏勒县的调查数据［J］．中国农业资源与区划，2021，42（4）：134-142．

KUANG F Y, JIN J J, HE R, et al. Farmers' livelihood risks, livelihood assets and adaptation strategies in Rugao City, China［J］. Journal of Environmental Management，2020，264（C）：110463．

LETU H, HARA M, YAGI H, et al. Estimating the energy consumption with nighttime city light from the DMSP/OLS imagery［C］//Proceedings of 2009 Joint Urban Remote Sensing Event. Shanghai China：IEEE，2009．

李聪，高博发，李树茁．易地扶贫搬迁对农户贫困脆弱性影响的性别差异分析：来自陕南地区的证据［J］．统计与信息论坛，2019，34（12）：74-83．

李德仁，李熙．论夜光遥感数据挖掘［J］．测绘学报，2015，44（6）：591-601．

李德仁，张良培，夏桂松．遥感大数据自动分析与数据挖掘［J］．测绘学报，2014，43（12）：1211-1216．

李钢．GIS支持下的浙江省台风灾害直接经济损失评估［D］．南京：南京信息工程大学，2014．

李继刚，毛阳海．可持续生计分析框架下西藏农牧区贫困人口生计状况分析［J］．西北人口，2012，33（1）：79-84．

李静雪．基于深度学习的农作物产量预测［D］．北京：华北电力大学，2022．

LI X, LI D. Can night-time light images play a role in evaluating the Syrian Crisis?［J］. International Journal of Remote Sensing，2014，35（18）：6648-6661．

廖洪乐．农户兼业及其对农地承包经营权流转的影响［J］．管理世界，2012（5）：62-70，87，187-188．

WANG L B, LI R, FANG S H, et al. UNetFormer: A UNet-like transformer for efficient semantic segmentation of remote sensing urban scene imagery［J］. ISPRS Journal of Photogrammetry and Remote Sensing, 2022, 190: 196-214.

YAN L, HUANG J M, XIE H, et al. Efficient Depth Fusion Transformer for Aerial Image Semantic Segmentation［J］. Remote Sensing, 2022, 14(5): 1294-1294.

李臻. 回到过程之中：西南边境小农户实现可持续生计的困境与思考［J］. 农业经济问题, 2023(9): 135-144.

林万龙, 纪晓凯. 从摆脱绝对贫困走向农民农村共同富裕［J］. 中国农村经济, 2022(8): 2-15.

刘斌, 史云, 吴文斌, 等. 基于无人机遥感可见光影像的农作物分类［J］. 中国农业资源与区划, 2019, 40(8): 55-63.

刘春芳, 刘宥延, 王川. 黄土丘陵区贫困农户生计资本空间特征及影响因素：以甘肃省榆中县为例［J］. 经济地理, 2017, 37(12): 153-162.

刘建国, 苏文杰. 数字技术对农户生计策略选择的影响：基于农户心理状态的调节效应［J］. 世界农业, 2022(11): 98-112.

刘精慧, 薛东前. 陕北黄陵县农户生计资本评价及其生计策略研究［J］. 中国农业资源与区划, 2019, 40(6): 156-163.

刘玲, 舒伯阳, 马应心. 可持续生计分析框架在乡村旅游研究中的改进与应用［J］. 东岳论丛, 2019, 40(12): 127-137.

刘沁萍. 近20年来中国建成区扩张、建成区植被和热岛效应变化及其人文影响因素研究［D］. 兰州：兰州大学, 2013.

刘智. 旅游产业与农村可持续生计耦合的空间格局及驱动机制：以张家界为例［J］. 经济地理, 2020, 40(2): 209-216.

LO C P. Modeling the population of China using DMSP Operational Line scan System nighttime data［J］. Photogrammetric Engineering and Remote Sensing, 2001, 67(9): 1037-1048.

罗玉杰，李会琴，侯林春，等．可持续生计视角下乡村旅游地返贫风险识别及预警机制构建：以湖北省恩施州 W 村为例［J］．干旱区资源与环境，2022，36（2）：186-193．

LUTHANS F, YOUSSEF C M. Human, Social, and Now Positive Psychological Capital Management［J］. Organizational Dynamics, 2004, 33（2）: 143-160.

马艮寅，雷程翔，贺法川，等．基于卫星遥感图像的农作物分类算法［J］．吉林大学学报（信息科学版），2020，38（5）：624-631．

马国璇，周忠发，朱昌丽，等．农户生计资本与生计稳定性耦合协调分析：以花江示范区峡谷村为例［J］．水土保持研究，2020，27（3）：230-237．

马锦山，贾国焕，张赛，等．基于多源高分辨率遥感影像的典型自然资源要素提取［J］．测绘通报，2024（3）：123-126，150．

MA X, ZHANG X, PUN M O, et al. A Multilevel Multimodal Fusion Transformer for Remote Sensing Semantic Segmentation［J］. IEEE Transactions on Geoscience and Remote Sensing, 2024.

MERRITT W S, PATCH B, REDDY V R. Modelling livelihoods and household resilience to droughts using Bayesian networks［J］. Environment Development and Sustainability, 2016, 18（2）: 1-32.

MUHAMMAD I L, LANGSTON J D. Understanding Landscape Change Using Participatory Mapping and Geographic Information Systems: Case Study in North Sulawesi, Indonesia［J］. Procedia Environmental Sciences, 2015, 24: 206-214.

宁攸凉，王莹，肖仁乾，等．草原补奖政策对牧民户生计策略选择的影响分析：来自青海省祁连、门源两县的经验证据［J］．农林经济管理学报，2021，20（5）：630-639．

OSMAN B, ELHASSAN N G, AHMED H, et al. Sustainable Livelihood Approach for Assessing Community Resilience to Climate Change: Case

Studies from Sudan [R]. Assessments of Impacts and Adaptations to Climate Change (AIACC) Working Paper, 2005.

潘竟虎, 胡艳兴. 基于夜间灯光数据的中国多维贫困空间识别 [J]. 经济地理, 2016, 36 (11): 124-131.

PENG C F, ZHANG K N, MA Y, et al. Cross Fusion Net: A Fast Semantic Segmentation Network for Small-Scale Semantic Information Capturing in Aerial Scenes [J]. IEEE Transactions on Geoscience and Remote Sensing, 2021, 60: 1-13.

LIU Q, SHA D X, LIU W, et al. Spatiotemporal Patterns of COVID-19 Impact on Human Activities and Environment in China Using Nighttime Light and Air Quality Data [J]. Remote Sensing, 2020, 12 (10): 1576.

秦志佳. 基于遥感调查和 RUSLE 模型的贵州省土壤侵蚀对比研究 [D]. 贵阳: 贵州师范大学, 2017.

全磊, 陈玉萍, 丁士军. 新型城镇化进程中农民工家庭生计转型阶段划分方法及其应用 [J]. 中国农村观察, 2019 (5): 17-31.

全千红, 沈苏彦. 基于扎根理论的乡村旅游可持续生计分析: 以南京高淳大山村为例 [J]. 世界农业, 2020 (6): 110-119.

权宗耀. 基于无人机遥感的高标准农田信息分类提取方法研究 [D]. 南京: 南京农业大学, 2020.

阮冬燕, 陈玉萍, 周晶. 我国农户退出生猪散养的影响因素研究: 基于可持续生计分析框架 [J]. 中国农业大学学报, 2018, 23 (5): 191-199.

SCOONES I. Sustainable Rural Livelihoods: a Framework for Analysis [J]. IDS Working Paper 72, 1998.

SEN A. Famines and Poverty [M]. London: Oxford University Press, 1981.

邵安冉. 基于遥感影像的农村居民点信息提取及压煤村庄人口估算研究 [D]. 泰安: 山东农业大学, 2020.

SHI K F, YU B L, HUANG C, et al. Exploring spatiotemporal patterns of electric power consumption in countries along the Belt and Road [J]. Energy, 2018, 150: 847-859.

史清华. 农户经济增长及发展研究 [M]. 北京: 中国出版社, 1999.

SHIMPEI I. Linking disaster management to livelihood security against tropical cyclones: A case study on Odisha state in India [J]. International Journal of Disaster Risk Reduction, 2016.

斯丽娟, 王超群. 区域扶贫质量测度及其时空演变: 基于贫困县夜间灯光数据的研究 [J]. 宏观质量研究, 2020, 8 (6): 28-38.

宋文豪, 黄祖辉, 叶春辉. 数字金融使用对农村家庭生计策略选择的影响: 来自中国农村家庭追踪调查的证据 [J]. 中国农村经济, 2023 (6): 92-113.

SUTTON P, ROBERTS D, ELVIDGE C, et al. A comparison of nighttime satellite imagery and population density for the continental United States [J]. Photogrammetric Engineering and Remote Sensing, 1997, 63 (11): 1303-1313.

苏芳, 尚海洋. 农户生计资本对其风险应对策略的影响: 以黑河流域张掖市为例 [J]. 中国农村经济, 2012 (8): 79-87, 96.

苏泳娴. 基于 DMSP/OLS 夜间灯光数据的中国能源消费碳排放研究 [D]. 广州: 中国科学院研究生院 (广州地球化学研究所), 2015.

孙晗霖, 刘芮伶. 贫困地区精准脱贫户生计多样化的影响因素分析: 基于 2660 个脱贫家庭的实证研究 [J]. 农村经济, 2020 (10): 45-53.

孙晗霖, 刘新智. 巩固拓展脱贫攻坚成果的理论逻辑与实现路径: 基于脱贫户可持续生计的实证研究 [J]. 山东社会科学, 2021 (6): 116-126.

孙江锋, 侯宪东, 马增辉. 基于遥感影像与矢量数据的两种算法在耕地数量变化监测中的应用: 以石河子镇为例 [J]. 西部大开发 (土地开发工程研究), 2019, 4 (8): 8-12.

唐林，罗小锋. 贫困地区农户生计资本对大病风险冲击的影响研究：基于结构和水平的双重视角［J］. 华中农业大学学报（社会科学版），2020（2）：49-58，164.

The Department for International Development. Sustainable livelihoods guidance sheets［R］. London：DFID，1999.

万金红，王静爱，刘珍，等. 从收入多样性的视角看农户的旱灾恢复力：以内蒙古兴和县为例［J］. 自然灾害学报，2008（1）：122-126.

王晨宇，张亚民，吴伯彪，等. 基于无人机遥感的农作物自动分类研究［J］. 农业与技术，2021，41（1）：52-57.

王晗，房艳刚. 山区农户生计转型及其可持续性研究：河北围场县腰站镇的案例［J］. 经济地理，2021，41（3）：152-160.

王娟，吴海涛，丁士军. 山区农户最优生计策略选择分析：基于滇西南农户的调查［J］. 农业技术经济，2014（9）：97-107.

WANG J，ZHENG Z，MA A，et al. LoveDA：A Remote Sensing Land-Cover Dataset for Domain Adaptive Semantic Segmentation［J］. arxiv preprint arxiv：2110.08733，2021.

王立安，刘升，钟方雷. 生态补偿对贫困农户生计能力影响的定量分析［J］. 农村经济，2012（11）：99-103.

王蓉，代美玲，欧阳红，等. 文化资本介入下的乡村旅游地农户生计资本测度：婺源李坑村案例［J］. 旅游学刊，2021，36（7）：56-66.

王小兰，余珂，侯兰功. 岷江上游农户生计资本与生计稳定性耦合协调分析［J/OL］. 西安理工大学学报，1-13［2024-07-22］. http://xnki.xue338.com/kcms/detail/61.1294.N.20240110.1055.003.html.

王娅，刘洋，周立华. 祁连山北麓生态移民的生计风险与应对策略选择：以武威市为例［J］. 自然资源学报，2022，37（2）：521-537.

魏雪，袁承程，刘黎明. 农户城镇化意愿及其影响因素研究：基于可持续生计分析框架［J］. 农业现代化研究，2022，43（1）：134-142.

WELCH R. Monitoring urban population and energy utilization patterns from satellite data［J］. Remote Sensing of Environment，1980，9（1）：1-9.

吴嘉贤，刘修岩. 高铁开通与中国农村减贫：来自遥感数据的证据［J］. 世界经济文汇，2022（1）：1-17.

吴嘉莘，熊吉安，杨红娟. 民族地区农户异质性对生计资本结构的影响研究：以云南沧源县为例［J］. 云南社会科学，2022（3）：63-73.

吴孔森，杨新军，尹莎. 环境变化影响下农户生计选择与可持续性研究：以民勤绿洲社区为例［J］. 经济地理，2016，36（9）：141-149.

吴志峰，骆剑承，孙营伟，等. 时空协同的精准农业遥感研究［J］. 地球信息科学学报，2020，22（4）：731-742.

伍艳. 贫困山区农户生计资本对生计策略的影响研究：基于四川省平武县和南江县的调查数据［J］. 农业经济问题，2016，37（3）：88-94，112.

夏炎，黄亮，陈朋弟. 模糊超像素分割算法的无人机影像烟株精细提取［J］. 国土资源遥感，2021，33（1）：115-122.

向道艳，周洪，林妮，等. 劳动力转移程度对农户牲畜饲养行为的影响：基于生计转型视角［J］. 西南大学学报（自然科学版），2023，45（11）：128-140.

向金鑫. 基于卫星遥感图像的谷物产量预测研究［D］. 西安：西安电子科技大学，2021.

许汉石，乐章. 生计资本、生计风险与农户的生计策略［J］. 农业经济问题，2012（10）：100-105.

徐康宁，陈丰龙，刘修岩. 中国经济增长的真实性：基于全球夜间灯光数据的检验［J］. 经济研究，2015（9）：17-29.

徐萌，王思涵，郭仁忠，等. 遥感影像云检测和云去除方法综述［J］. 计算机研究与发展，2024，61（6）：1585-1607.

徐爽，胡业翠. 农户生计资本与生计稳定性耦合协调分析：以广西金桥村移民安置区为例［J］. 经济地理，2018，38（3）：142-148，164.

徐志成，韩志花，王盾，等．内蒙古利用科技手段开展农业保险精准承保理赔试点工作［J］．保险理论与实践，2020（1）：1-6．

闫云才，郝硕亨，高亚玲，等．基于空地多源信息的猕猴桃果园病虫害检测方法［J］．农业机械学报，2023，54（S2）：294-300．

杨琨，刘鹏飞．欠发达地区失地农民可持续生计影响因素分析：以兰州安宁区为例［J］．水土保持研究，2020，27（4）：342-348．

杨颖频，吴志峰，骆剑承，等．时空协同的地块尺度作物分布遥感提取［J］．农业工程学报，2021，37（7）：166-174．

叶自然．基于深度学习的农村住房遥感信息提取研究及时空演变应用［D］．杭州：浙江大学，2021．

WANG Y，LI Y S，CHEN W，et al．DNAS：Decoupling Neural Architecture Search for High-Resolution Remote Sensing Image Semantic Segmentation［J］．Remote Sensing，2022，14（16）：3864-3864．

袁梁，张光强，霍学喜．生态补偿、生计资本对居民可持续生计影响研究：以陕西省国家重点生态功能区为例［J］．经济地理，2017，37（10）：188-196．

QIU Y，WU F，YIN J C，et al．MSL-Net：An Efficient Network for Building Extraction from Aerial Imagery［J］．Remote Sensing，2022，14（16）：3914-3914．

张继贤，李海涛，顾海燕，等．人机协同的自然资源要素智能提取方法［J］．测绘学报，2021，50（8）：1023-1032．

张继贤，顾海燕，杨懿，等．自然资源要素智能解译研究进展与方向［J］．测绘学报，2022，51（7）：1606-1617．

张继贤，顾海燕，杨懿，等．高分辨率遥感影像智能解译研究进展与趋势［J］．遥感学报，2021，25（11）：2198-2210．

张家硕，周忠发，陈全，等．典型喀斯特山区农户生计多样性与多维相对贫困的耦合关系［J］．山地学报，2022，40（3）：450-461．

张瑞，赵凯，谢先雄，等．生计资本如何影响农牧户的减畜行为：基于农牧交错禁牧区微观时序追踪数据的分析[J].干旱区资源与环境，2023，37（9）：73-82.

张王菲，陈尔学，李增元，等.雷达遥感农业应用综述[J].雷达学报，2020，9（3）：444-461.

张焱，罗雁，冯璐.滇南跨境山区农户生计资本的量表开发及因子分析[J].经济问题探索，2017（8）：134-143.

张志杰.基于夜间灯光影像的地震受灾区域和人口评估研究[D].焦作：河南理工大学，2016.

张中浩，聂甜甜，高阳，等.长江经济带生态系统服务与经济社会发展耦合协调关联时空特征研究[J].长江流域资源与环境，2022，31（5）：1086-1100.

赵文娟，杨世龙，王潇.基于Logistic回归模型的生计资本与生计策略研究：以云南新平县干热河谷傣族地区为例[J].资源科学，2016，38（1）：136-143.

赵馨，周忠发，王玲玉，等.喀斯特山区石漠化耕地遥感精准提取与分析：以贵州省北盘江镇与花江镇为例[J].热带地理，2020，40（2）：289-302.

赵雪雁.生计资本对农牧民生活满意度的影响：以甘南高原为例[J].地理研究，2011，30（4）：687-698.

周丽，黎红梅，李培.易地扶贫搬迁农户生计资本对生计策略选择的影响：基于湖南搬迁农户的调查[J].经济地理，2020，40（11）：167-175.

周升强，赵凯.北方农牧交错区农牧民生计资本与生计稳定性的耦合协调分析：以宁夏盐池县与内蒙古鄂托克旗为例[J].干旱区资源与环境，2022，36（2）：9-15.

朱洪革，柴乐，胡士磊.全面"停伐"背景下重点国有林区职工家庭生计研究：基于生计资本对生计策略的影响视角[J].林业经济，2017，39（5）：11-18.

ZHU Q, WANG Y S, LUO Y L. Improvement of multi-layer soil moisture prediction using support vector machines and ensemble Kalman filter coupled with remote sensing soil moisture datasets over an agriculture dominant basin in China［J］. Hydrological Processes, 2021, 35（4）: e14154.

朱玉霞, 牛国芬, 陈爱莲, 等. 基于多源遥感数据的马铃薯收入保险应用研究［J］. 中国农业资源与区划, 2021, 42（10）: 223-232.

中国政府网. 自然资源调查监测体系构建总体方案公布［EB/OL］.［2020-01-21］. https://www.gov.cn/xinwen/2020-01-21/content_5471182.htm.

邹浩, 王章琼, 陈金国, 等. 基于无人机遥感的长江经济带自然资源环境承载力评价: 以蕲春县大同镇为例［J］. 资源环境与工程, 2024, 38（2）: 181-188.

左停, 李泽峰. 风险与可持续生计为中心的防返贫监测预警框架［J］. 甘肃社会科学, 2022（5）: 35-46.

后　　记

随着《基于遥感大数据的乌蒙山区自然资源与农户生计可持续研究》一书的付梓，我们心中充满了感慨与期待。

本书从选题确定到资料收集，从数据分析到文稿撰写，每一个环节都凝聚了作者和团队成员的心血与汗水。遥感大数据的复杂性与乌蒙山区自然环境的多样性，使我们的研究面临着前所未有的难度。首先，在选择合适的卫星源、数据下载、大气校正和几何校正等预处理过程中遇到了不少挑战；其次，翻山越岭的调研、面对语言障碍和文化差异的应对策略等也需巧妙处理。我们竭尽全力获取高质量的研究数据，因为我们深知数据融合的重要性，并且熟练掌握从海量数据中提取有效信息、构建精确分析模型的技能，以确保研究结果的准确无误与高度可靠性。我们深知，这本书不仅是对乌蒙山区自然资源与农户生计可持续发展的一次全面梳理与深入剖析，更是我们对乡村振兴和可持续发展理念的一次深刻践行与积极传播。

我们来自不同的学科专业，因对乌蒙山区自然资源保护与农户生计可持续这一议题的共同关注而相聚。我们在本书的研究设计、内容构建和方法选取上产生了思想碰撞与深入讨论。这些跨学科的讨论如同催化剂，加速了课题研究的科学进程，使其不断向着更加精准、全面的方向迈进。跨学科合作的价值在于它突破了单一学科的局限，为复杂问题的解析提供了

后　记

多元化的视角和工具箱。在探索乌蒙山区这一自然与人文交织的复杂系统时，我们深刻体会到，正是遥感影像技术与农业经济、农村发展理论的深度融合，才使我们能够穿透表面现象，理解到自然资源利用与农户生计之间的深层次联系。这种融合不仅促进了我们对问题本质的理解，更为制定有效的保护与发展策略提供了坚实的科学依据。

回望本书的撰写历程，它不仅仅是对学术知识的整理与呈现，更是一场心灵的修行与能力的锤炼。我们共同见证了跨学科合作在科学研究中的无限潜力与广阔前景。展望遥感大数据在自然资源管理与农户生计改善领域的广阔应用前景，我们期待与更多学科的伙伴合作，共同推动区域可持续发展。我们也呼吁社会各界关注乌蒙山区等类似地区的自然资源和农户生计可持续发展问题，携手努力，为实现乡村振兴、人与自然和谐共生的美好愿景贡献力量。

我们的研究得到了如下科研项目的资助：中央高校优秀青年团队培育项目（自然科学类）（2722023DY001）和贵州省教育厅高等学校科学研究项目（青年项目）（黔教技〔2022〕177号）。本课题的完成离不开研究团队成员的付出，我们感谢博士研究生张崇梅、硕士研究生蔡艳蓉和贺宜畅为数据分析和初稿讨论提供的帮助。本书约26万字左右，丁晓颖和刘洪分别撰写完成13万字。